AF248701

a few streets, a few people

pocas calles, pocas personas

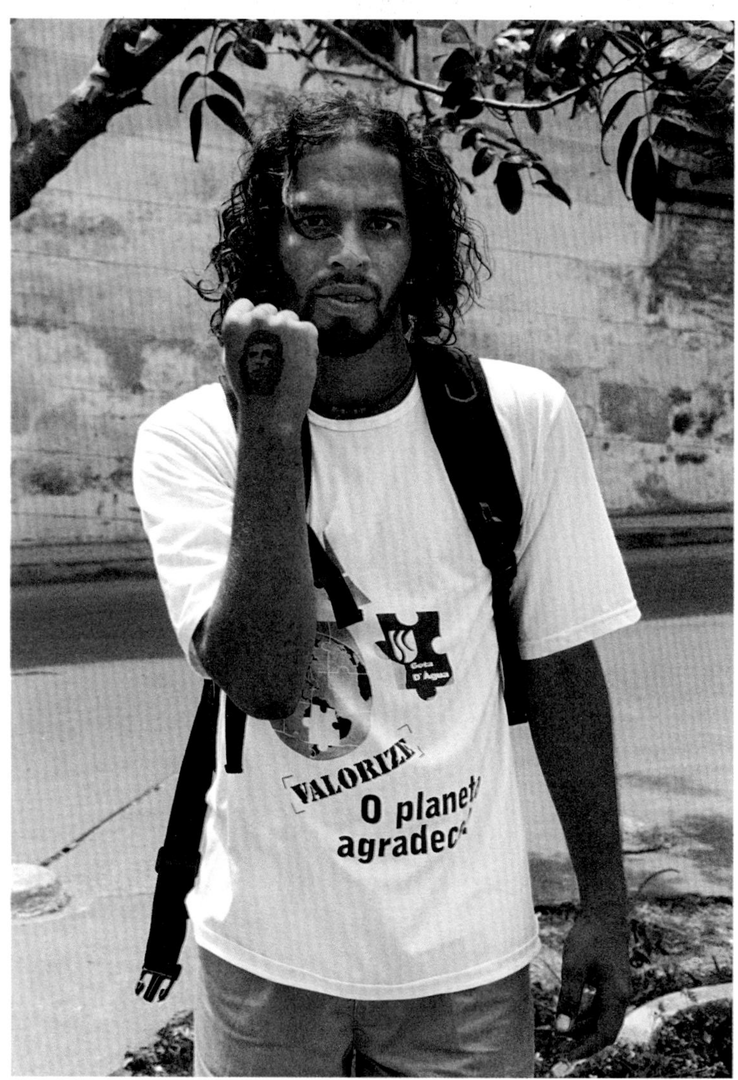

Encounter, Vedado, April 2002

a few streets, a few people
pocas calles, pocas personas

photographs from Cayo Hueso, Havana
fotografías de Cayo Hueso, La Habana

2002 – 2005

John Comino-James

dewi lewis publishing

I would like to thank:

For the translations of my texts into Spanish, Isabel Muñoz Barrales and Carlos M. Hernández Cejas.
For their interest and encouragement as this work took shape, John Blakemore, Elias Asseff, Brian Woolland, Enrique de la Uz, Lucy Walters, Raúl Cañibano, Kim McCabe, Delbis Gómez, Maritsa de la Uz Contreras, Salvador Gonzáles Escalona, Carlos Hernández Cejas and Margarita Hernández, my wife Anna and finally Olwen and Carlos, for without them I should perhaps never have visited Cuba and begun to appreciate its culture and history.

Quisiera agradecer:

Por las traducciónes de mi texto al español, Isabel Muñoz Barrales y Carlos M. Hernández Cejas.
Por su interés y estímulo mientras que ese libro se confeccionaba, John Blakemore, Elias Asseff, Brian Woolland, Enrique de la Uz, Lucy Walters, Raúl Cañibano, Kim McCabe, Delbis Gómez, Maritsa de la Uz Contreras, Salvador Gonzáles Escalona, Carlos Hernández Cejas y Margarita Hernández, mi esposa Anna y finalmente Olwen y Carlos, porque sin ellos tal vez nunca hubiera visitado Cuba ni hubiera empezado a apreciar su cultura e historia.

For Isabel Mary Hernández

algo de su patrimonio cultural

They can print statistics and count the population in hundreds of thousands, but to each man a city consists of no more than a few streets, a few houses, a few people. Remove those few and the city no longer exists except as a pain in the memory, like the pain of an amputated leg no longer there.

Pueden imprimir estadísticas y contar la poblacíon en cientos de miles, pero para cada hombre una ciudad consiste solamente en unas pocas calles, unas pocas casas y unas pocas personas. Si desaparecen éstas, la ciudad no existe ya, excepto como un dolor en el recuerdo, como el dolor de una pierna amputada que ya no está donde estaba.

Graham Greene
Our Man in Havana / Nuestro hombre en La Habana

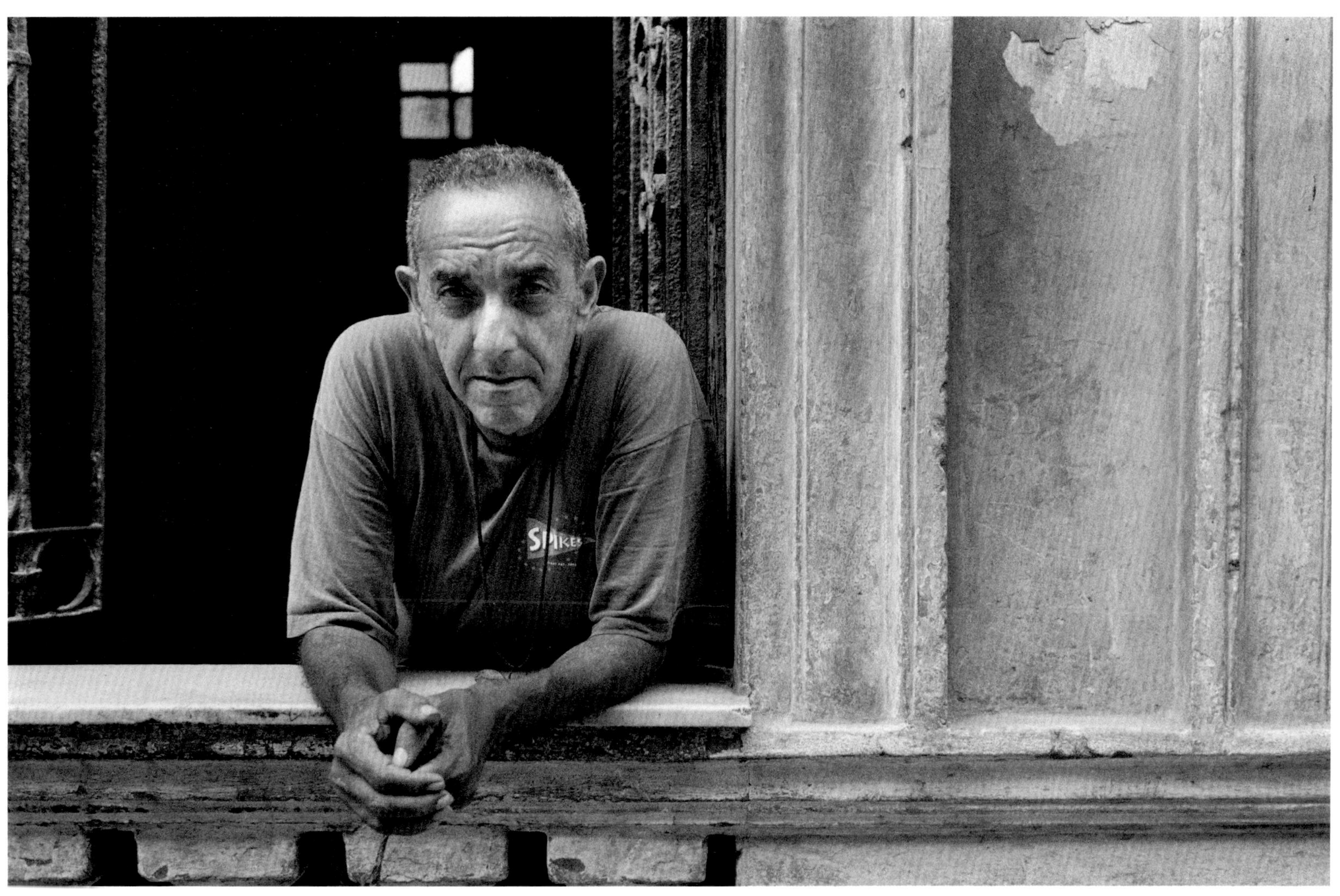

Roberto, October 2003

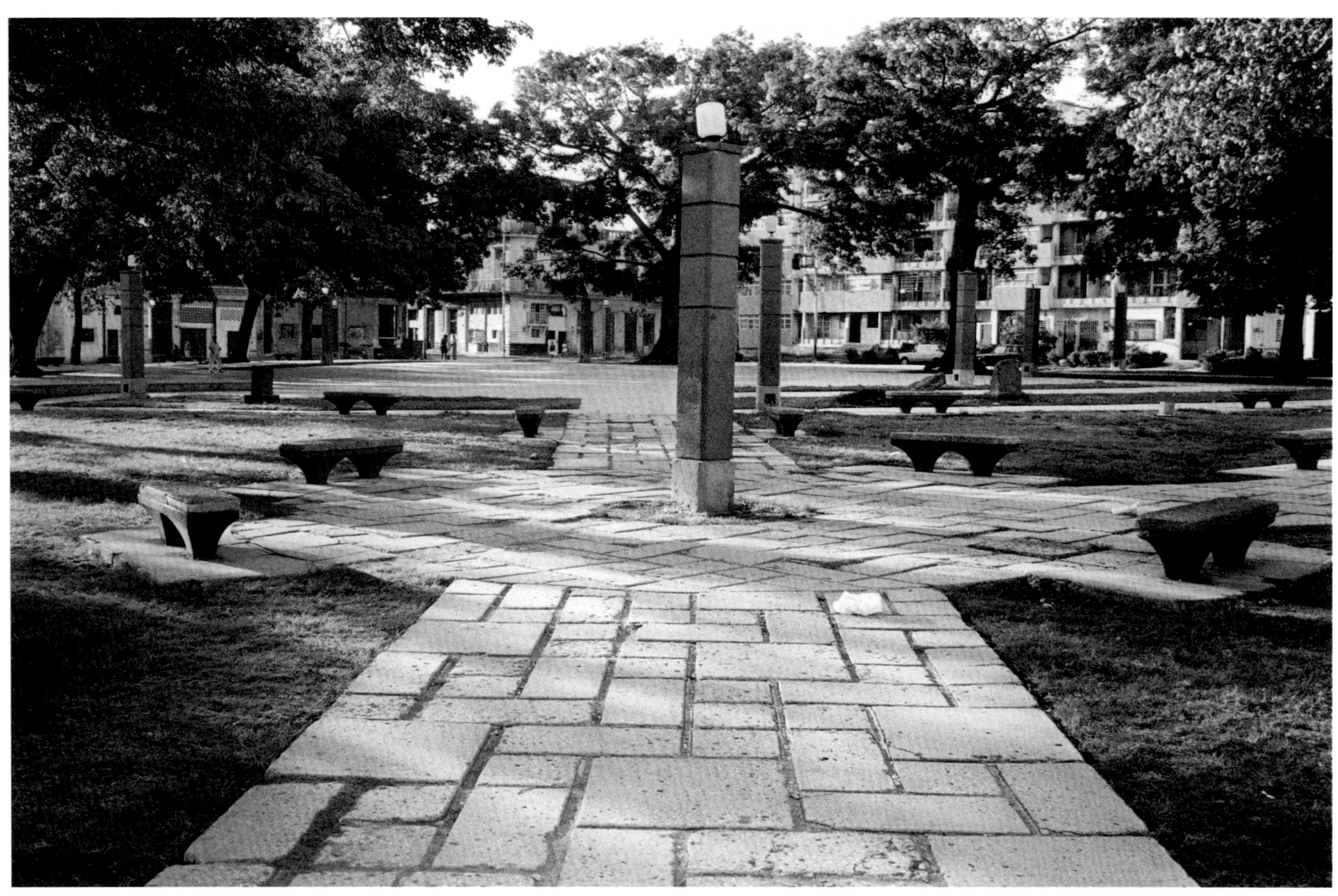

Parque Trillo, July 2004

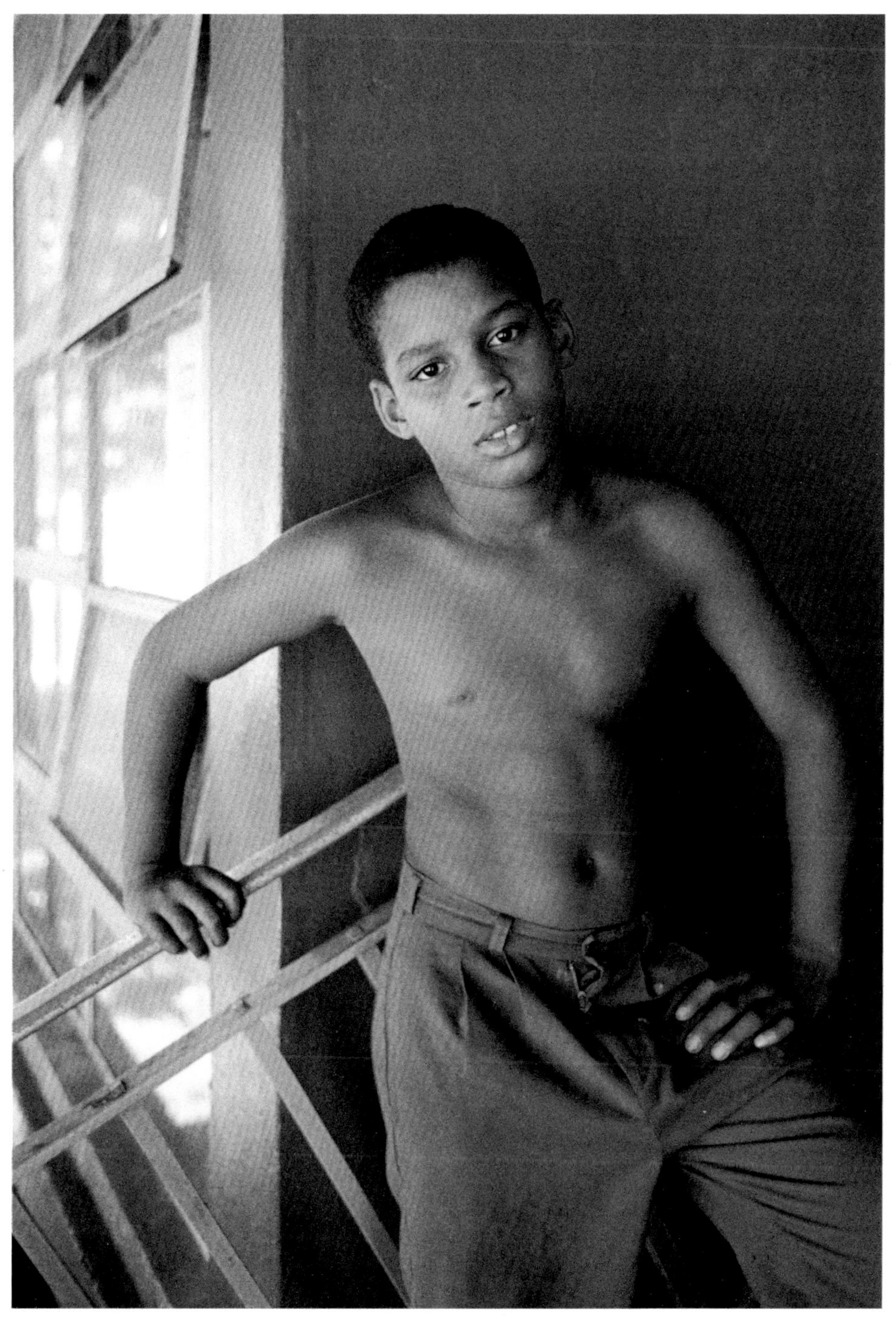

Raidel, July 2004

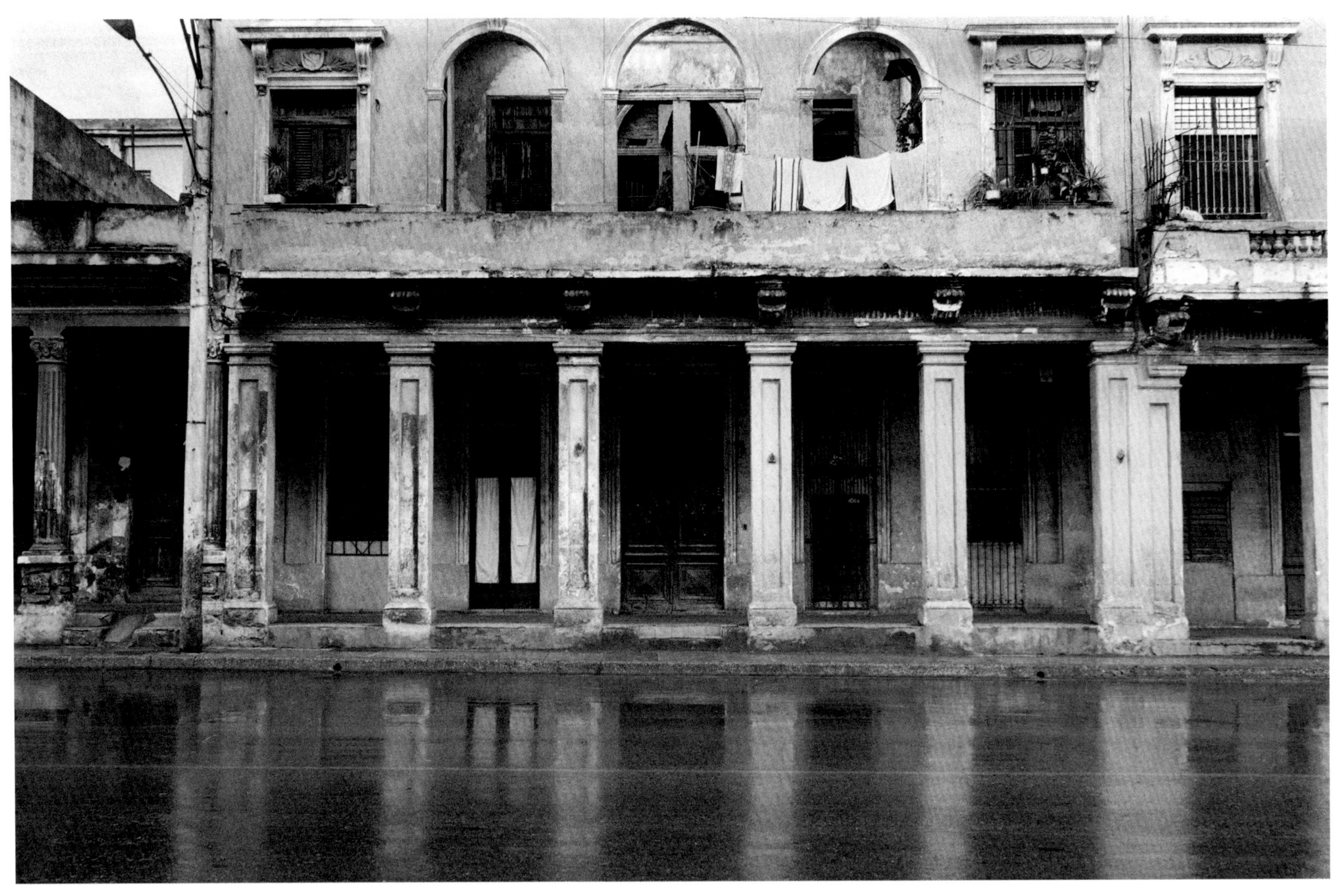

Calzada de Infanta entre San José y San Rafael, October 2003

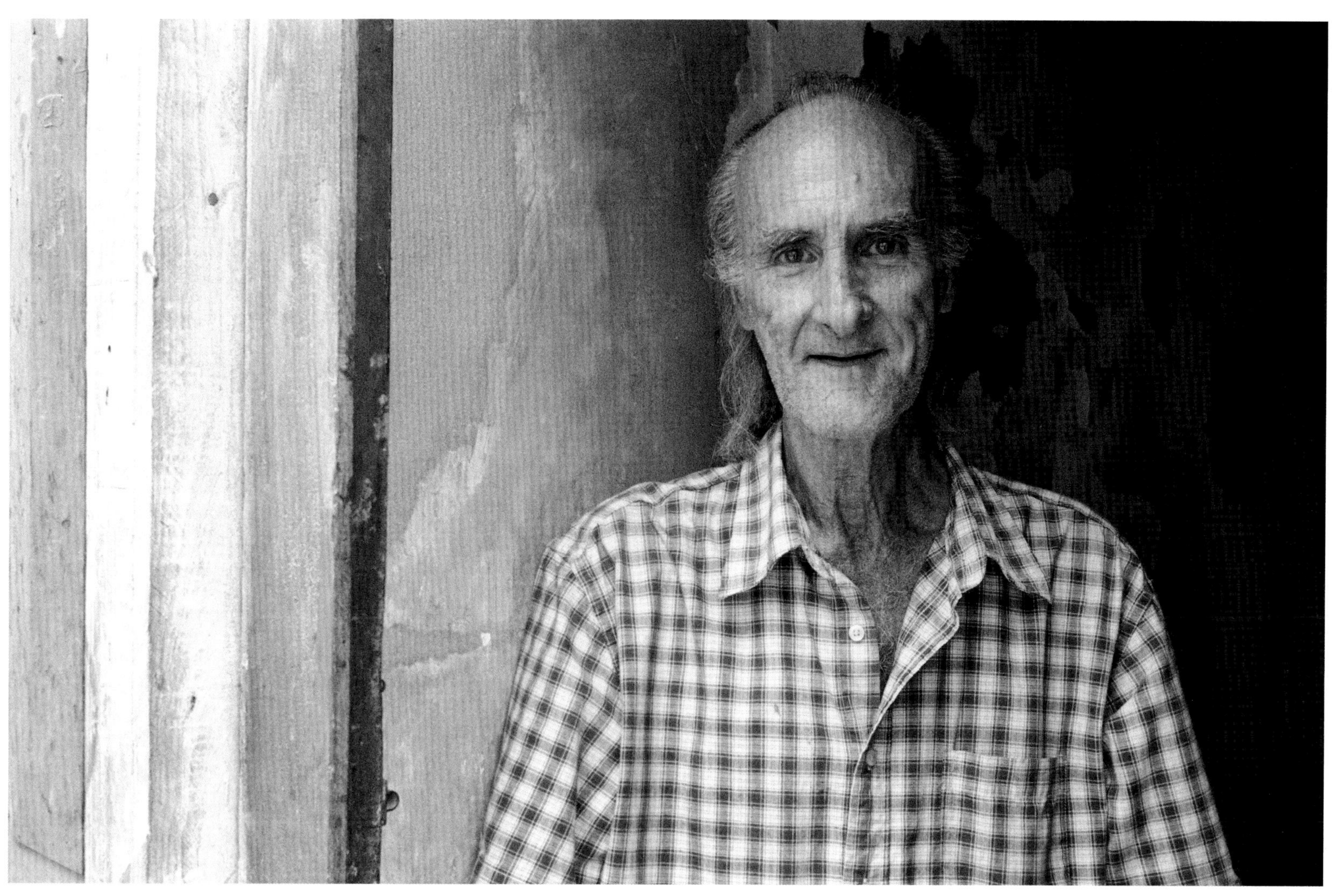

David, July 2004

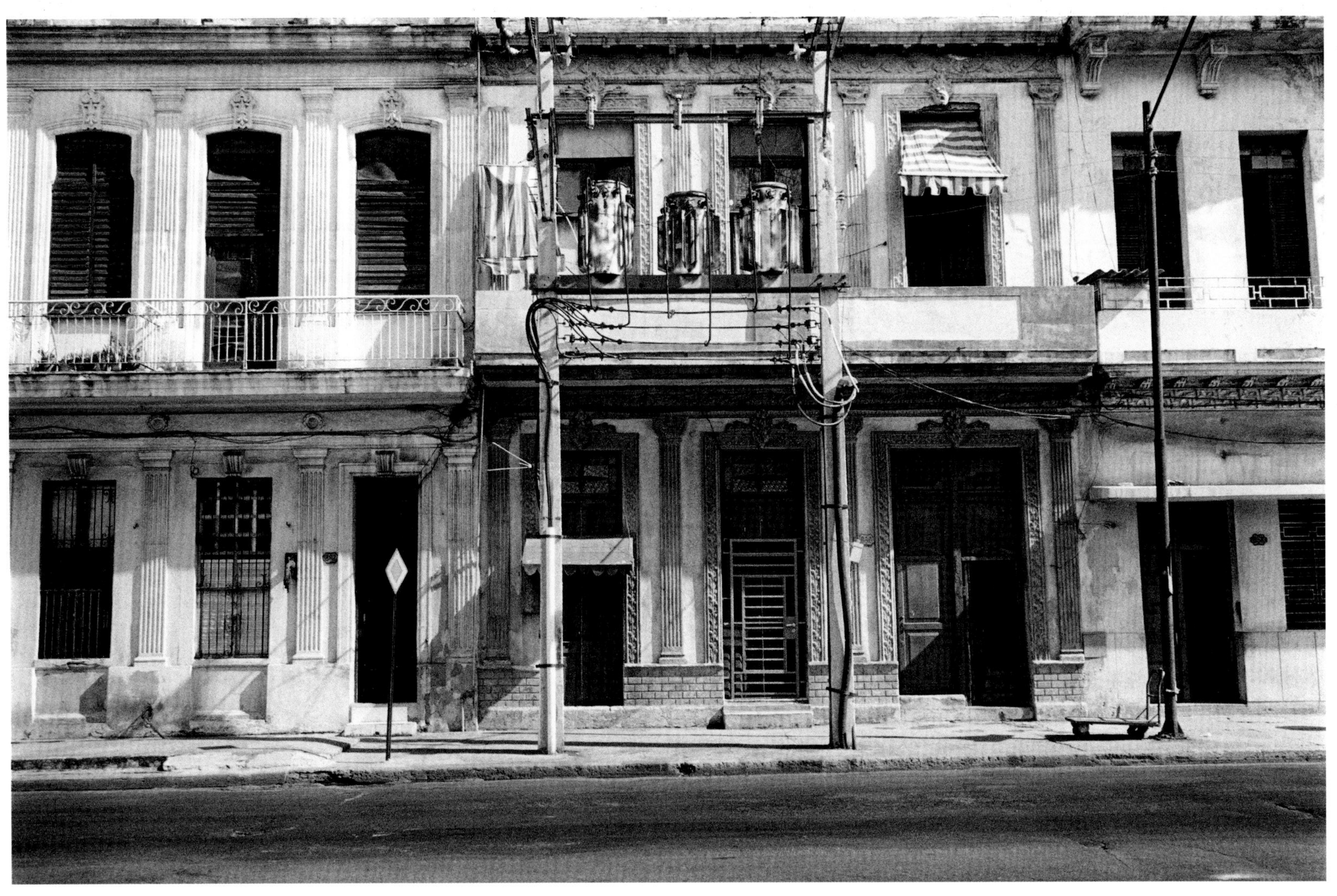

Calzada de San Lázaro, July 2004

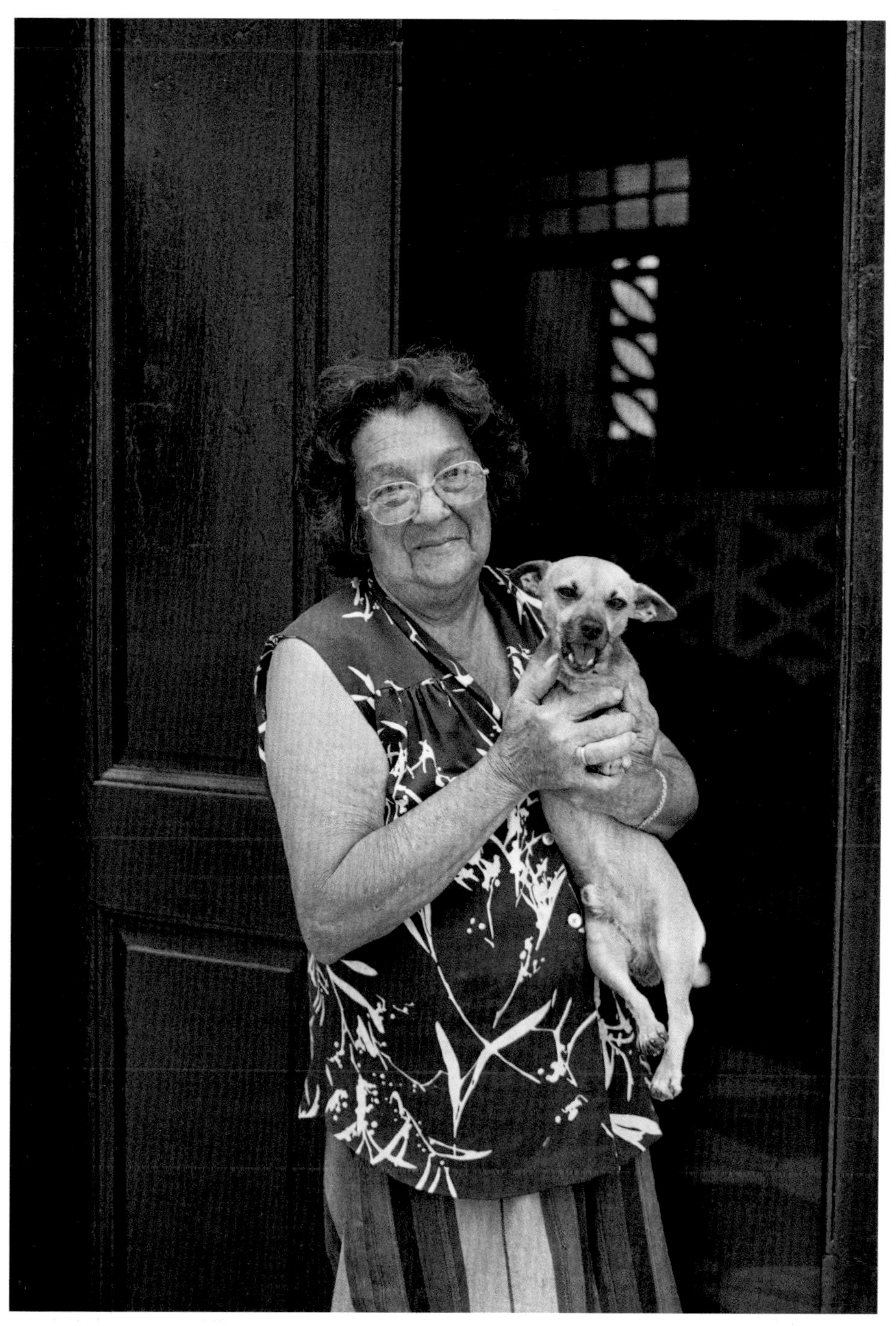

Juana, April 2002

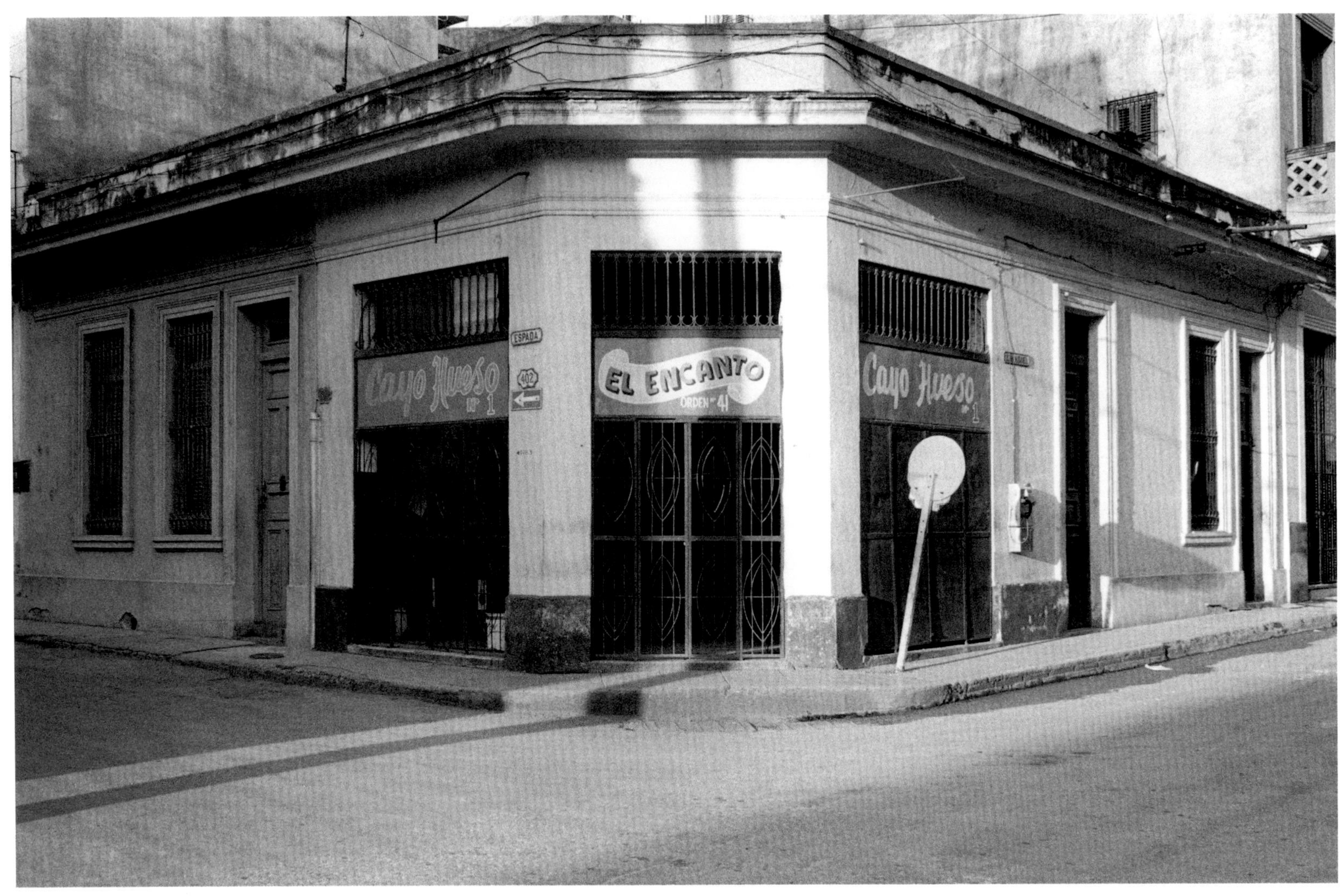

Calle Espada y San Miguel, April 2003

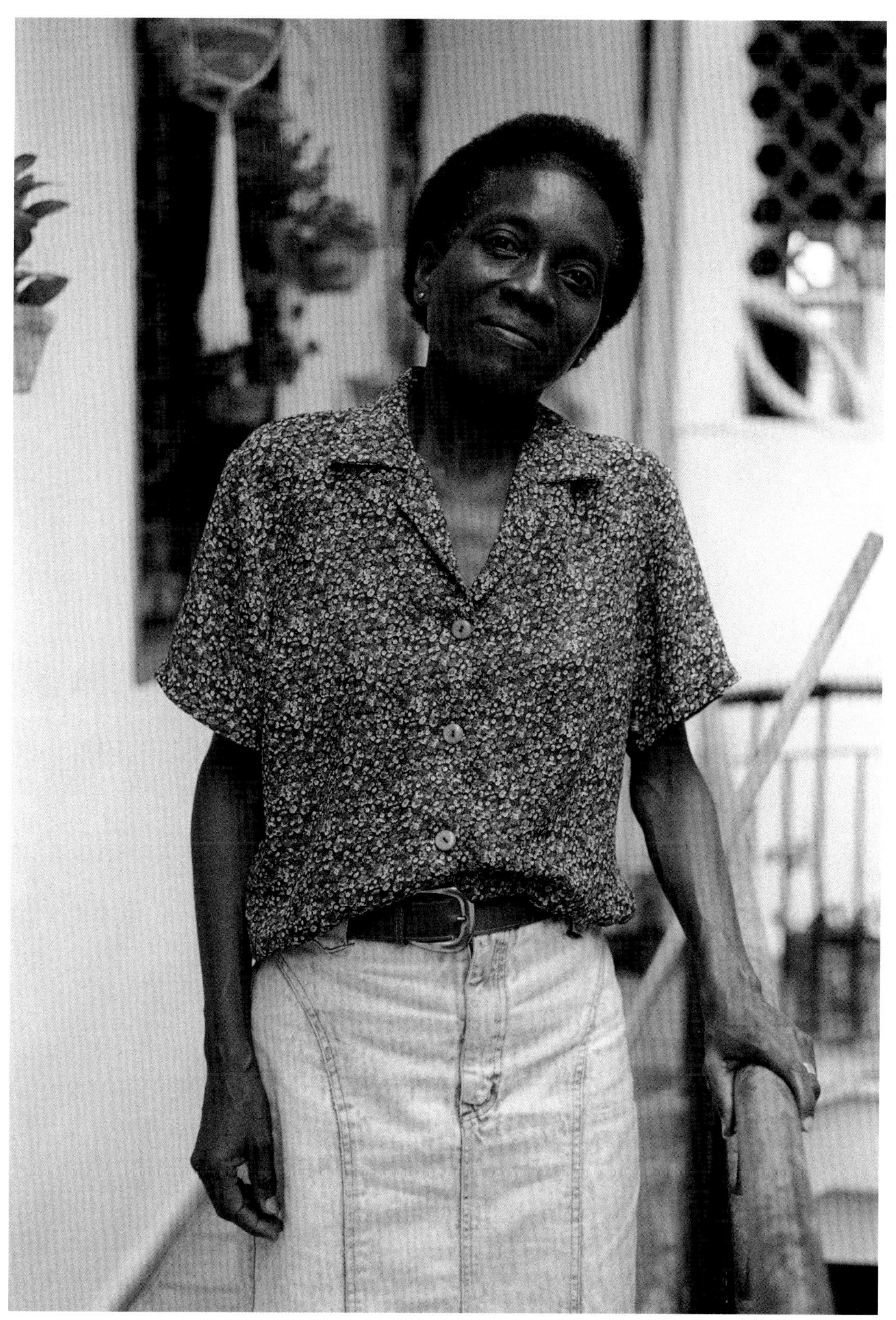

Alice, April 2002

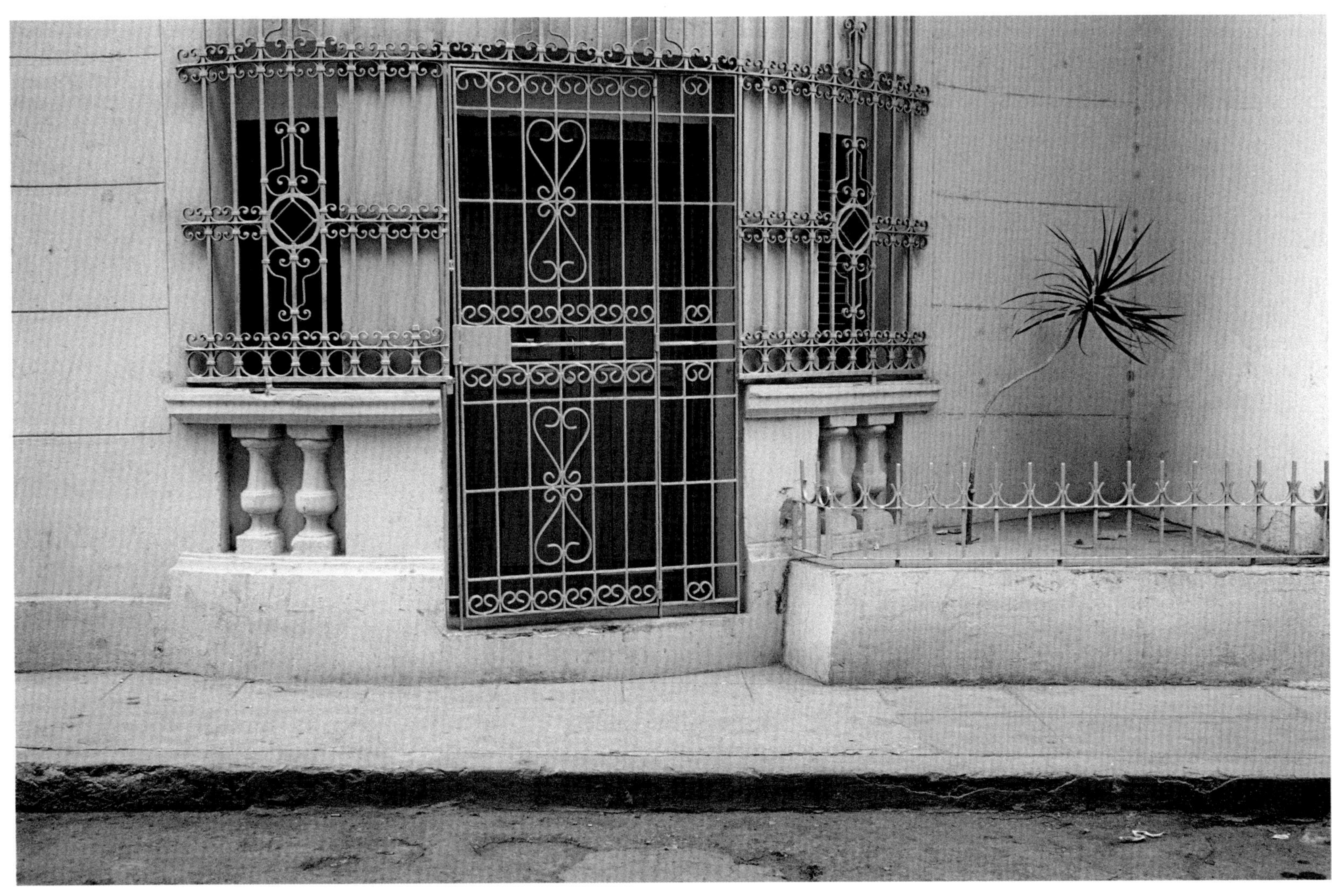

Calle Hospital entre San Lázaro y Jovellar, February 2004

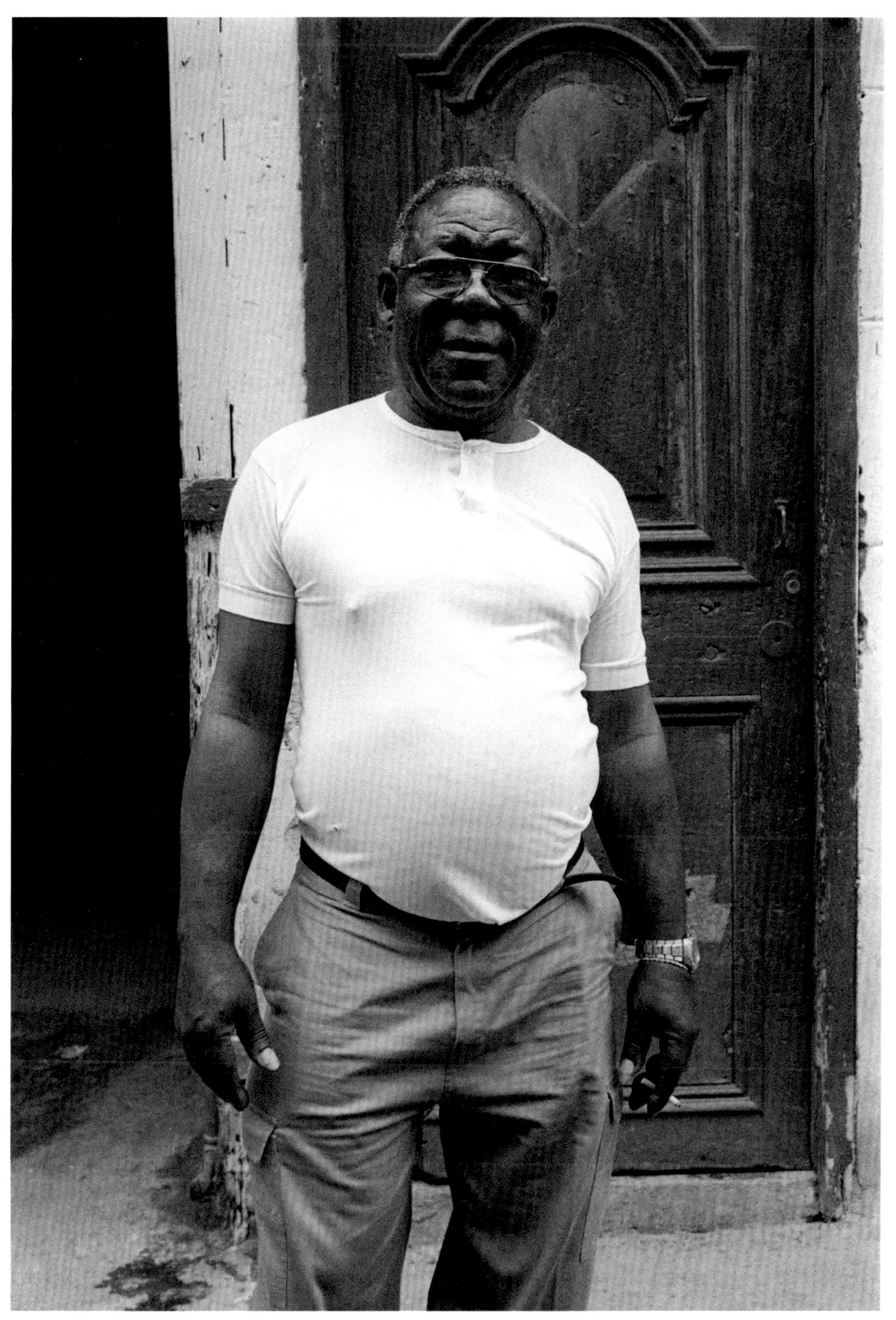

Armando, February 2004

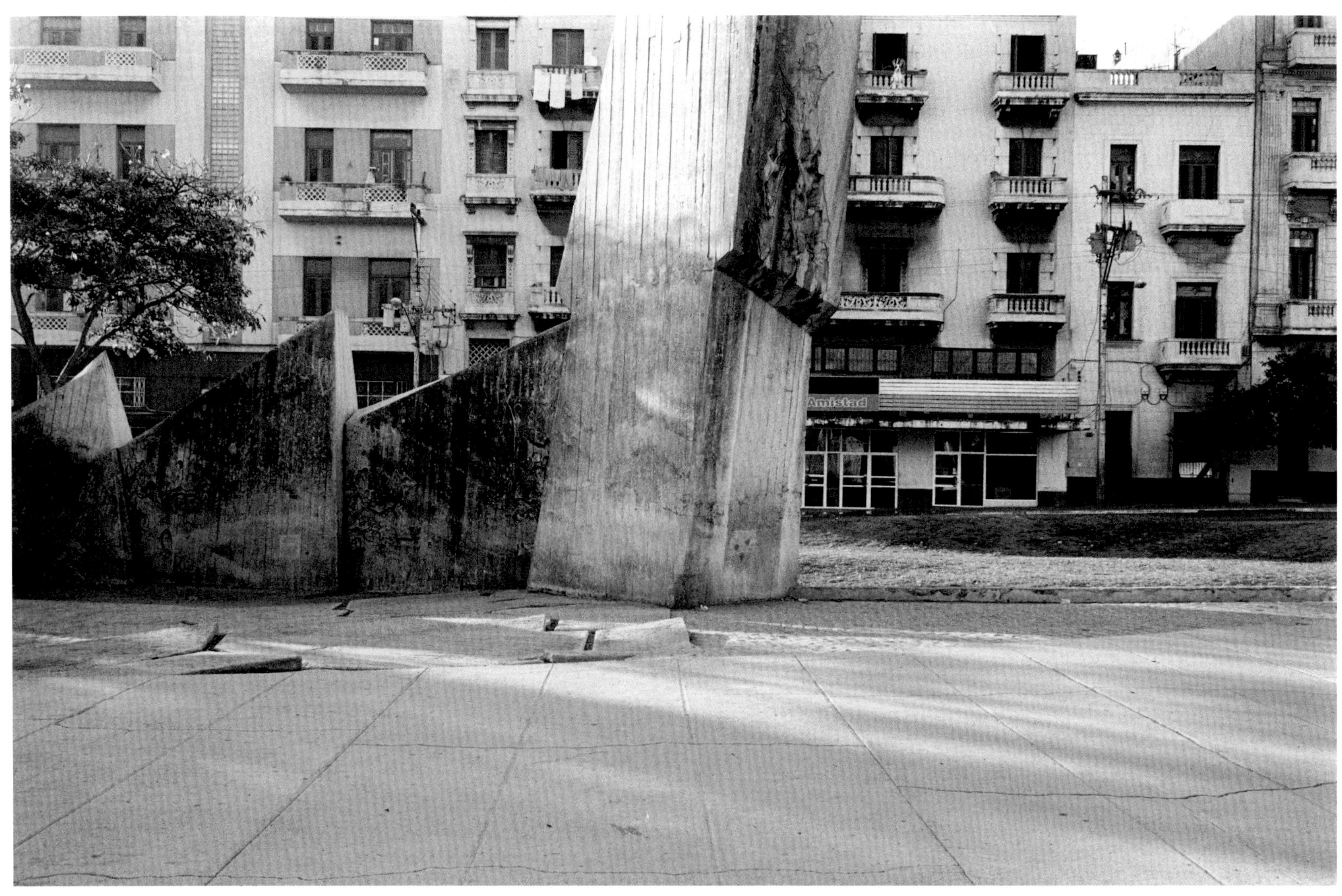

Plaza de los Mártires, February 2004

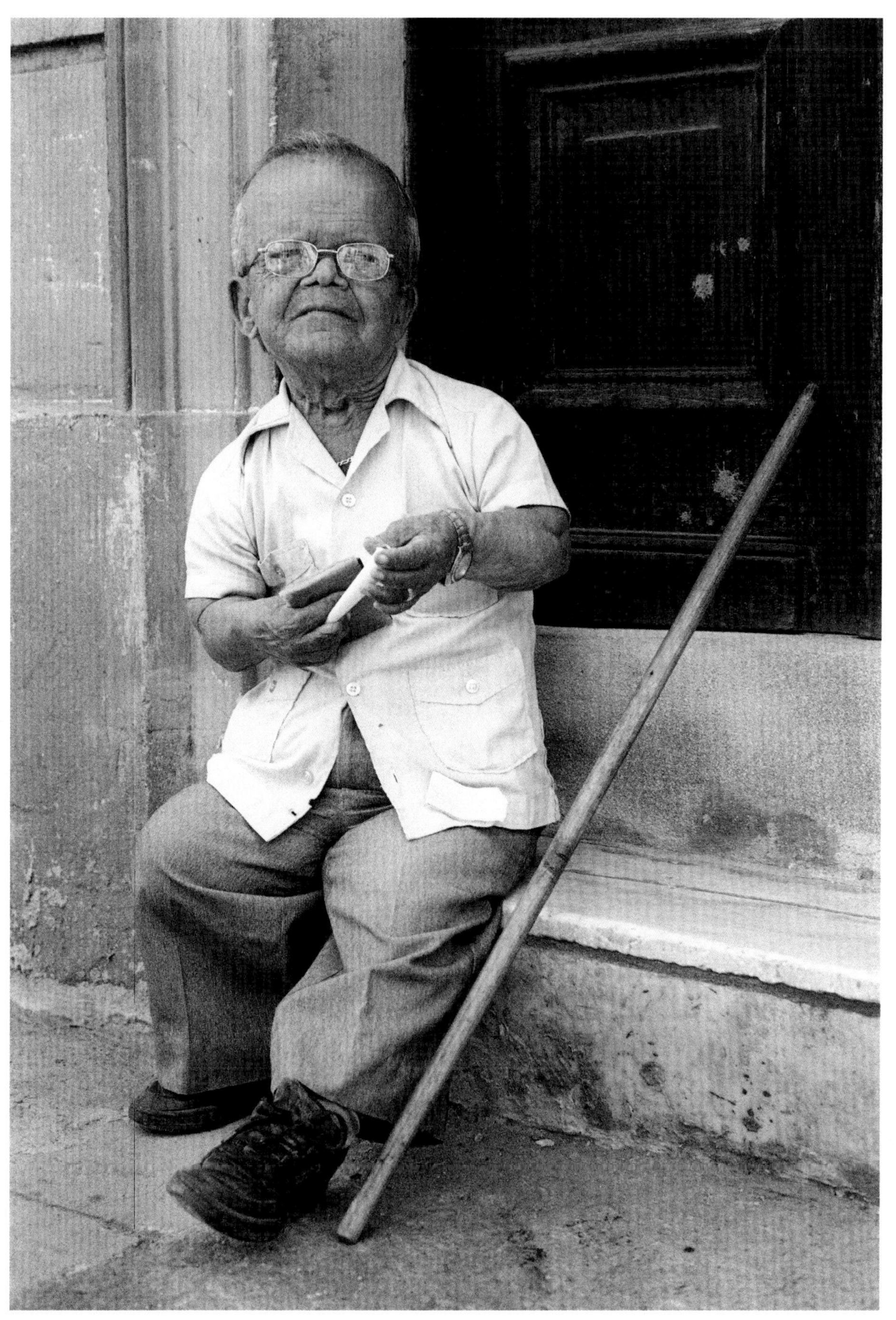

Carlos, February 2002

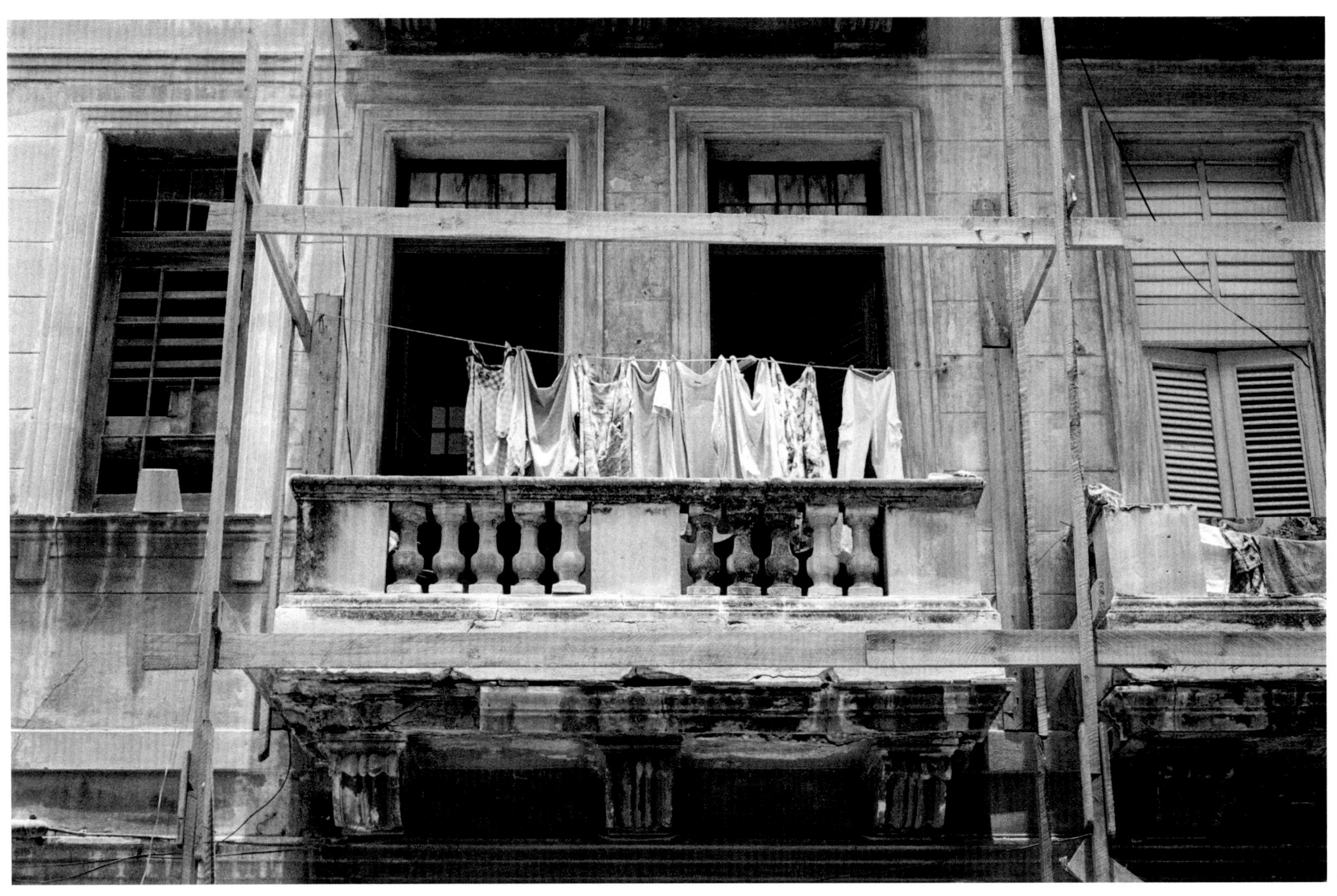

Calle Aramburu y Jovellar, July 2004

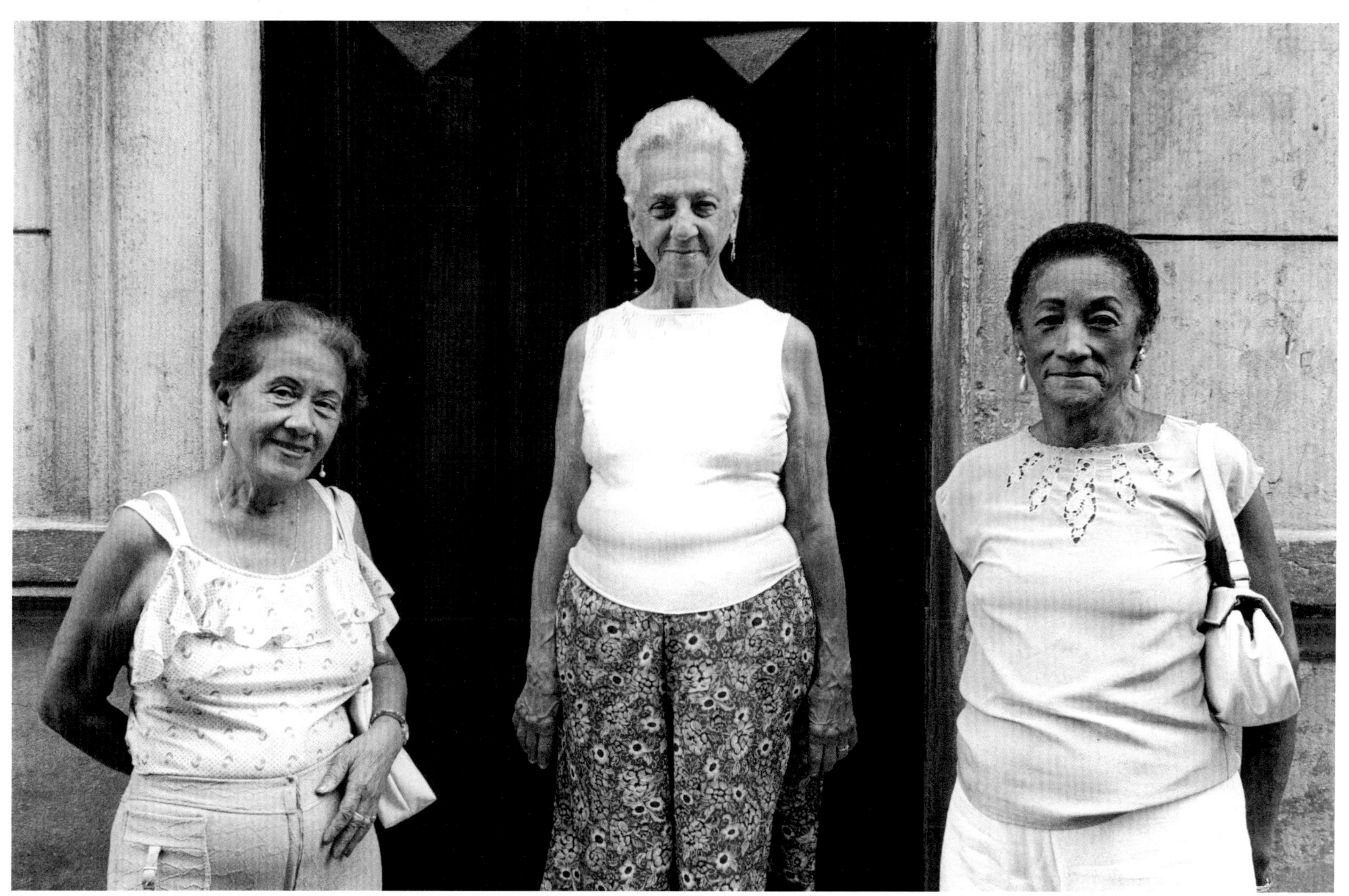

Christina, Leopoldina and Dora, July 2004

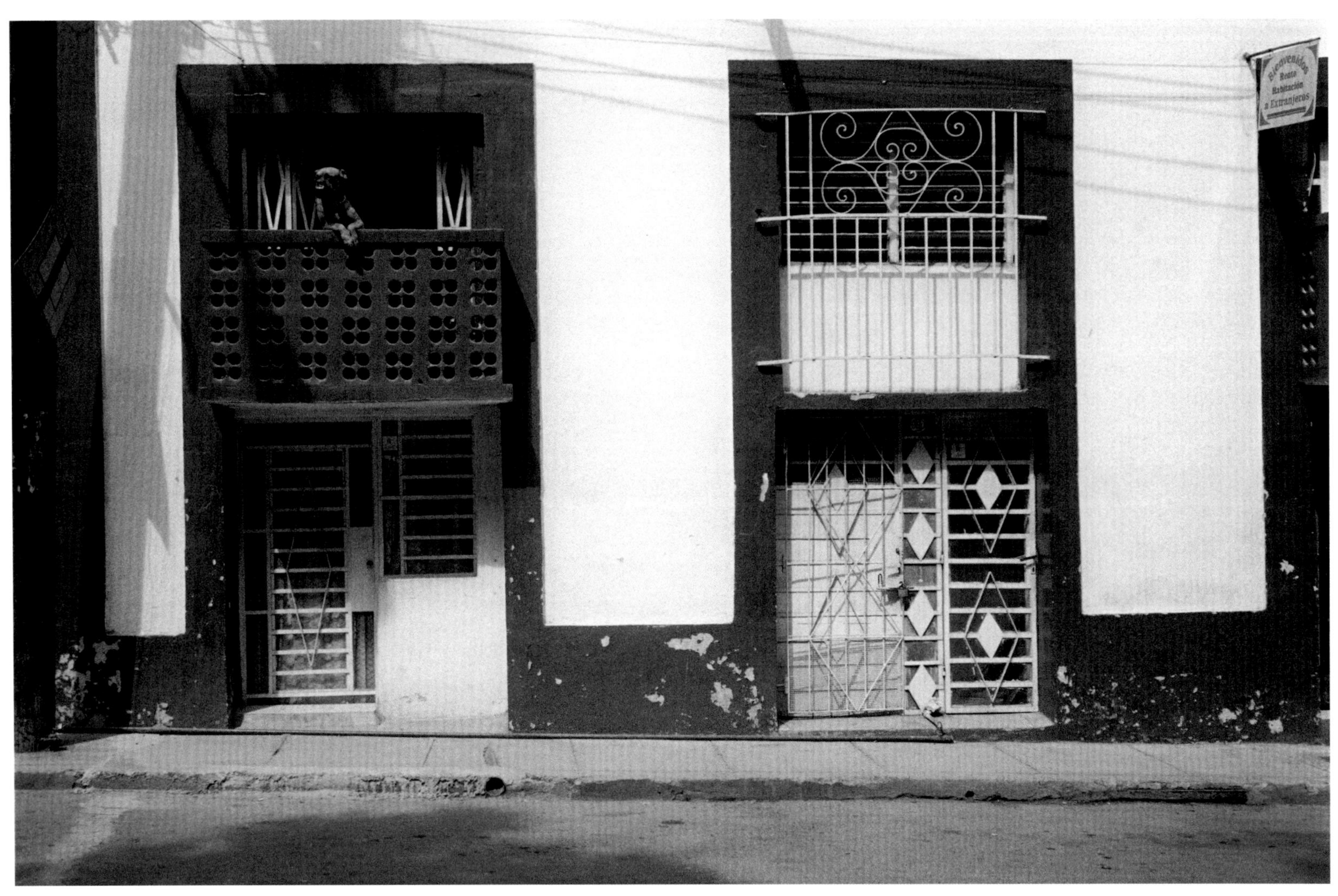

Calle Jovellar entre San Francisco y Infanta, October 2003

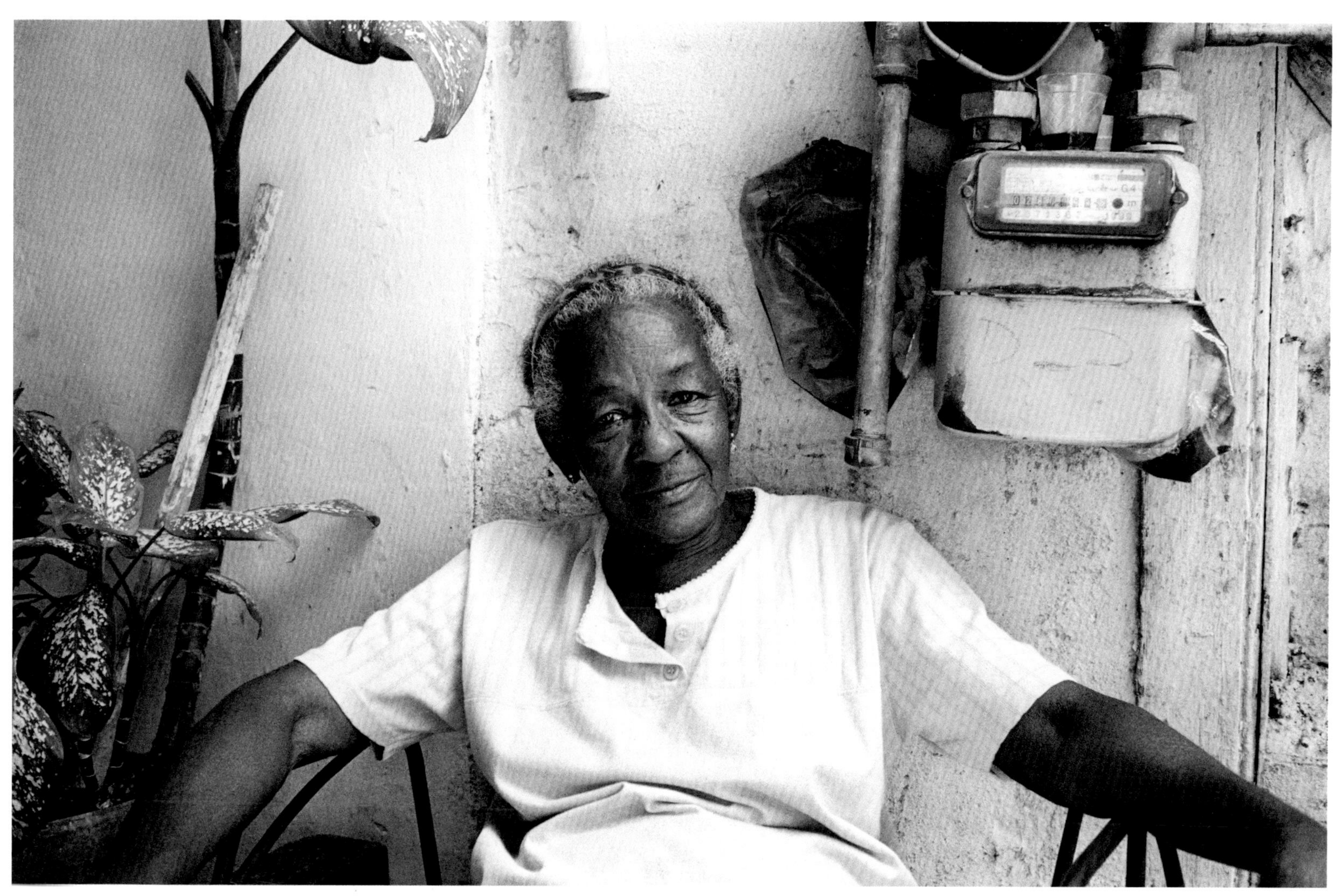

Laudelina, February 2004

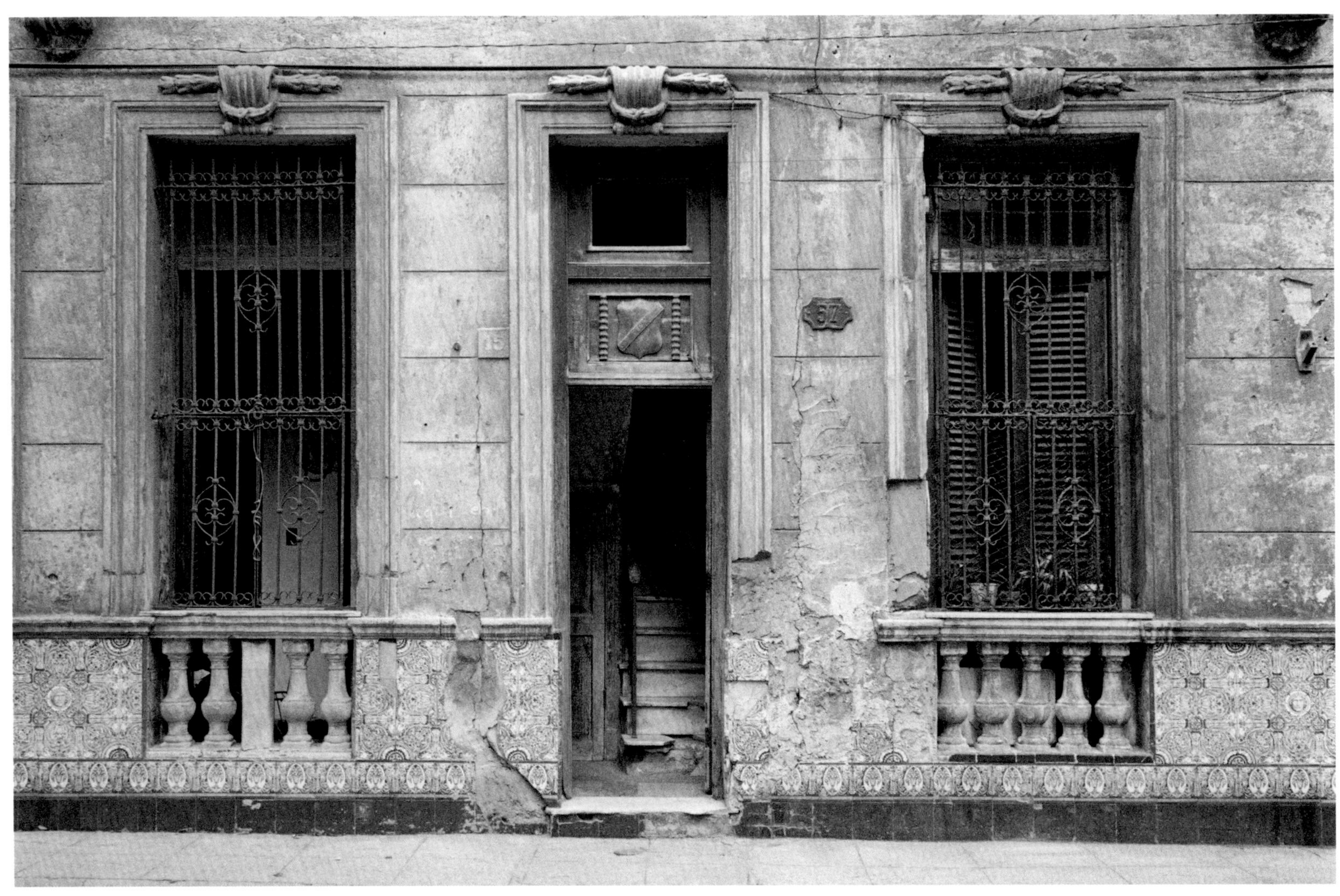

Calle Aramburu y Jovellar, April 2003

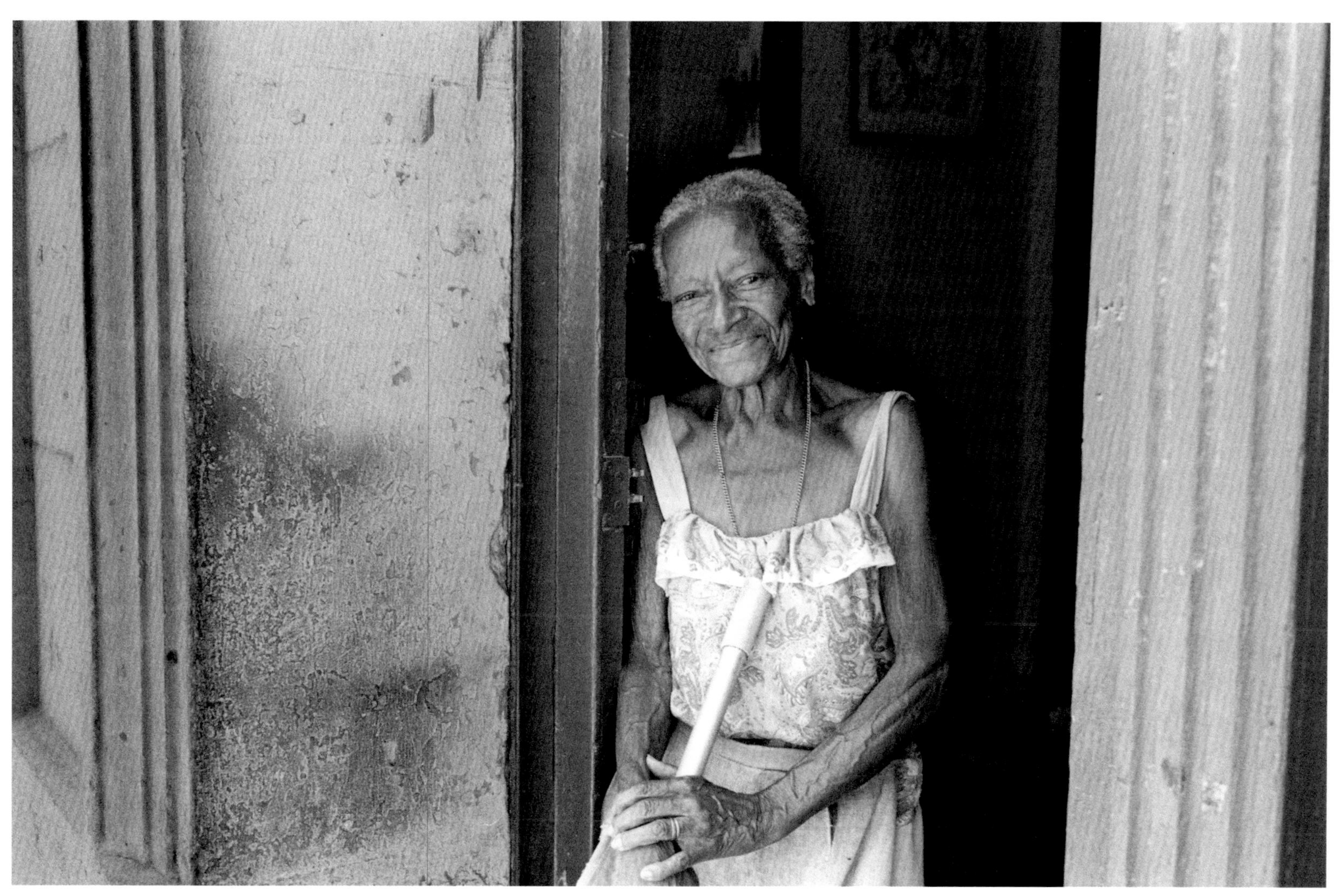

Calle Espada entre San Miguel y San Rafael, October 2003

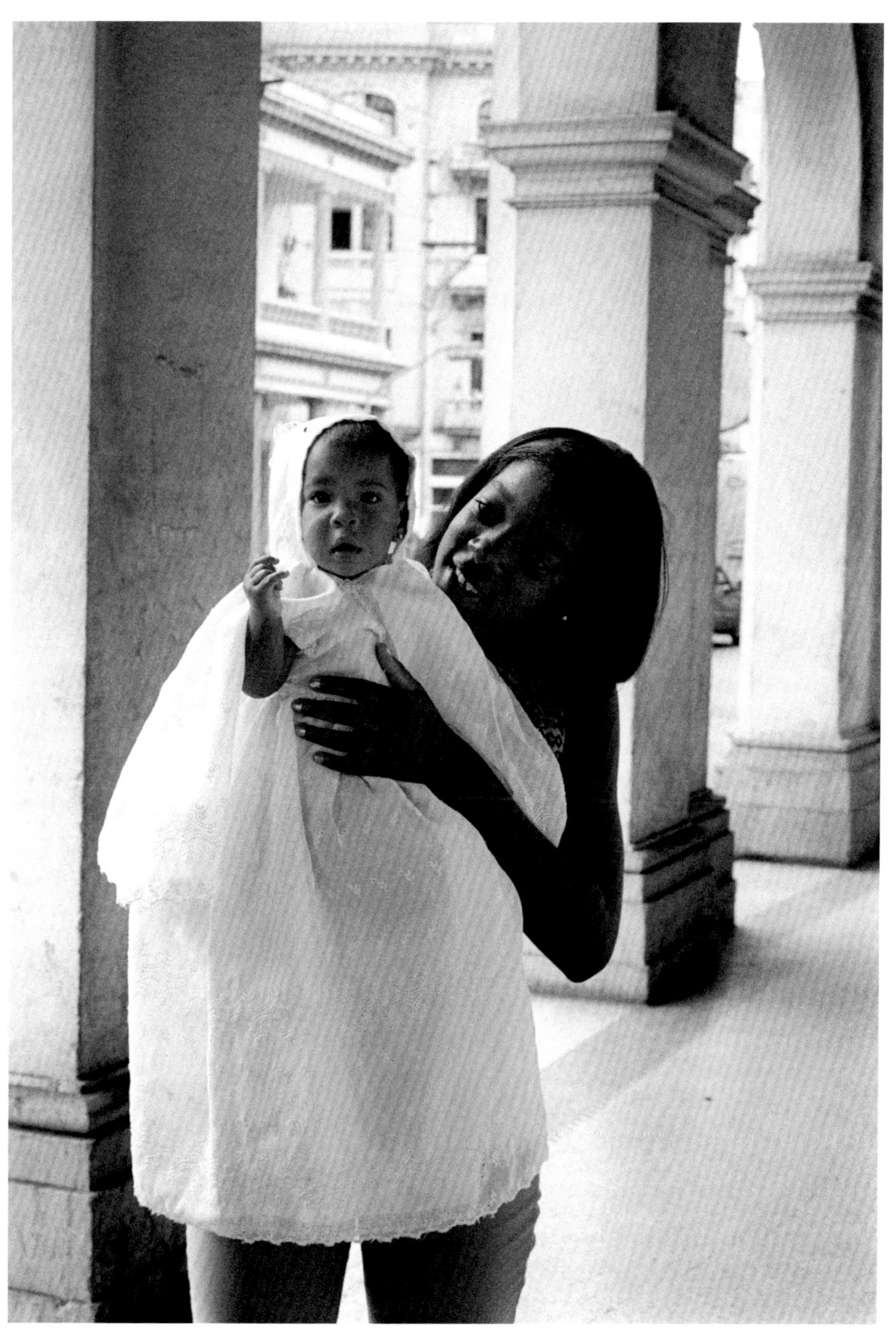

Baptism, La iglesia de Nuestra Señora del Carmen, Calzada de Infanta, April 2002

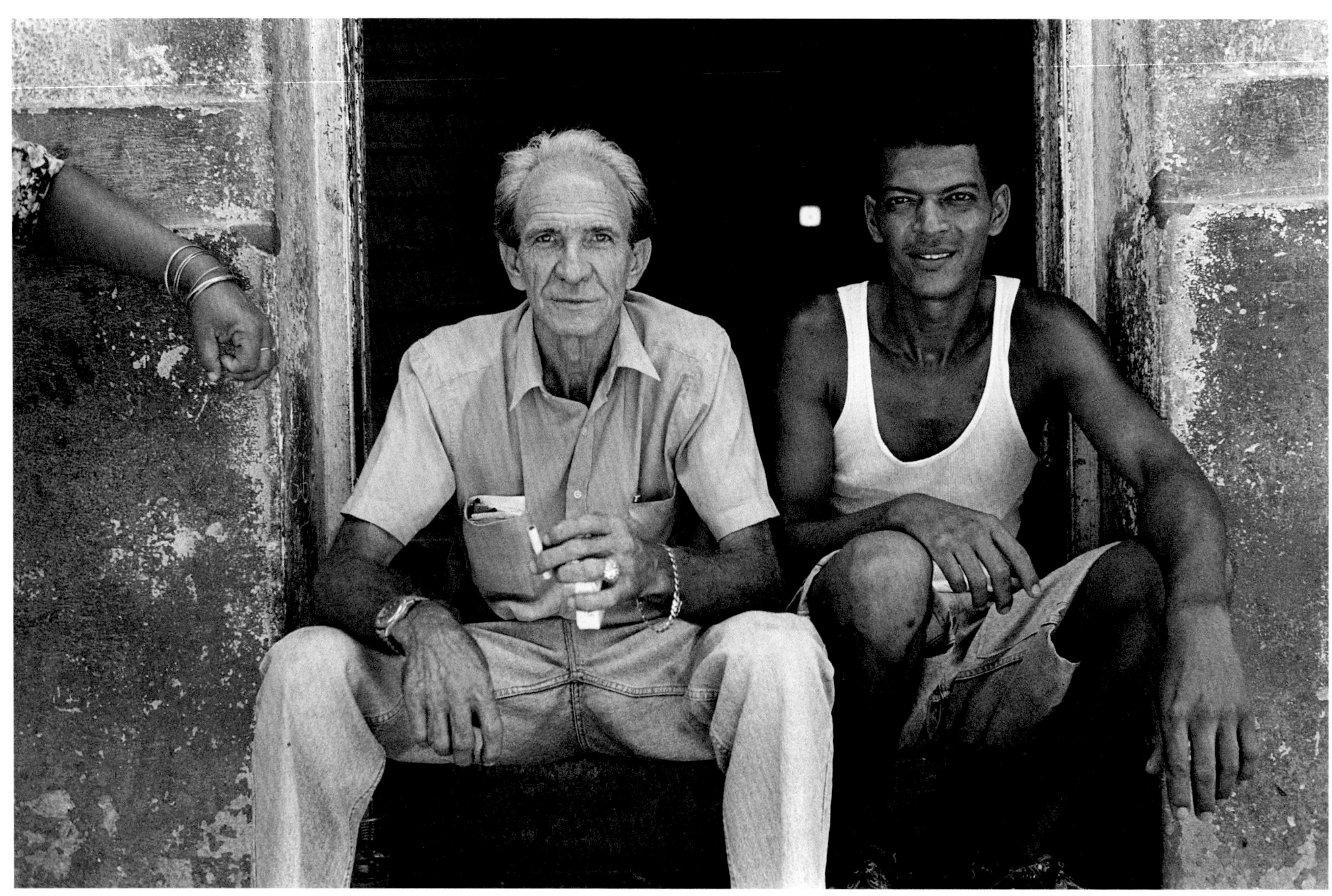

Calle Jovellar, July 2004

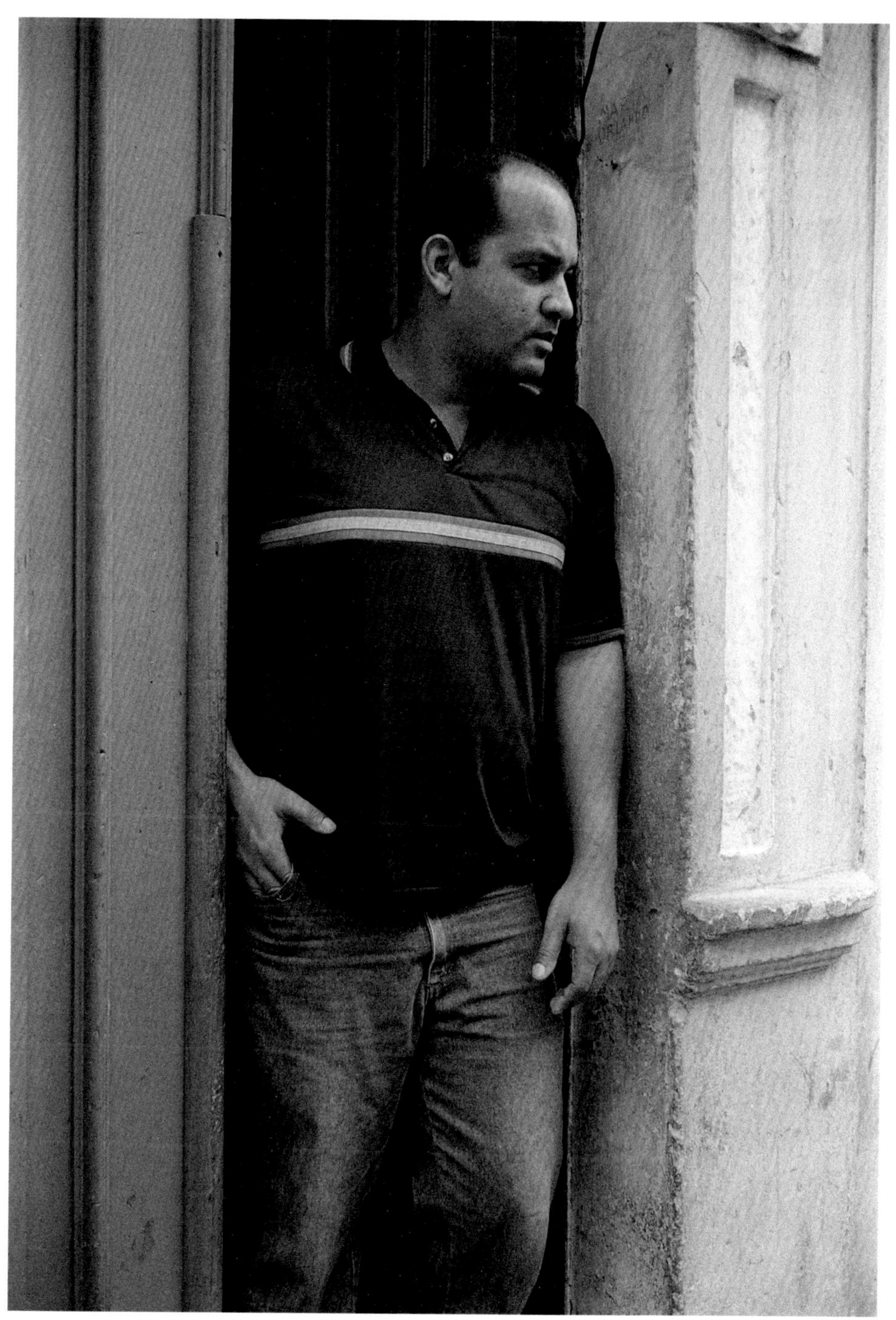

Alexis, January 2003

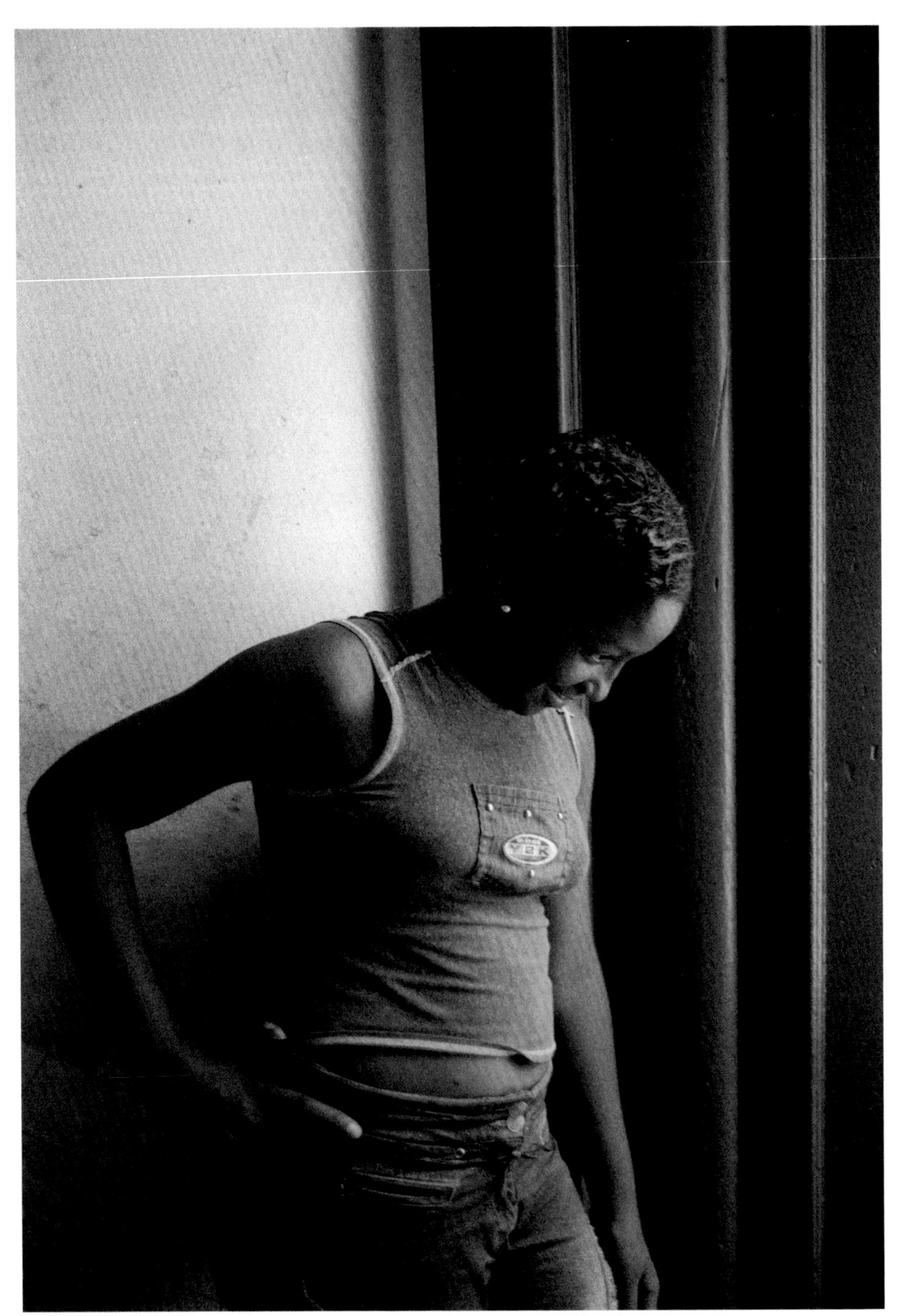

Yuleisy, April 2003

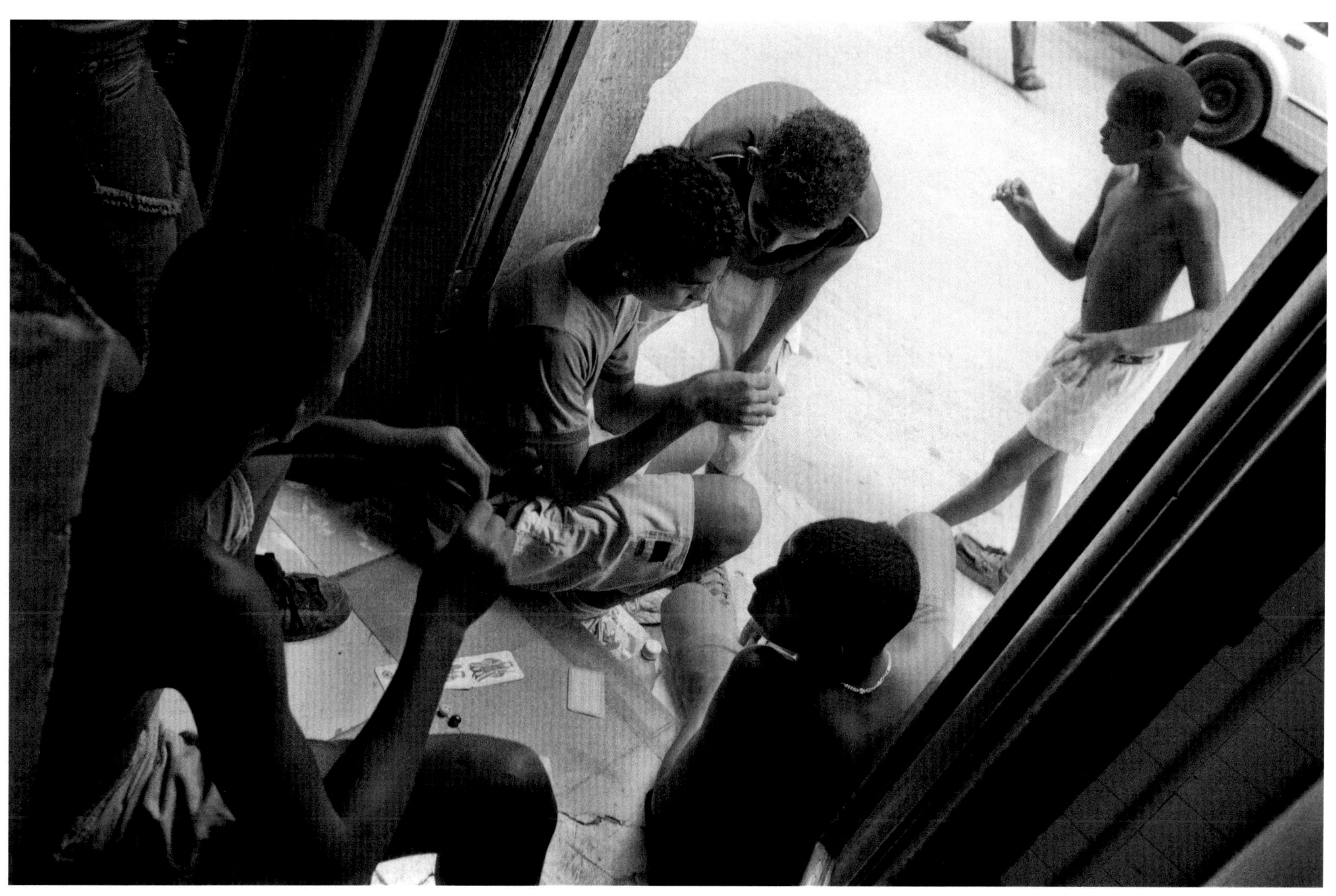

Calle Jovellar, April 2003

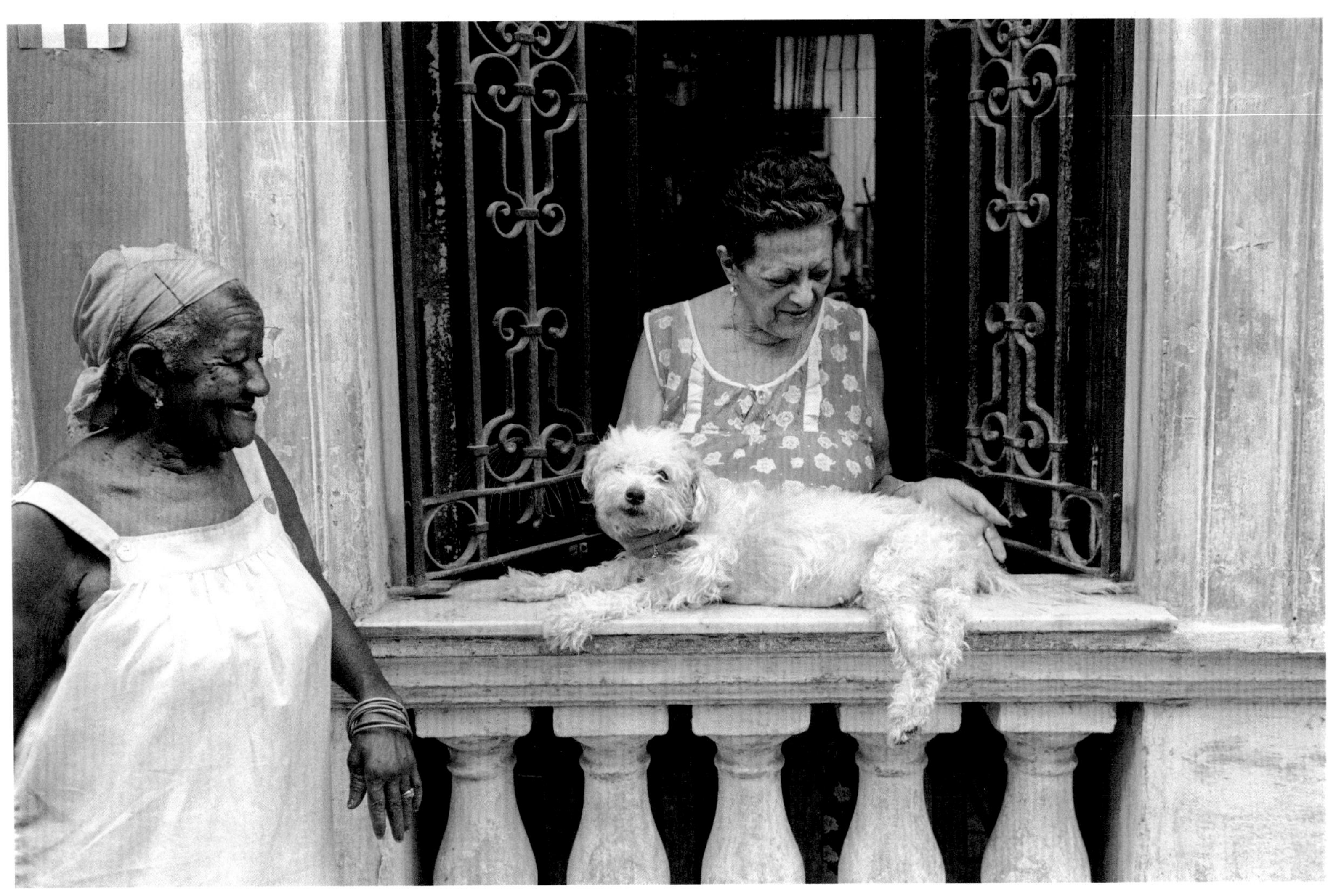

Yolanda at her window, July 2004

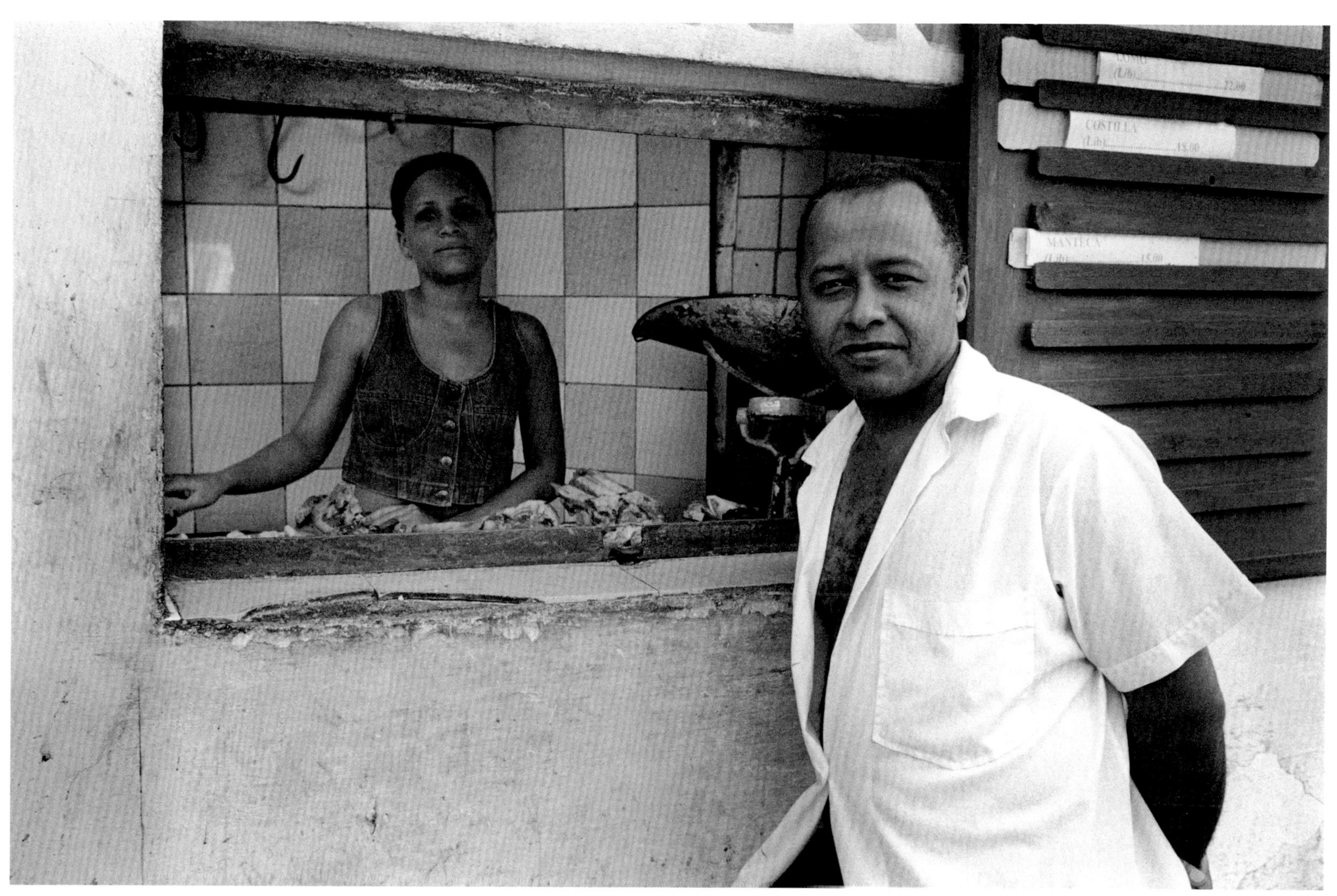

Calle Jovellar y Hospital, January 2003

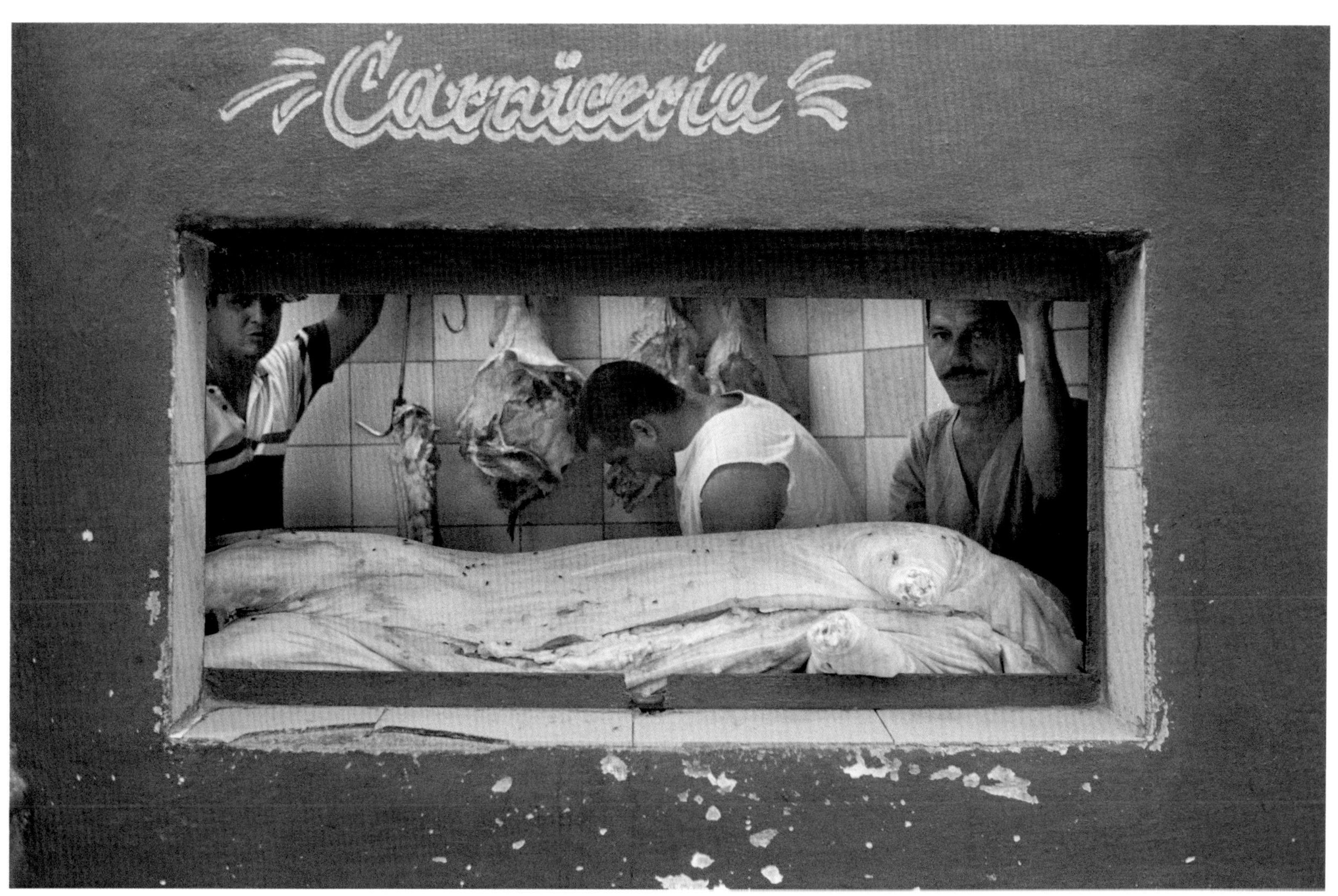

Butcher's, Calle Jovellar y Hospital, October 2003

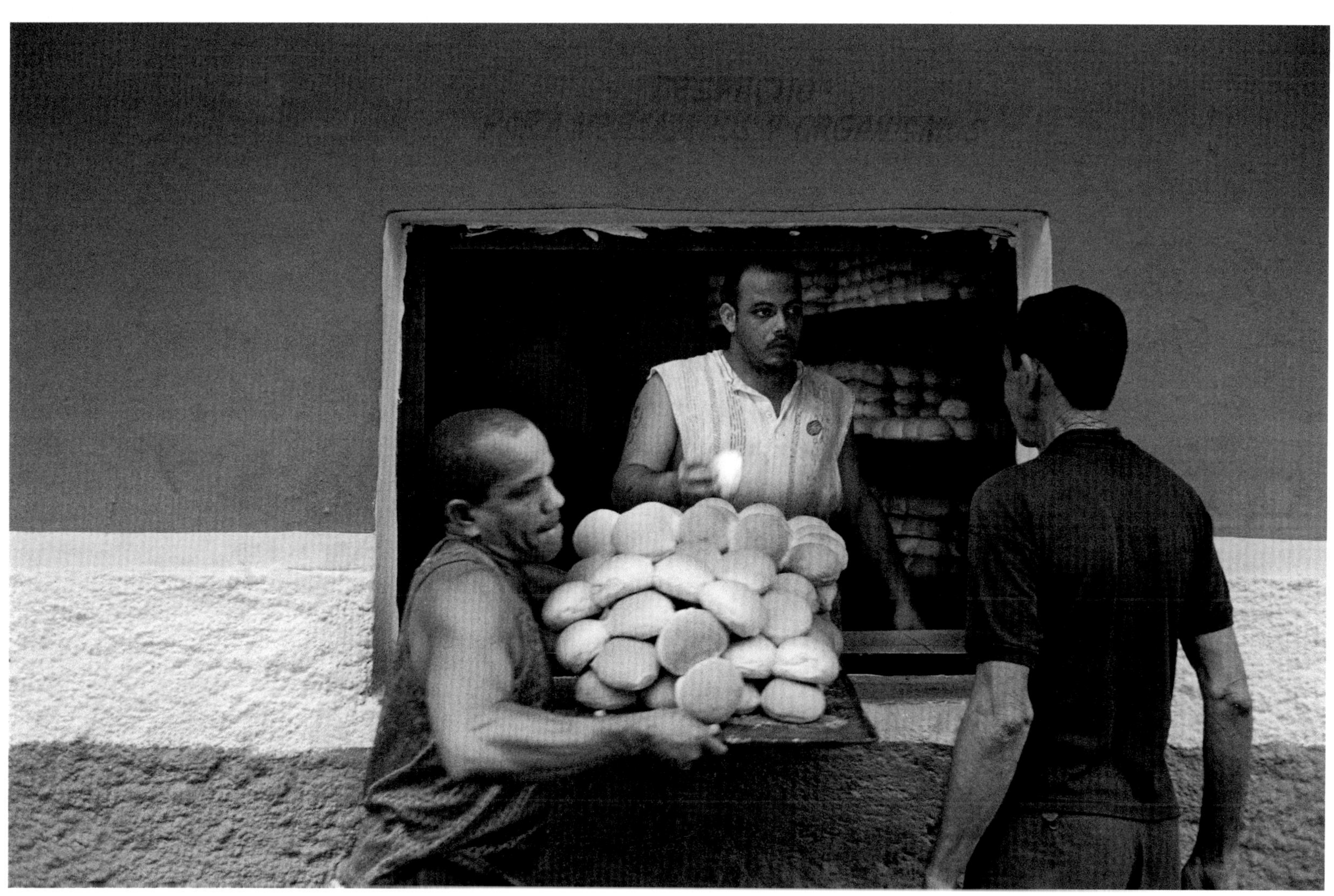

Bakery 'La Candeal', Calle Hospital entre San Lázaro y Callejón de Hamel, October 2003

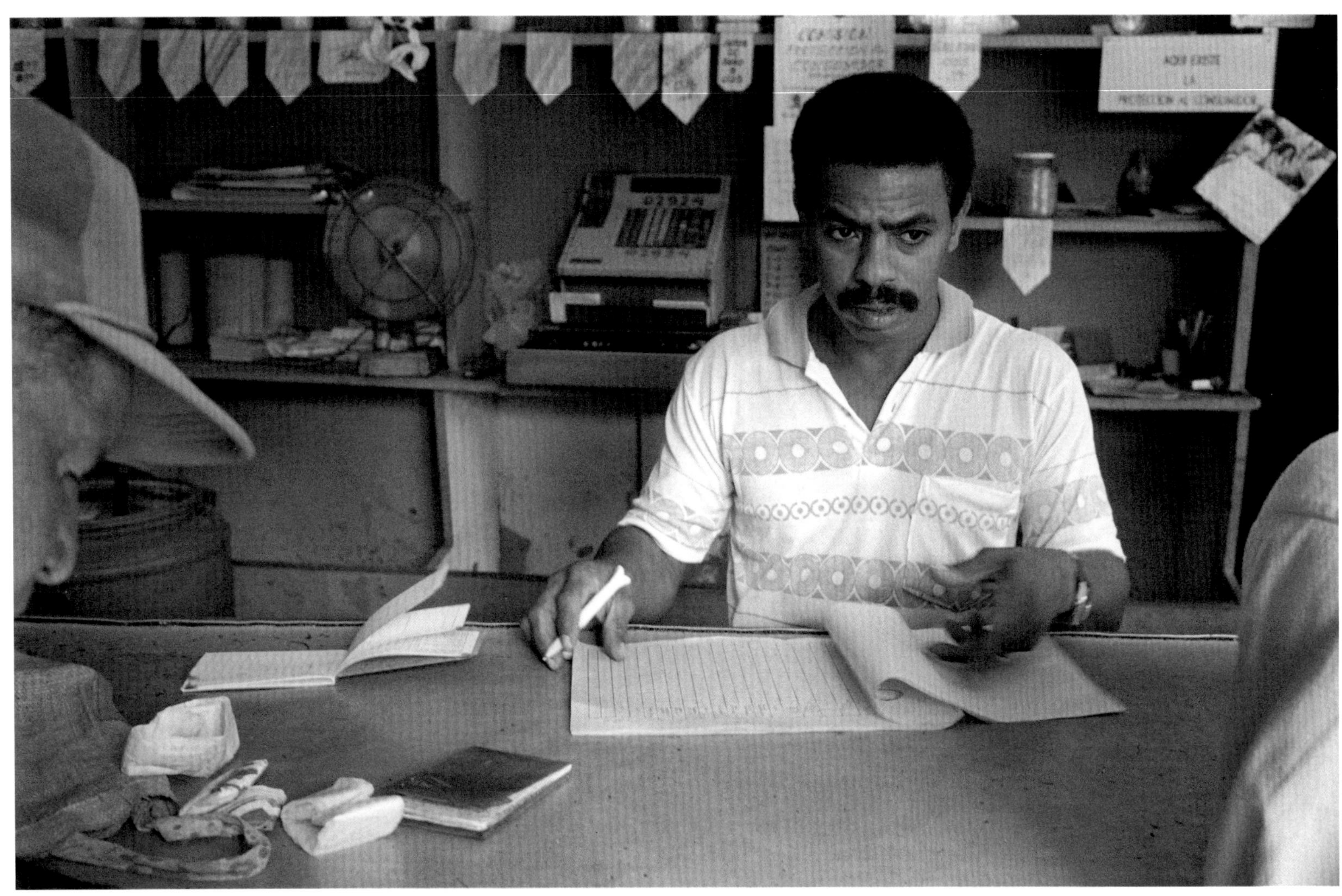

Luis, January 2003

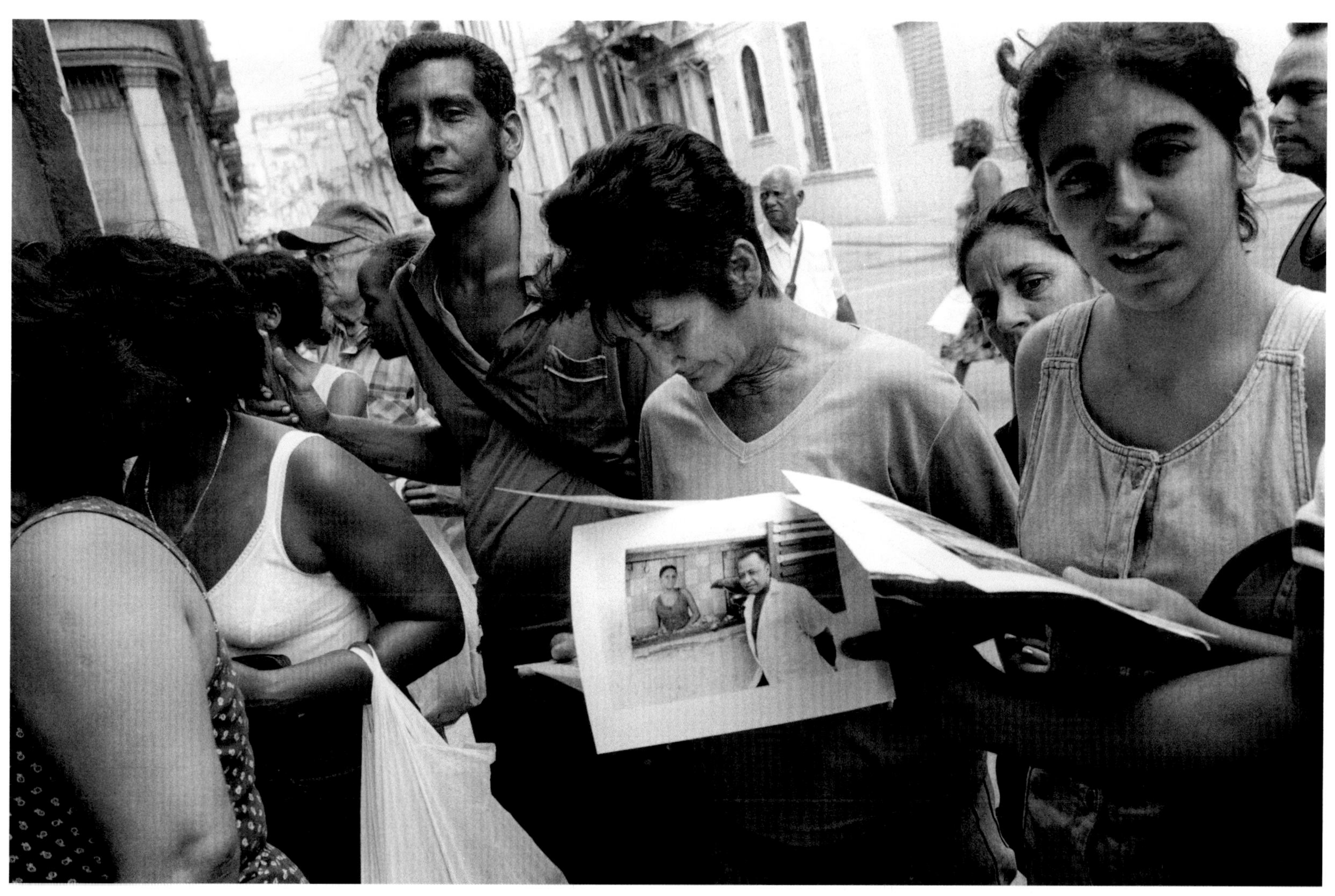

Queue, Calle Jovellar y Hospital, April 2003

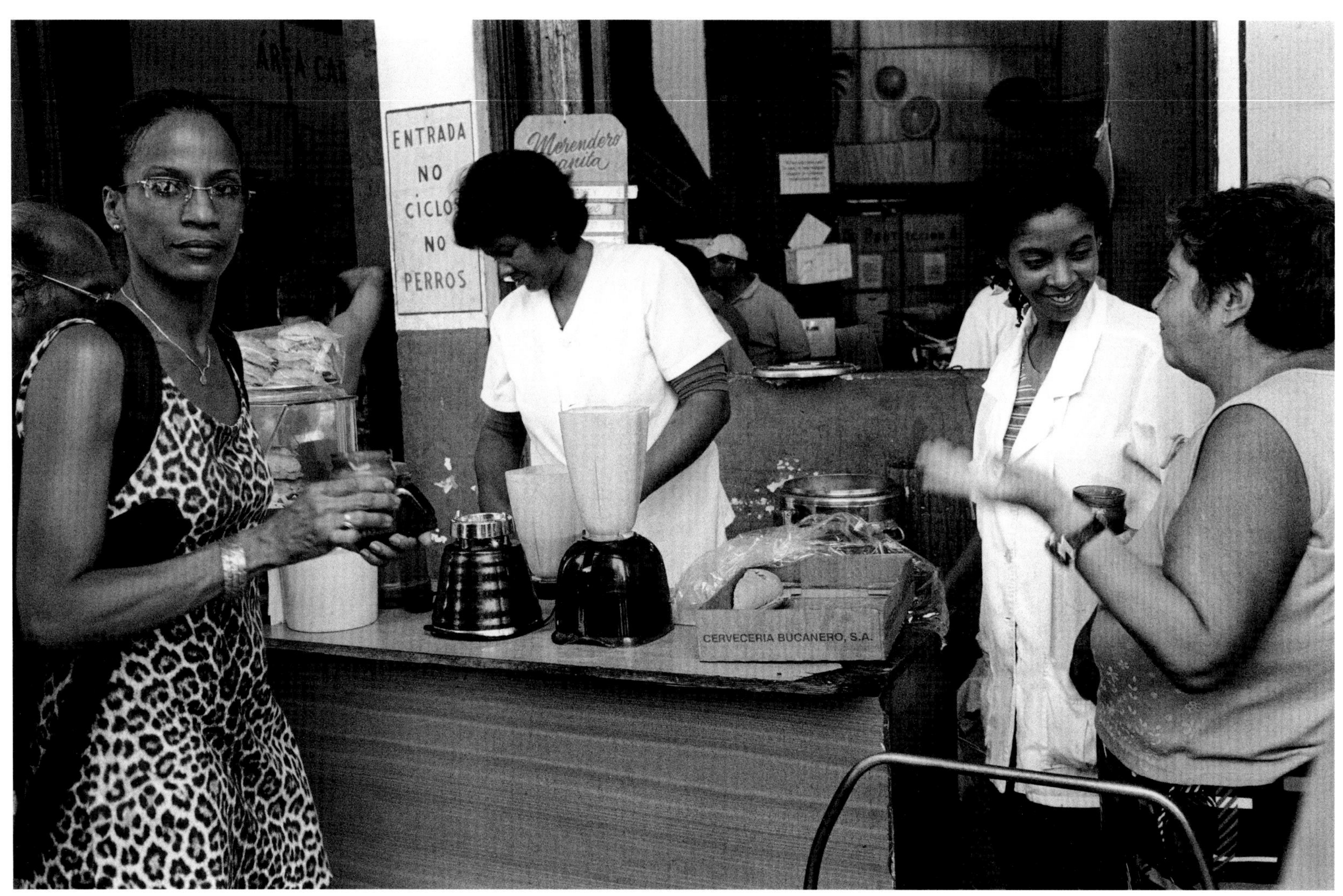

Calzada de Infanta y Vapor, April 2003

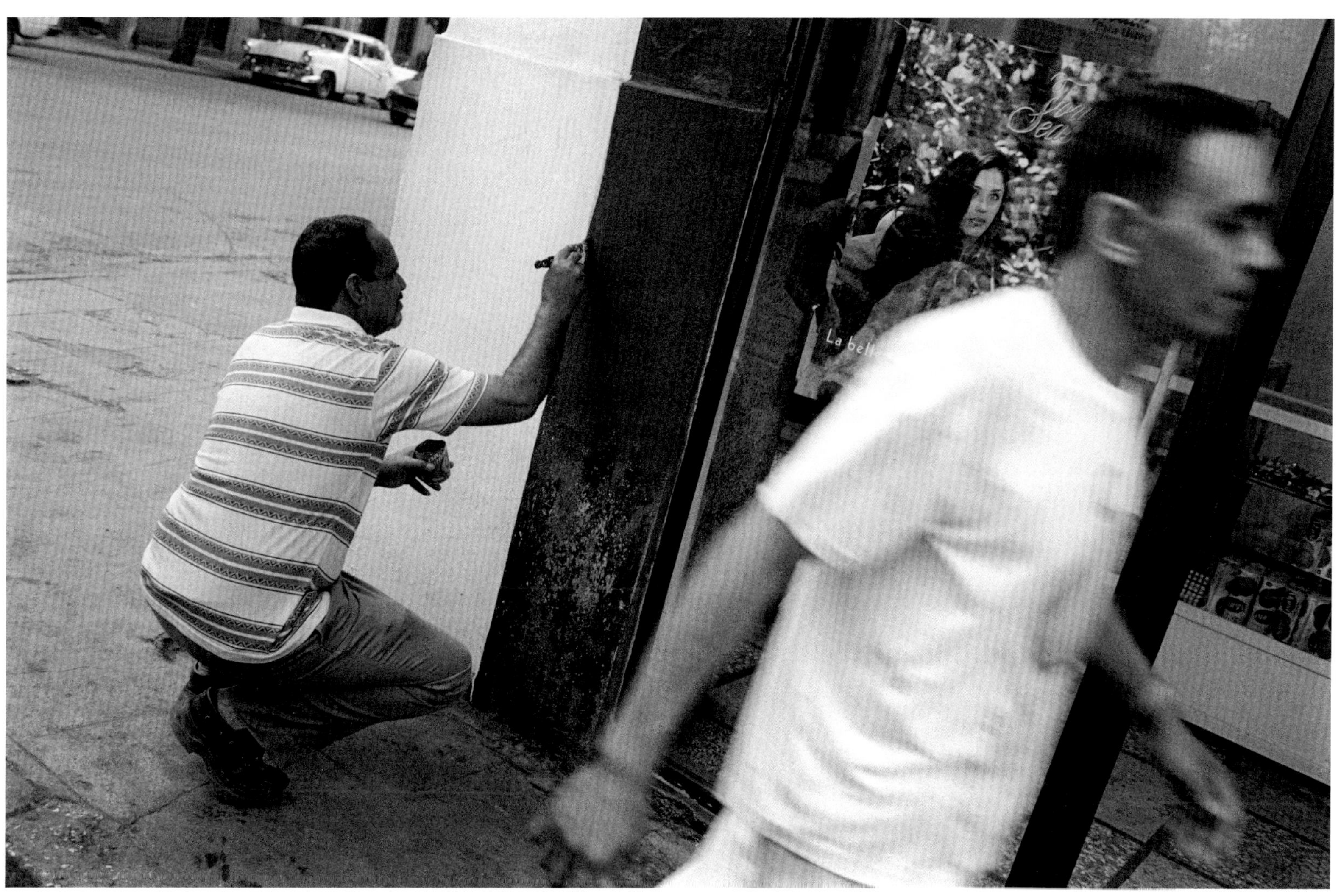

Calle Hospital y San Lázaro, February 2004

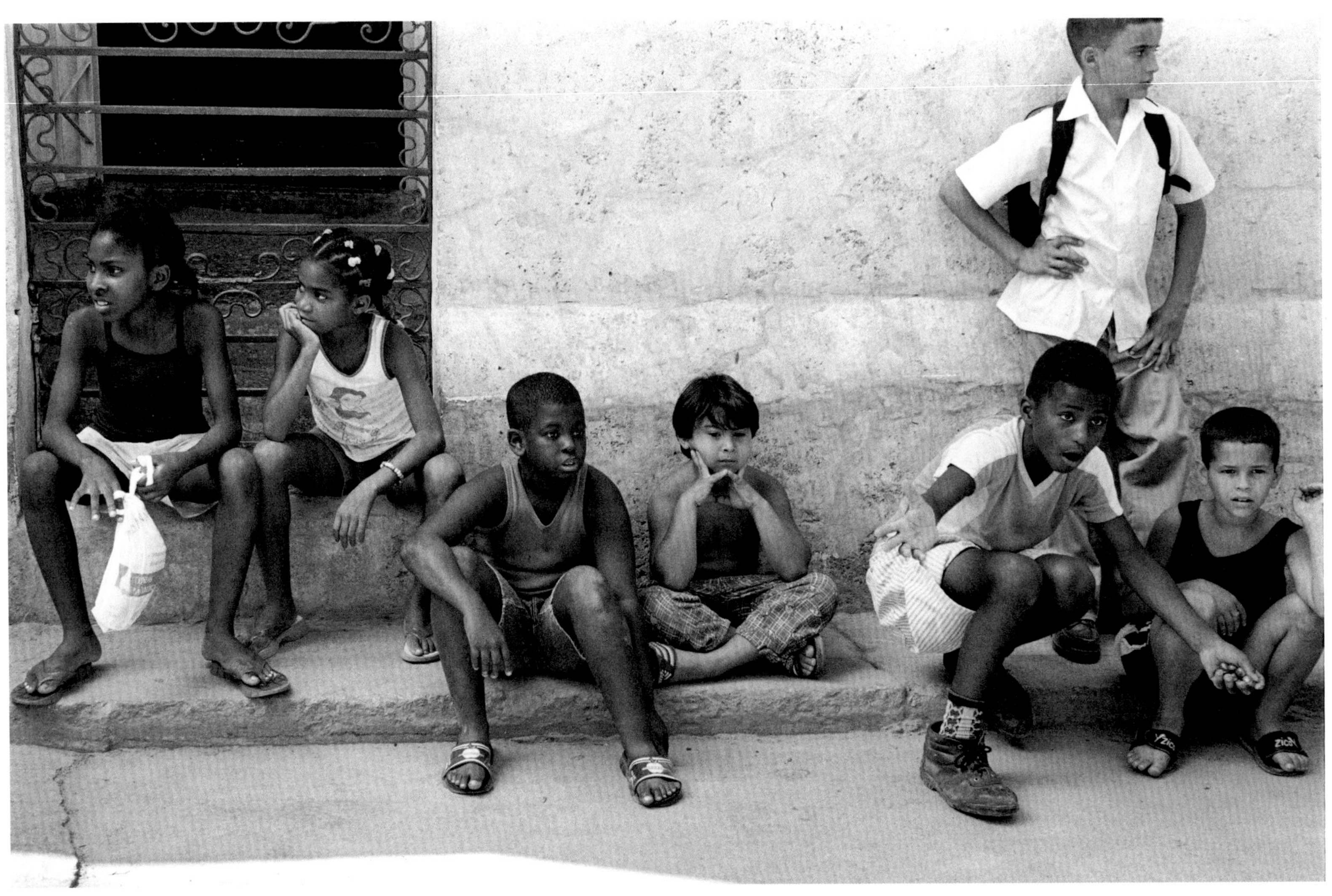

Callejón de Hamel, April 2002

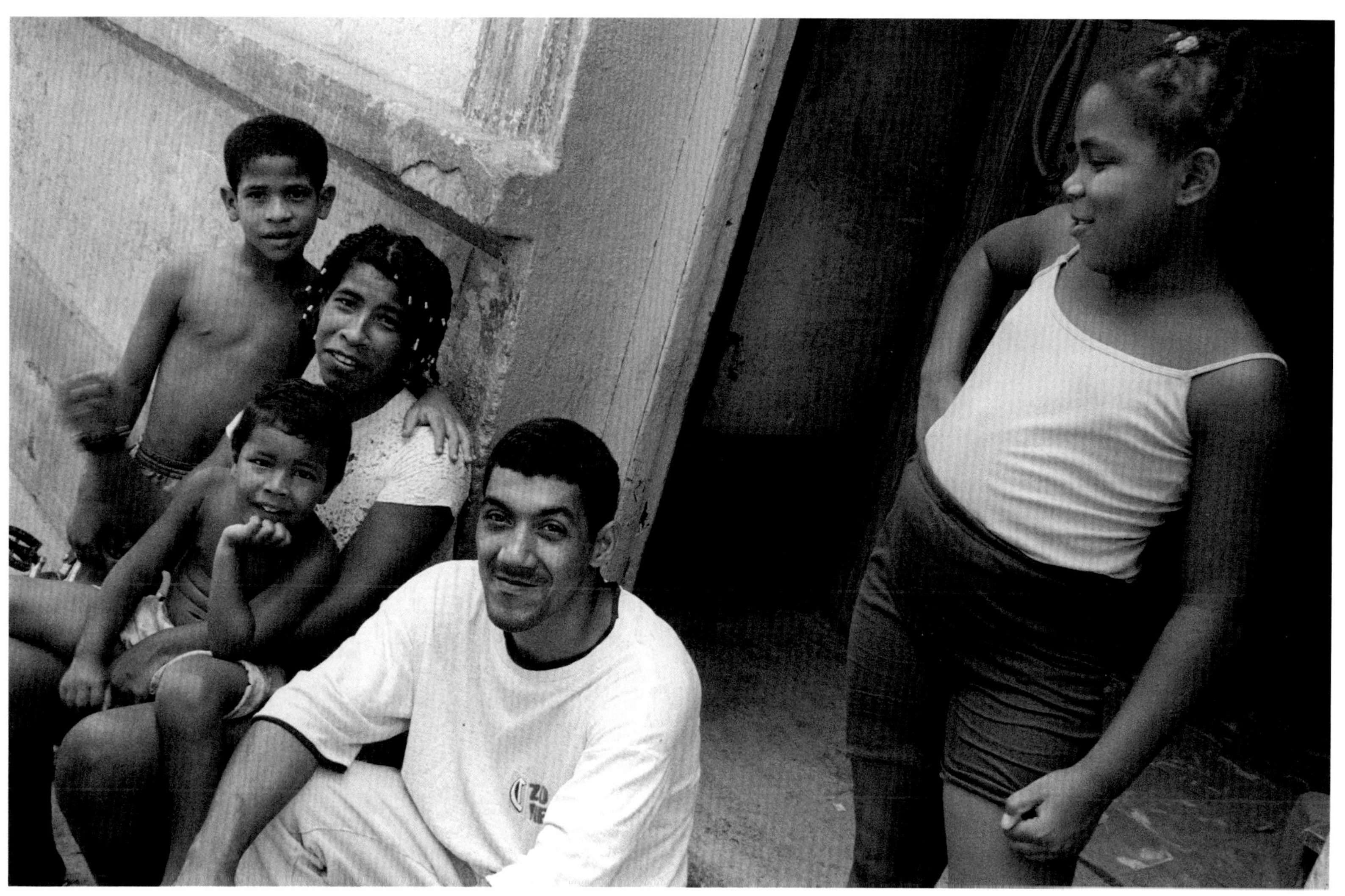

Calle Jovellar entre Hospital y Aramburu, April 2003

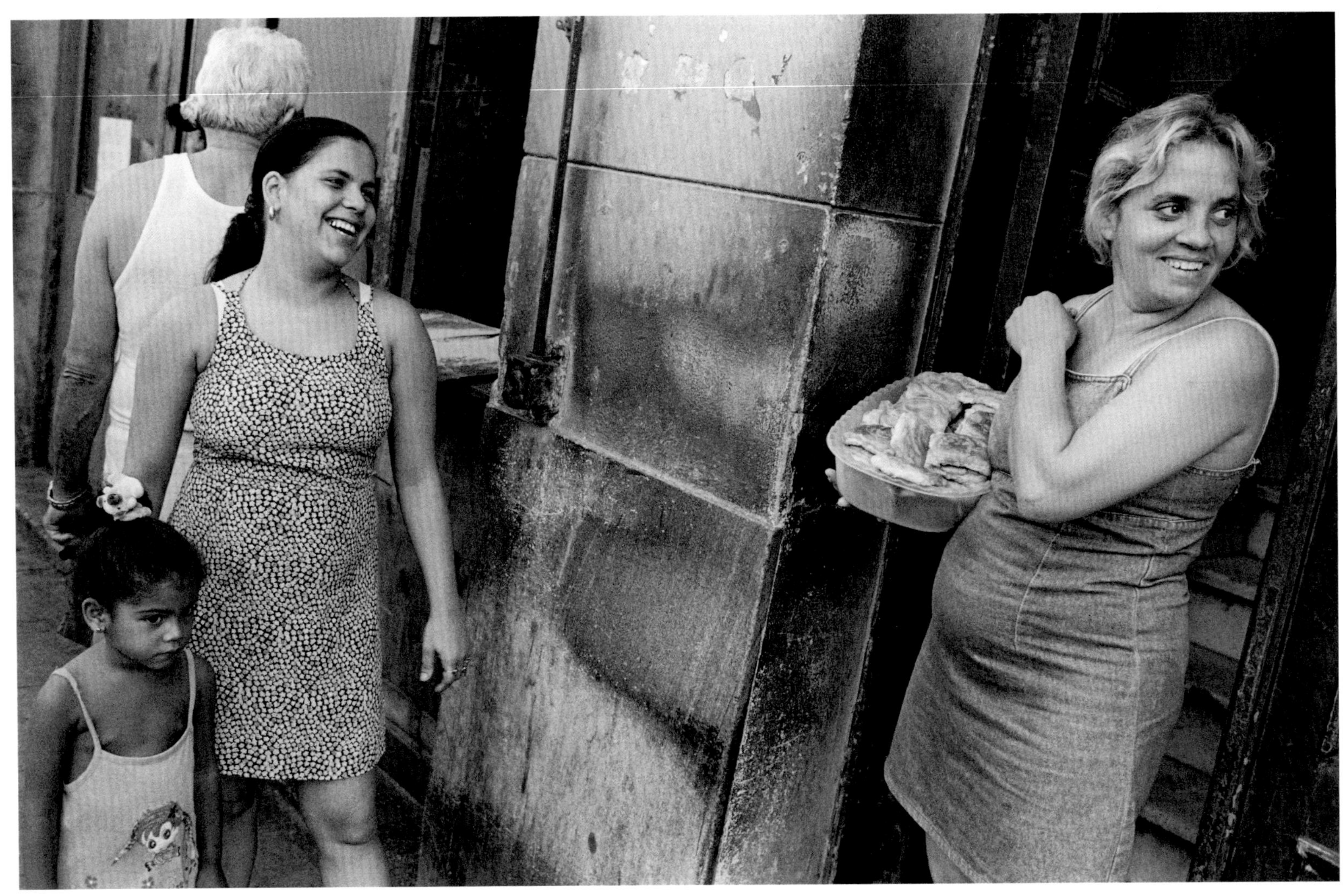

Calzada de San Lázaro, October 2003

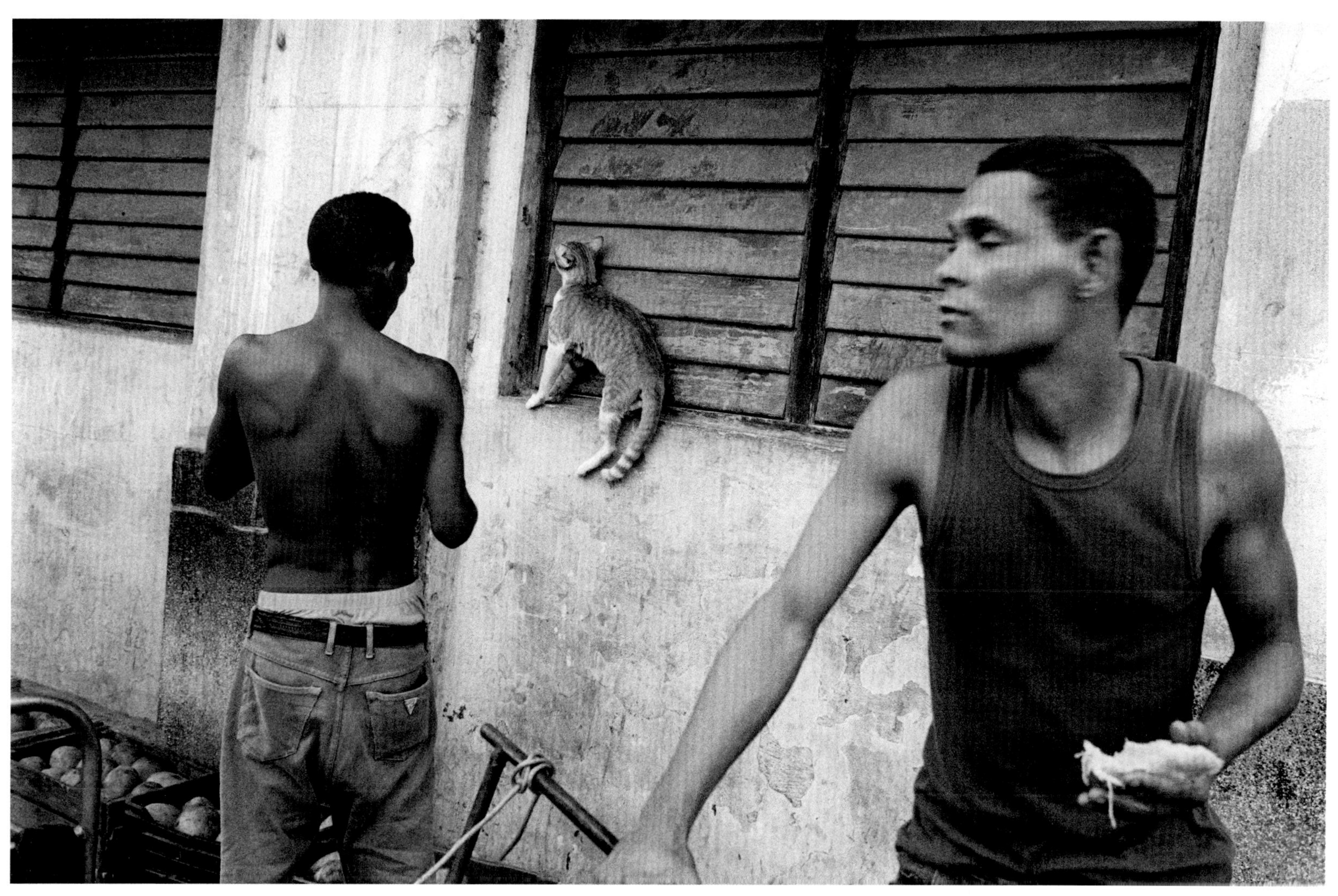

Calle Soledad y Virtudes, July 2004

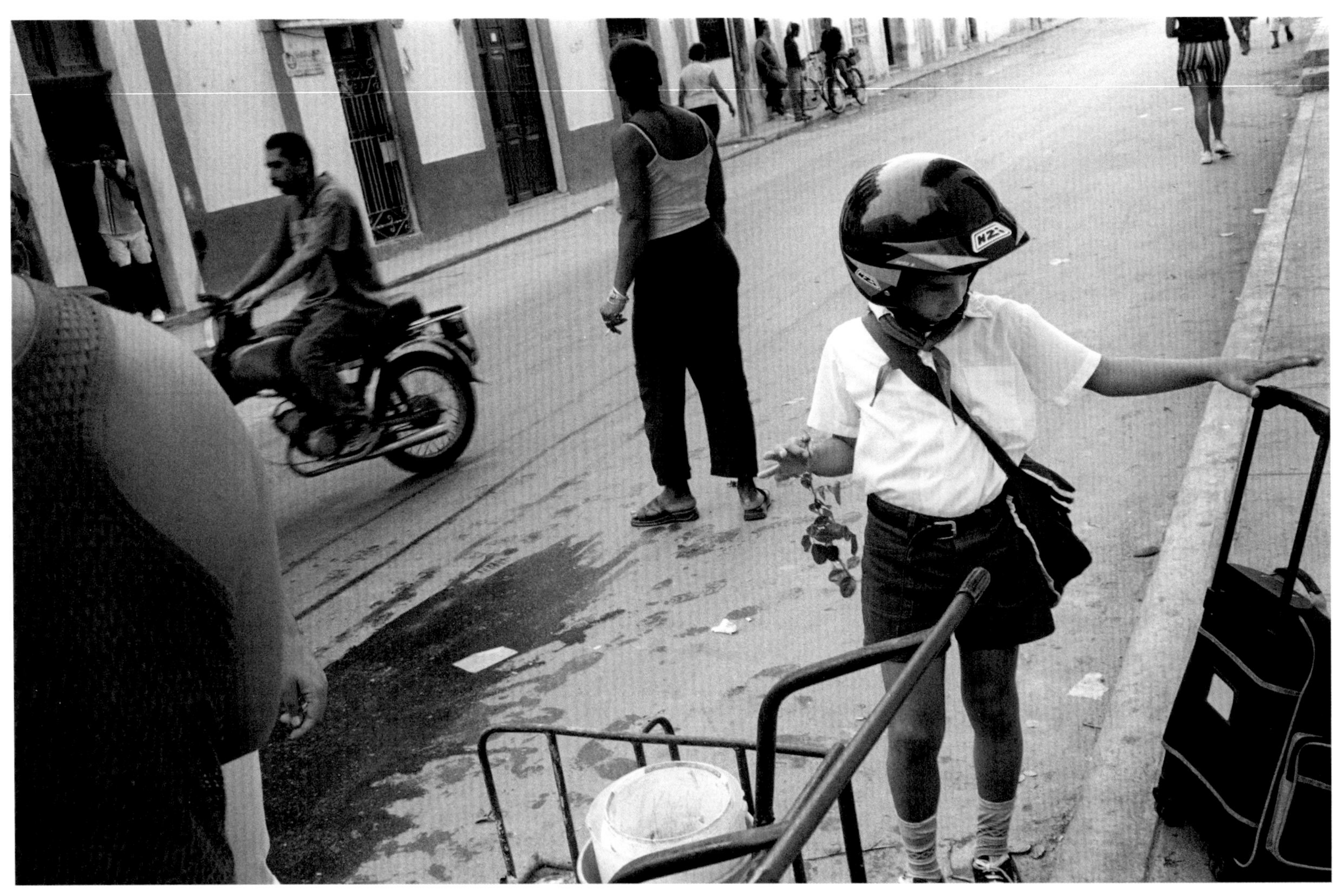

Calle Hospital y San José, October 2003

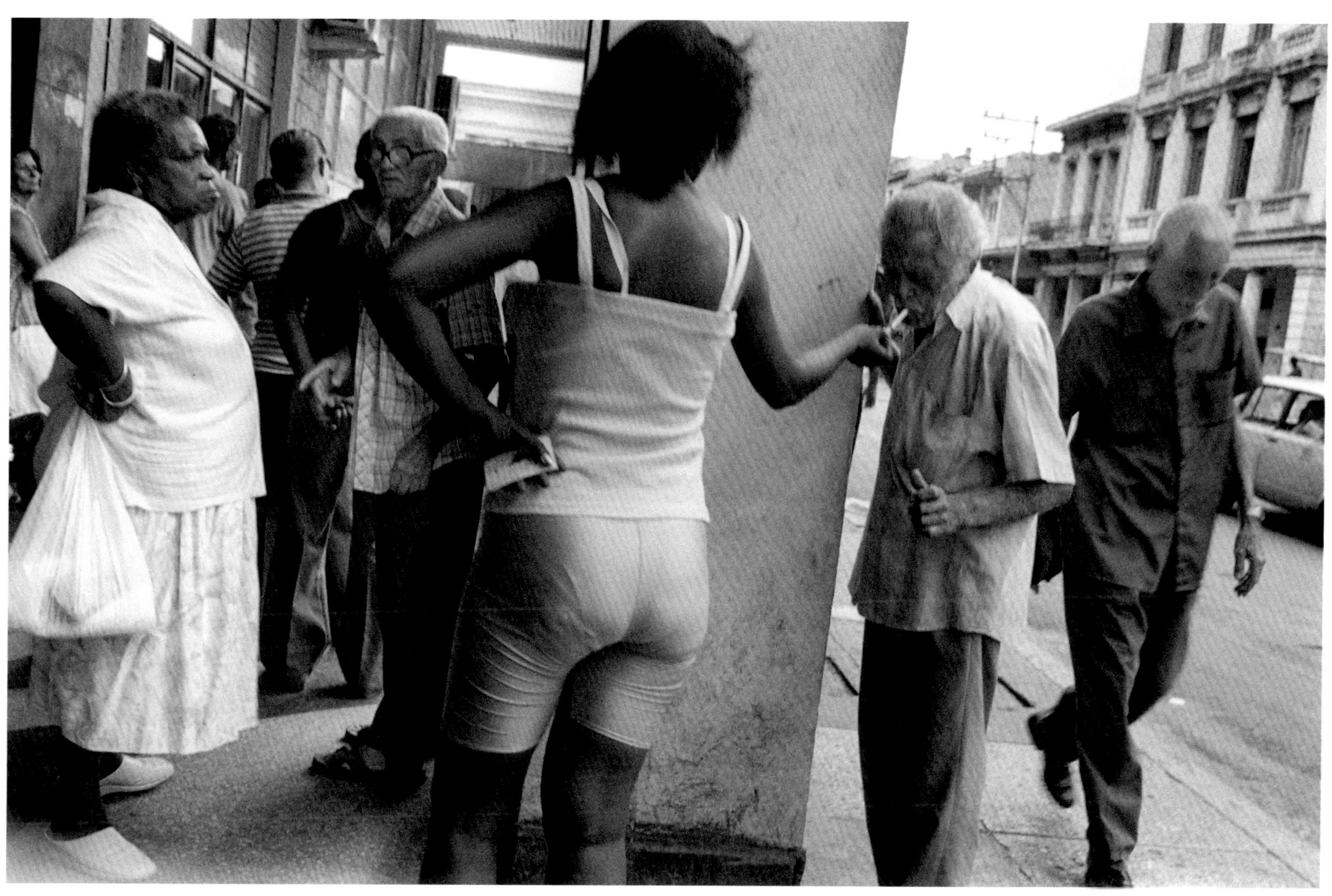

Calzada de Infanta, October 2003

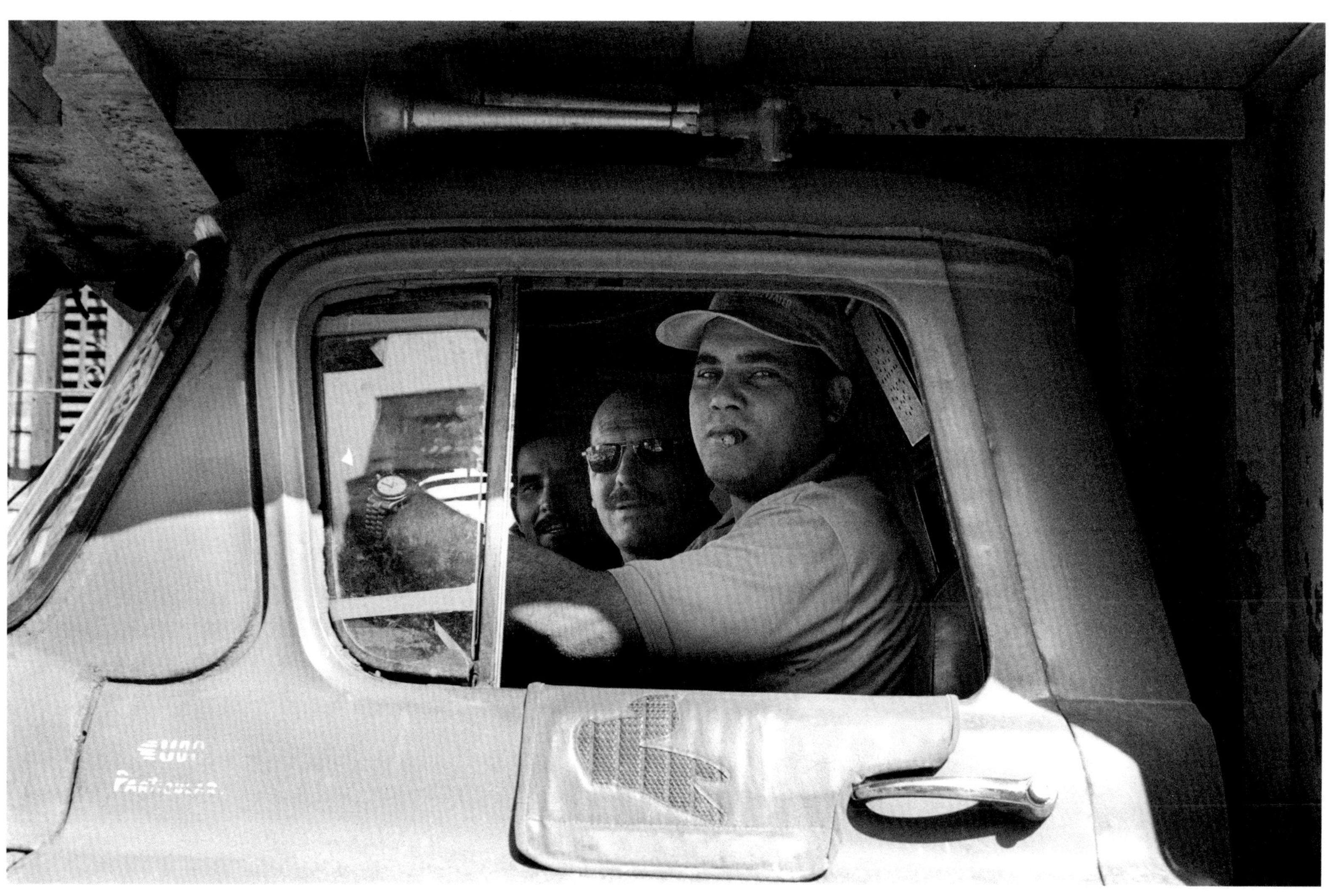

Monthly farmers' market, Calle Zanja, February 2002

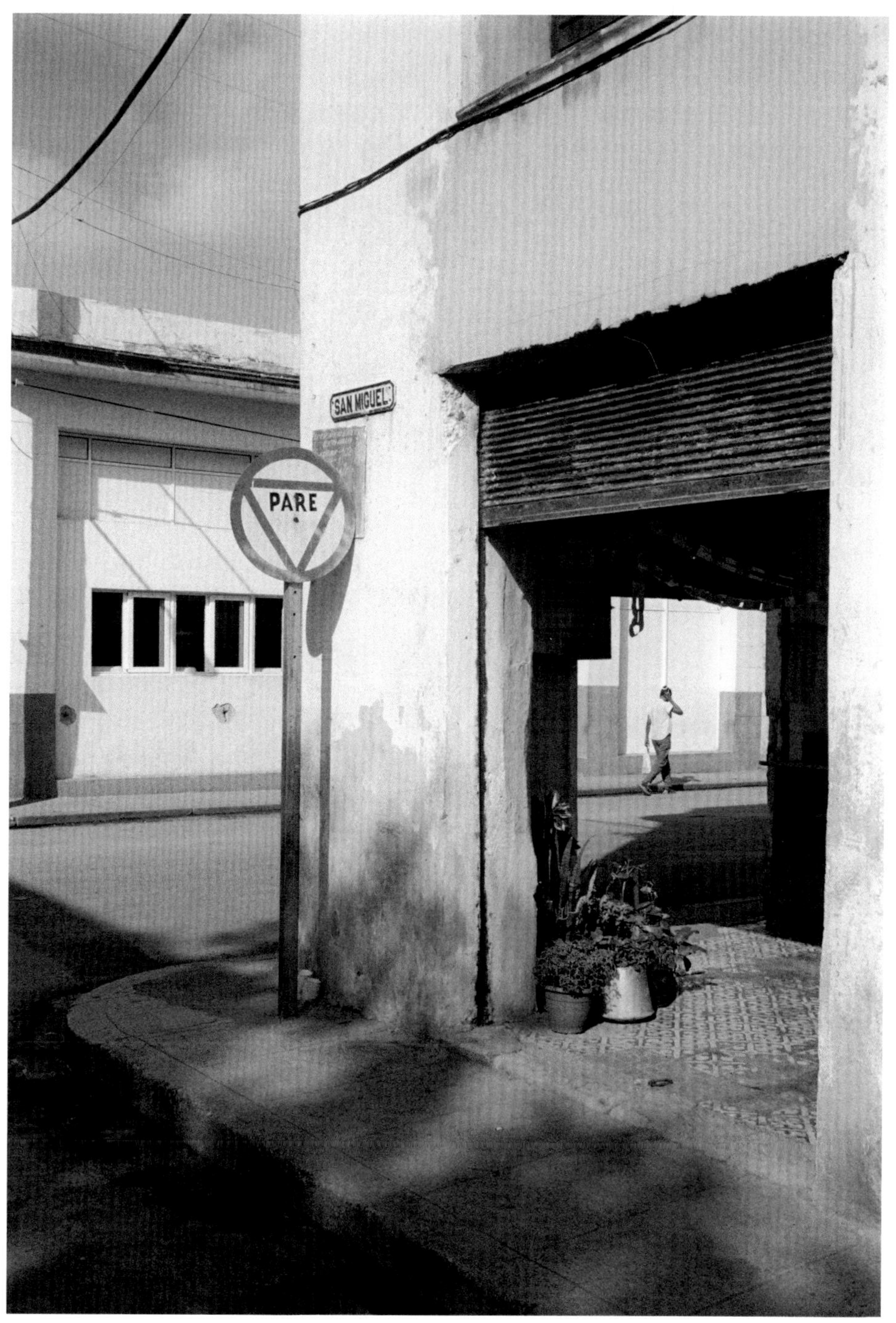

Calle San Miguel y Aramburu, January 2003

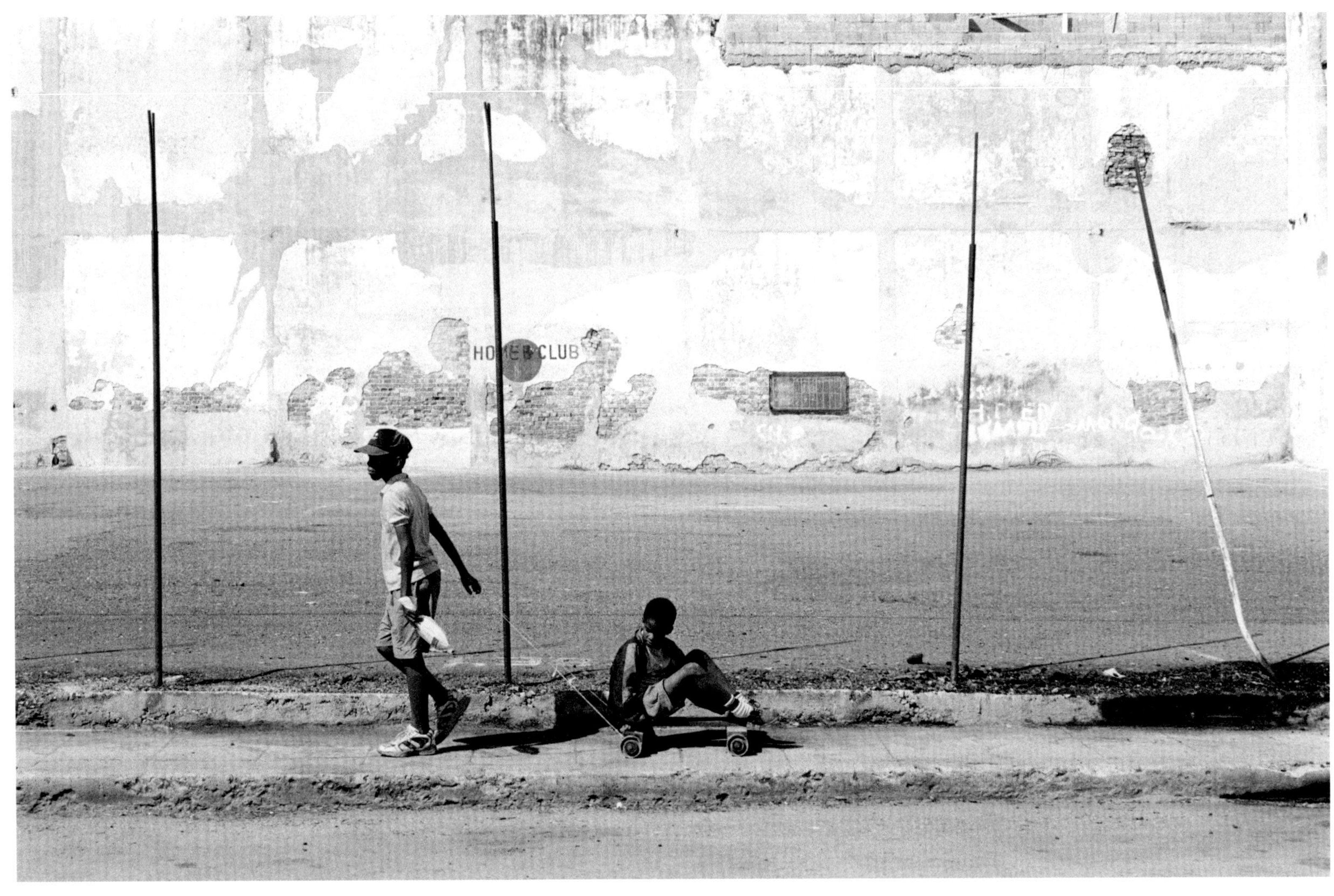

Calle Hospital y San Rafael, February 2002

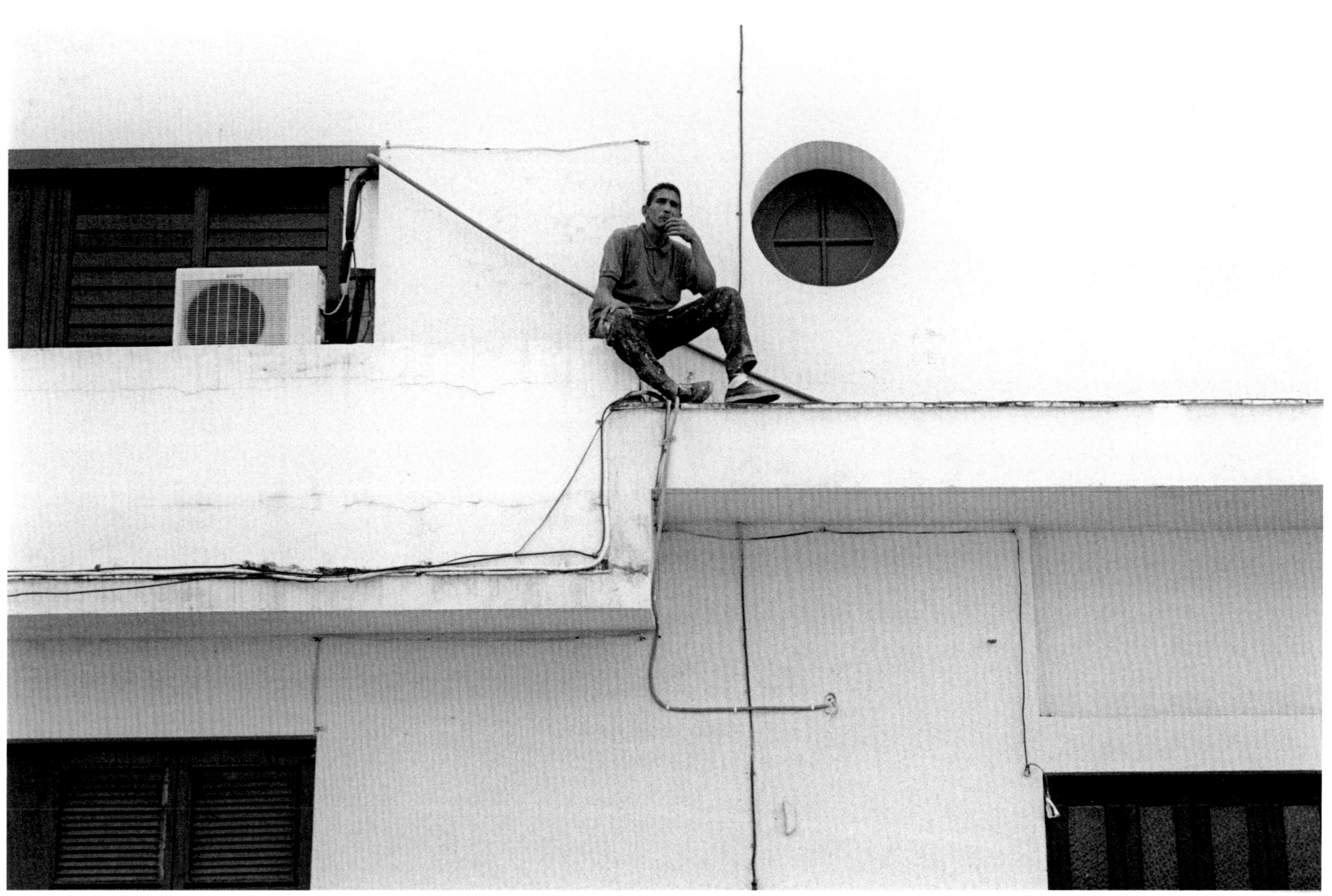

Calle San José entre Infanta y San Francisco, February 2002

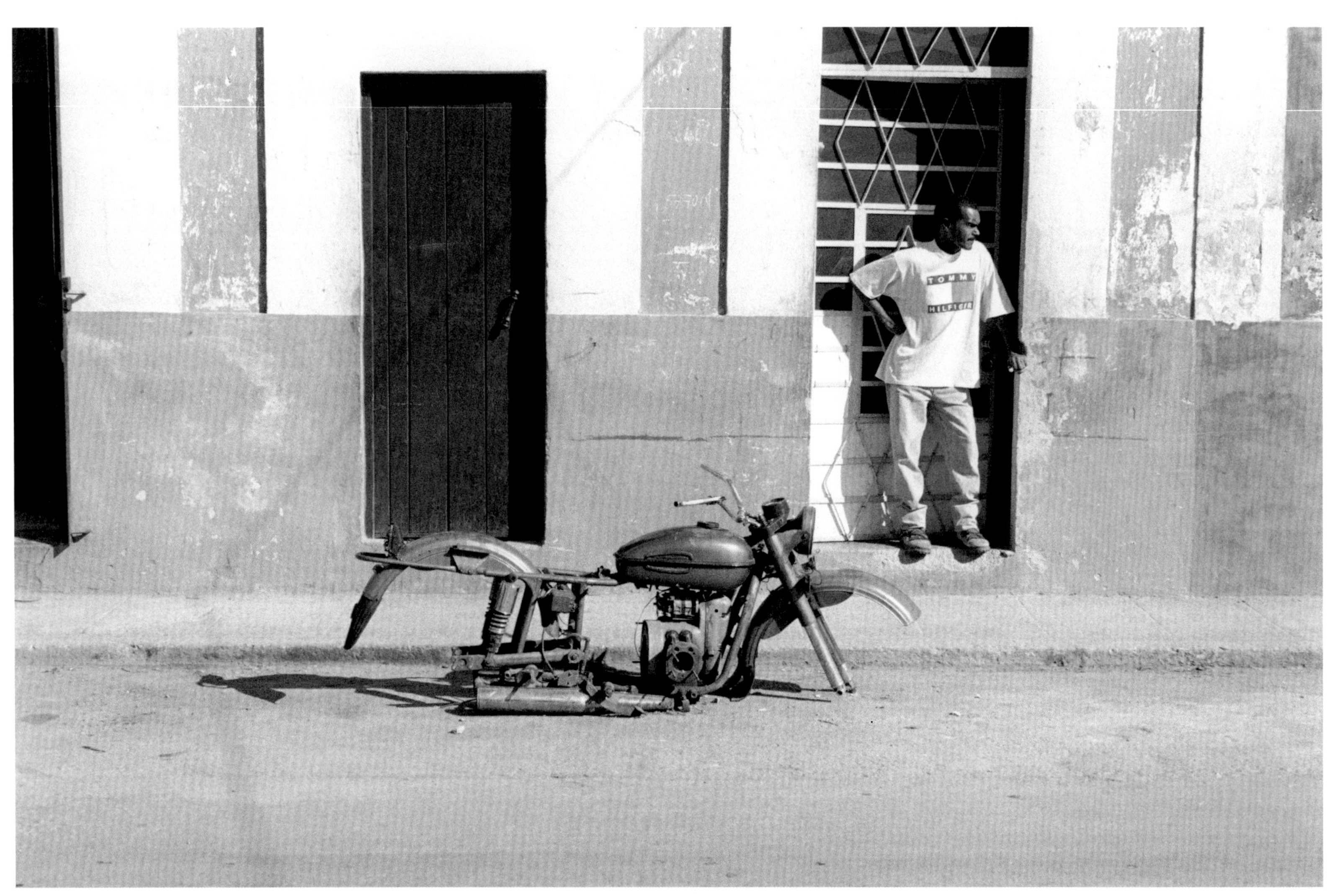

Street, Cayo Hueso, February 2002

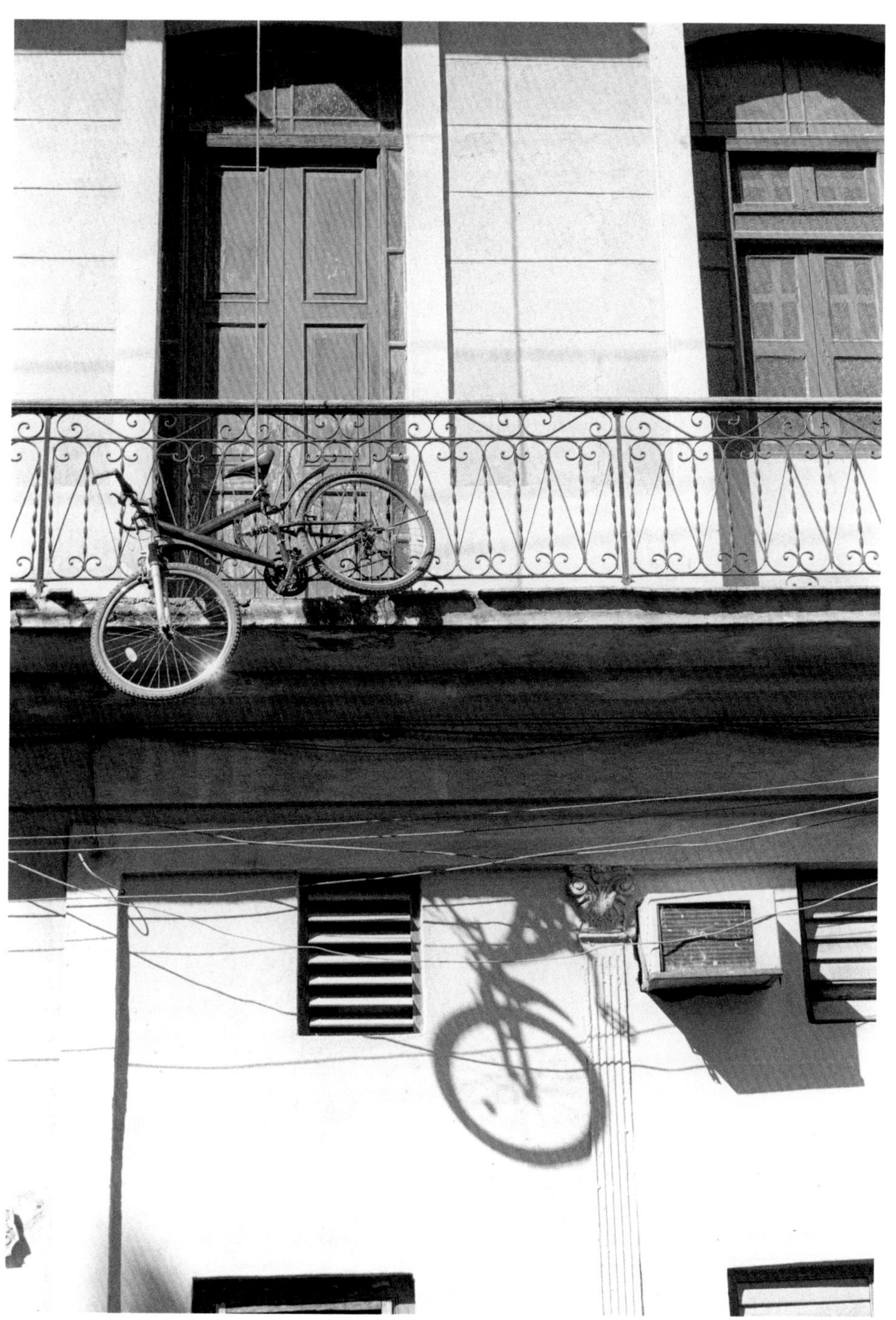

Street, Cayo Hueso, February 2002

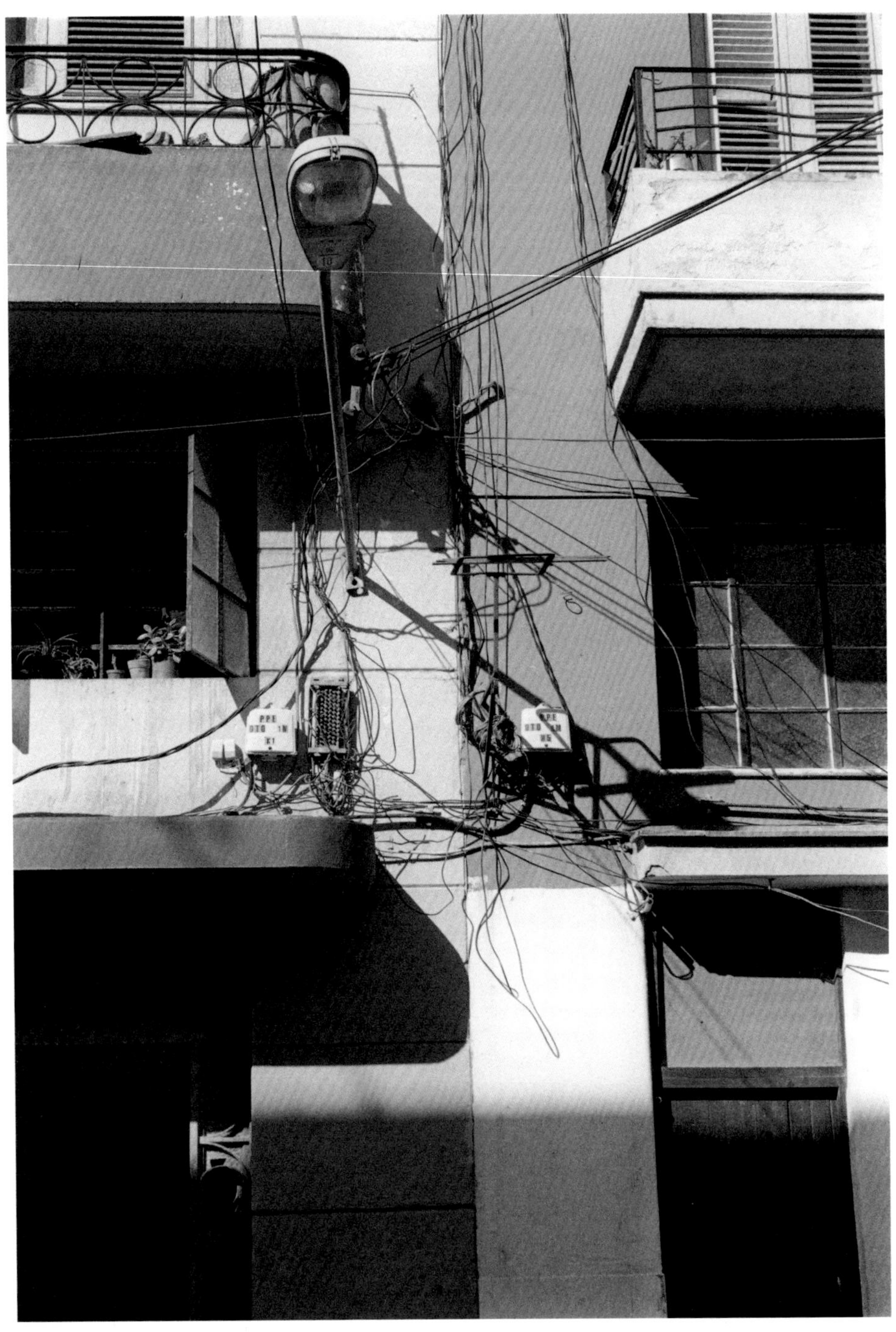

Calle Hospital entre San Miguel y Neptuno, February 2002

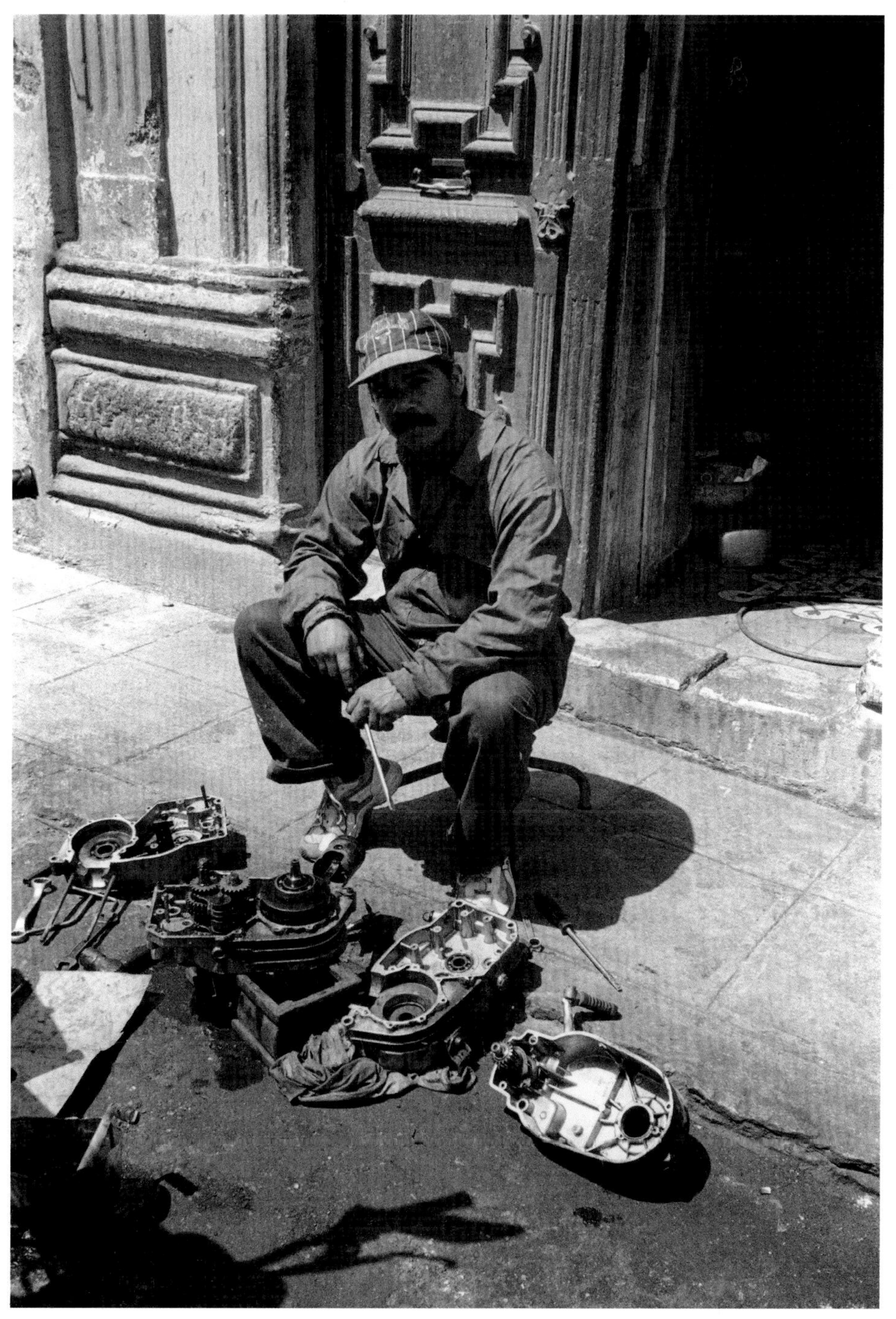

Calle Hospital entre Callejón de Hamel y Concordia, April 2002

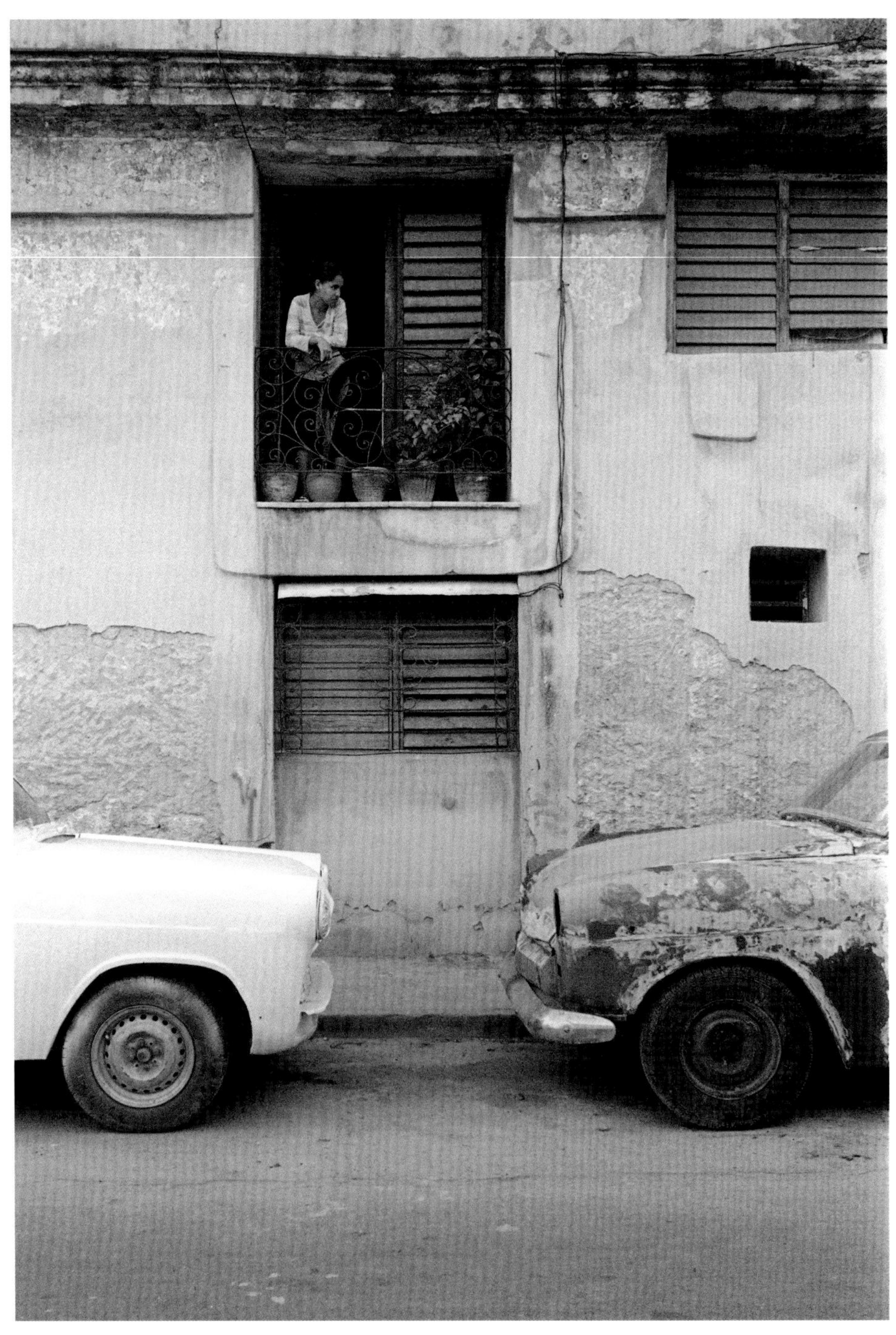

Calle San Francisco entre San Rafael y San Miguel, February 2004

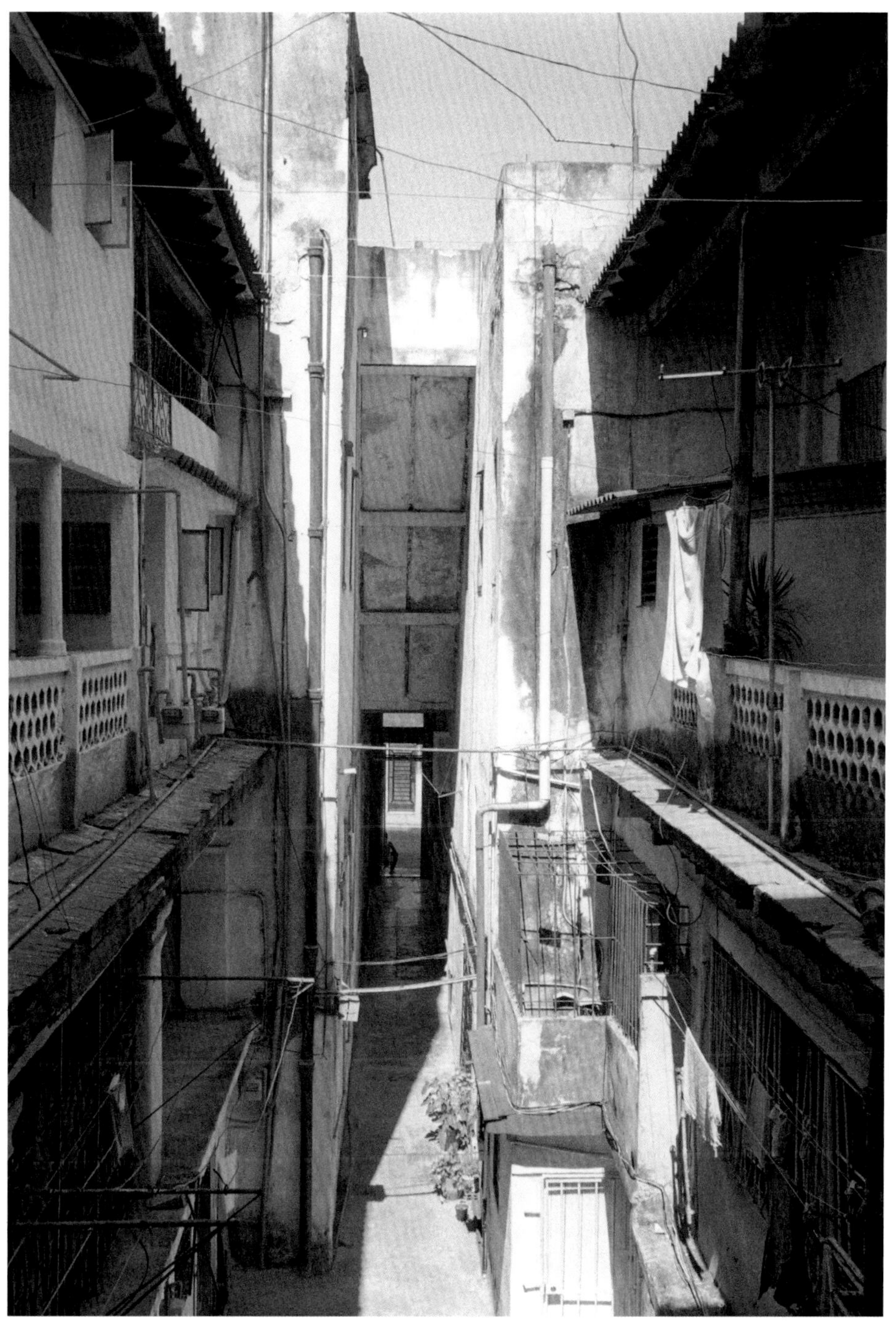

Tenement, Calle Neptuno entre Hospital y Espada, October 2003

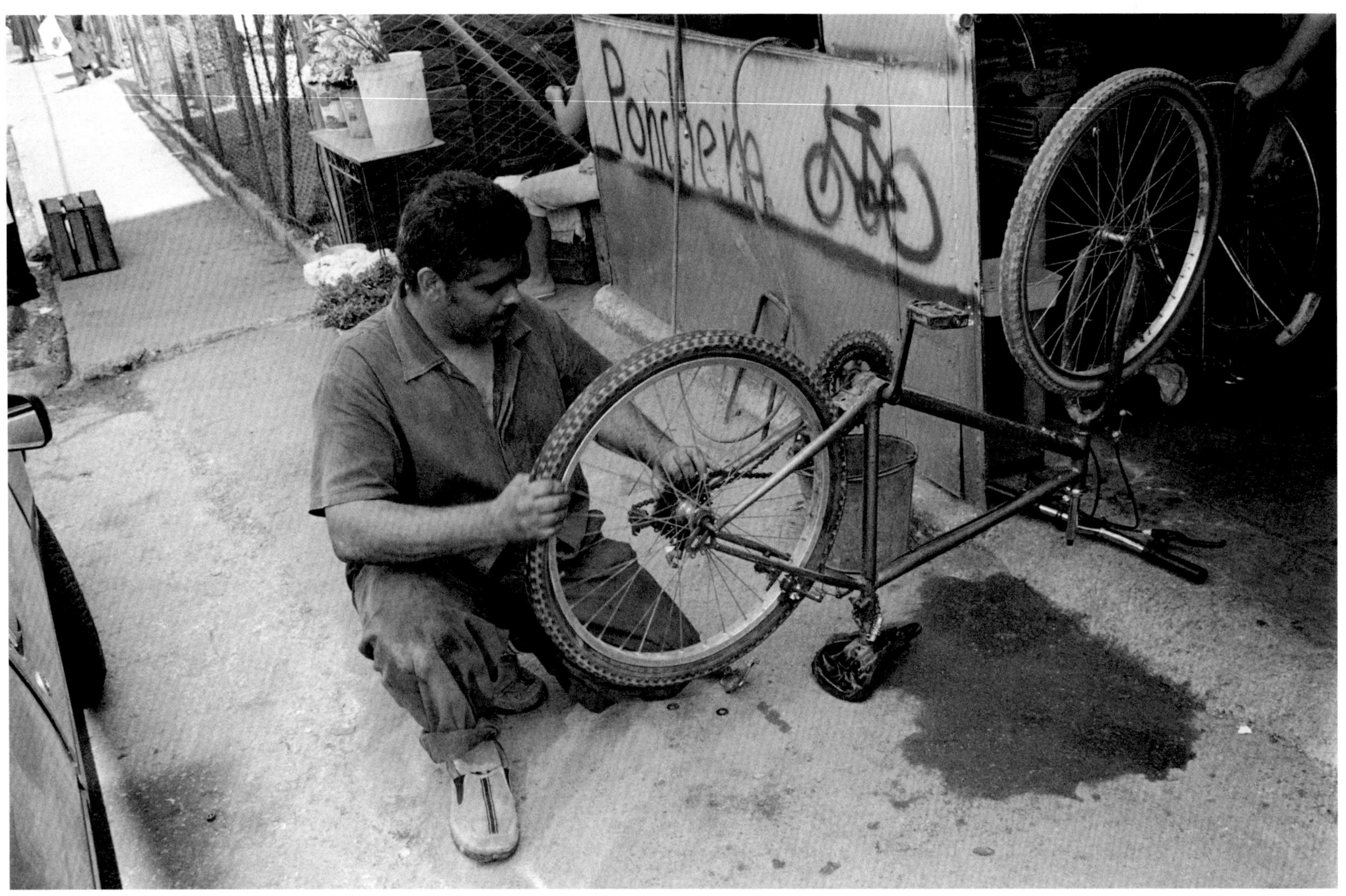

Alexis, February 2004

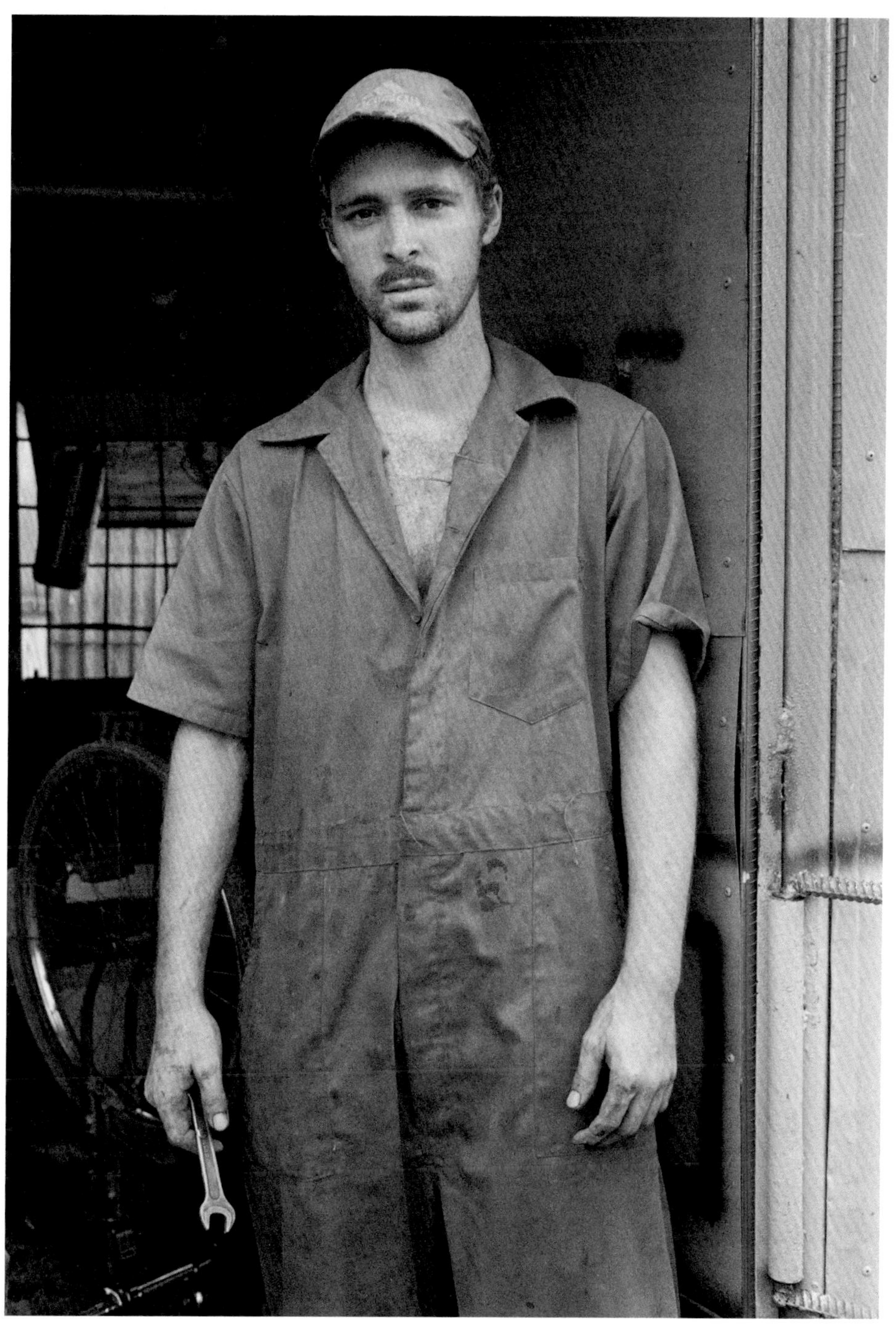

Lázaro, February 2004

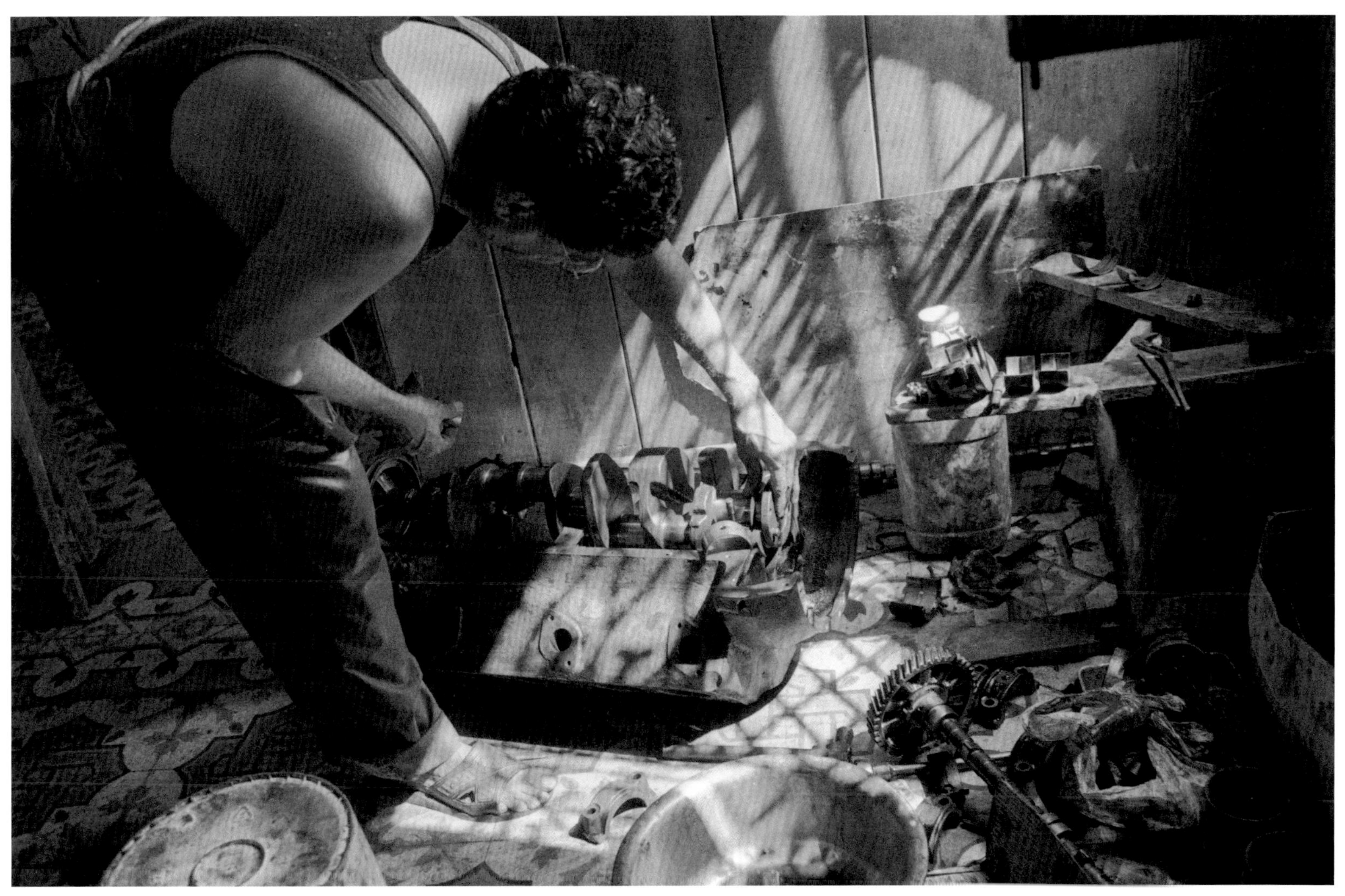

Reynaldo, April 2003

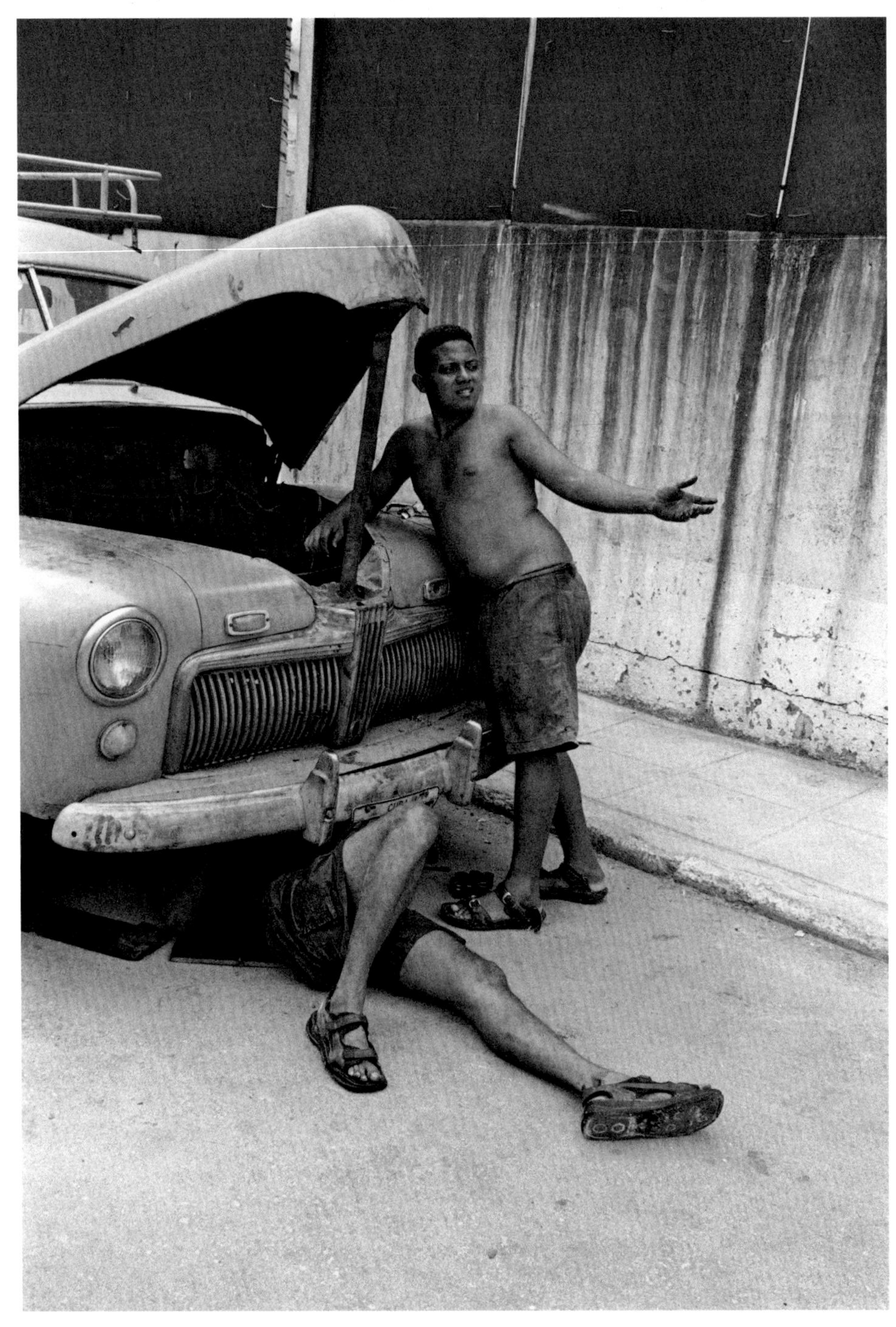

Calle Hospital entre Callejón de Hamel y Concordia, October 2003

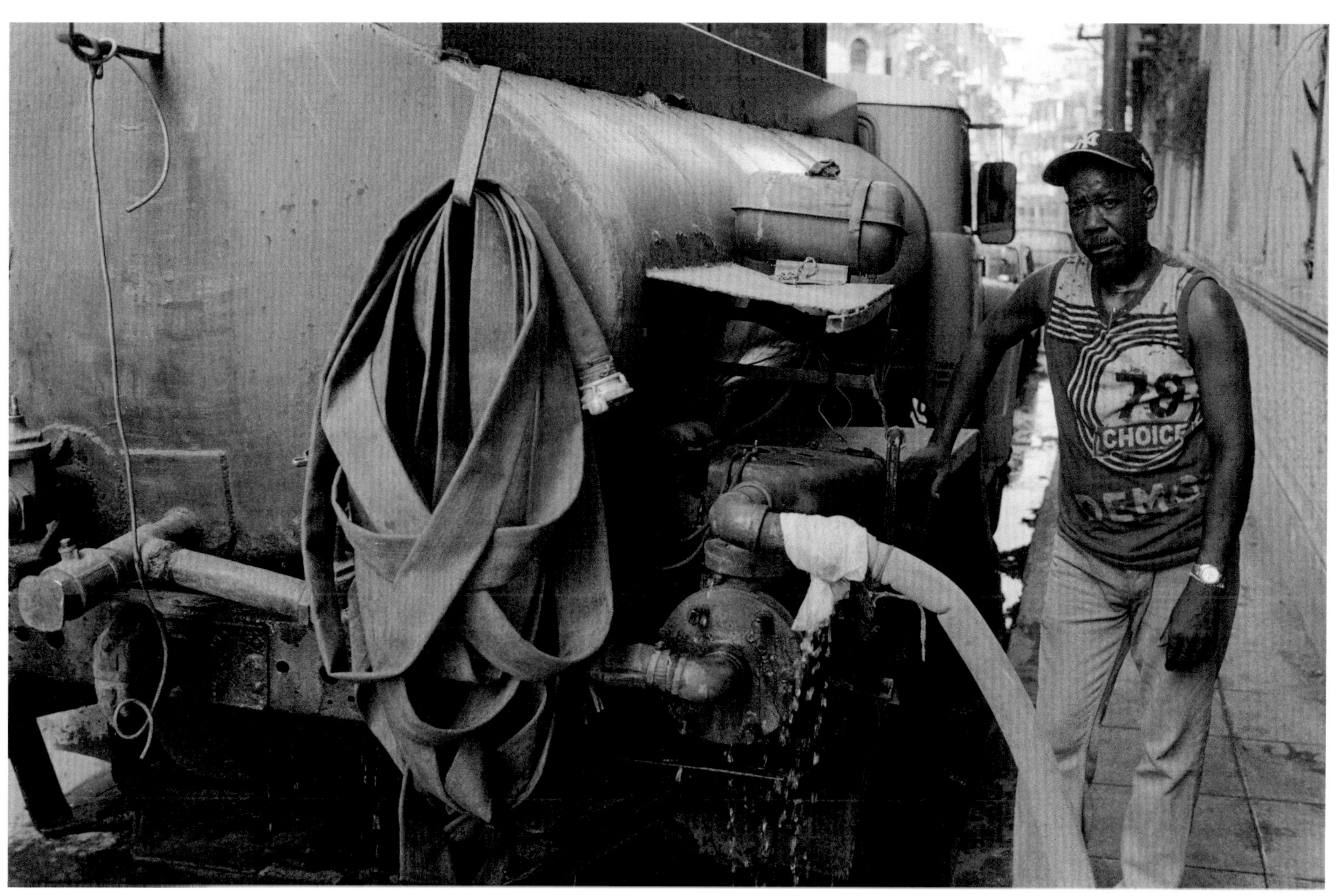

Calle Hospital entre Jovellar y San Lázaro, October 2003

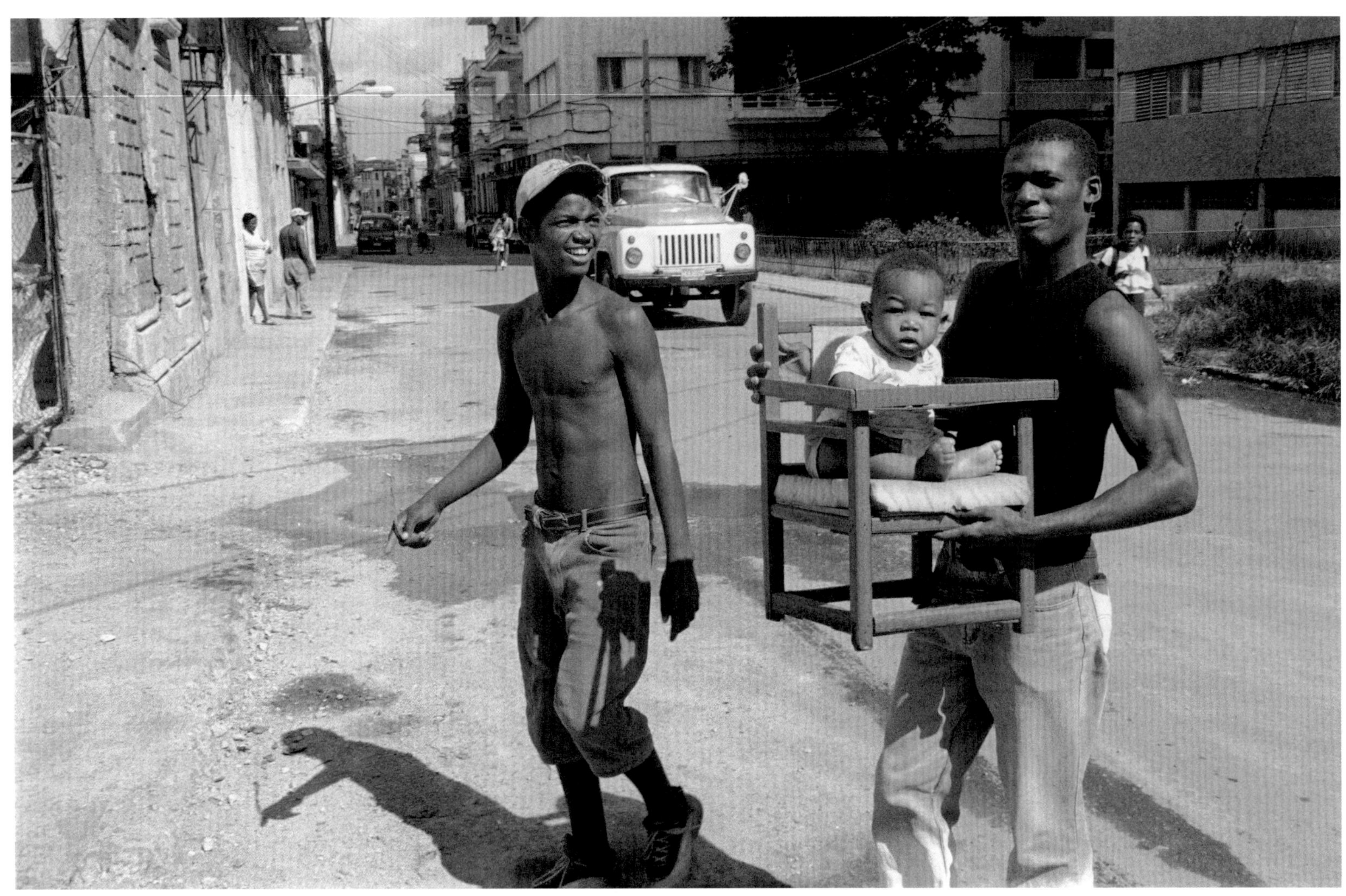

Calle Espada entre San José y San Rafael, October 2003

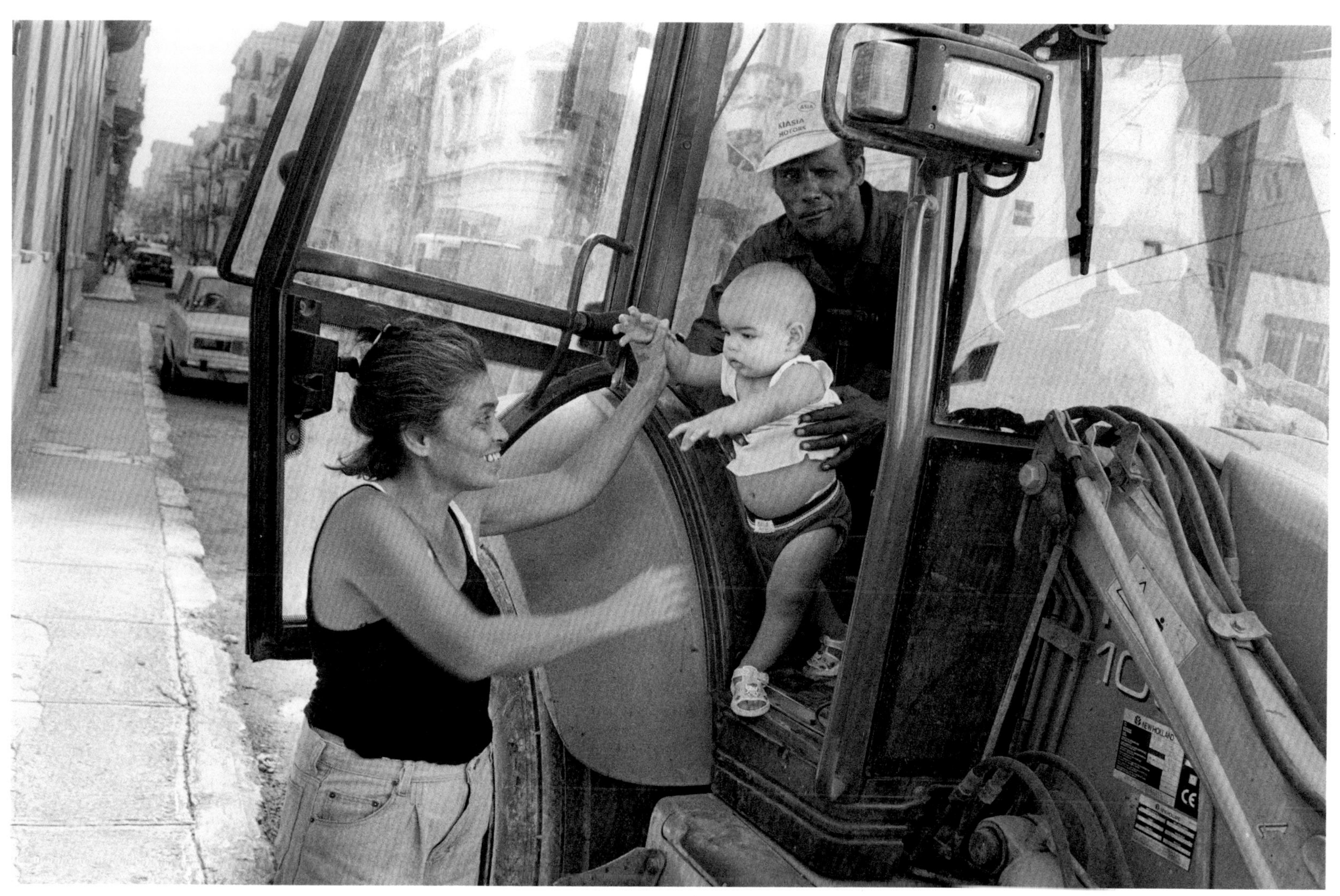

Calle Jovellar entre Aramburu y Soledad, April 2003

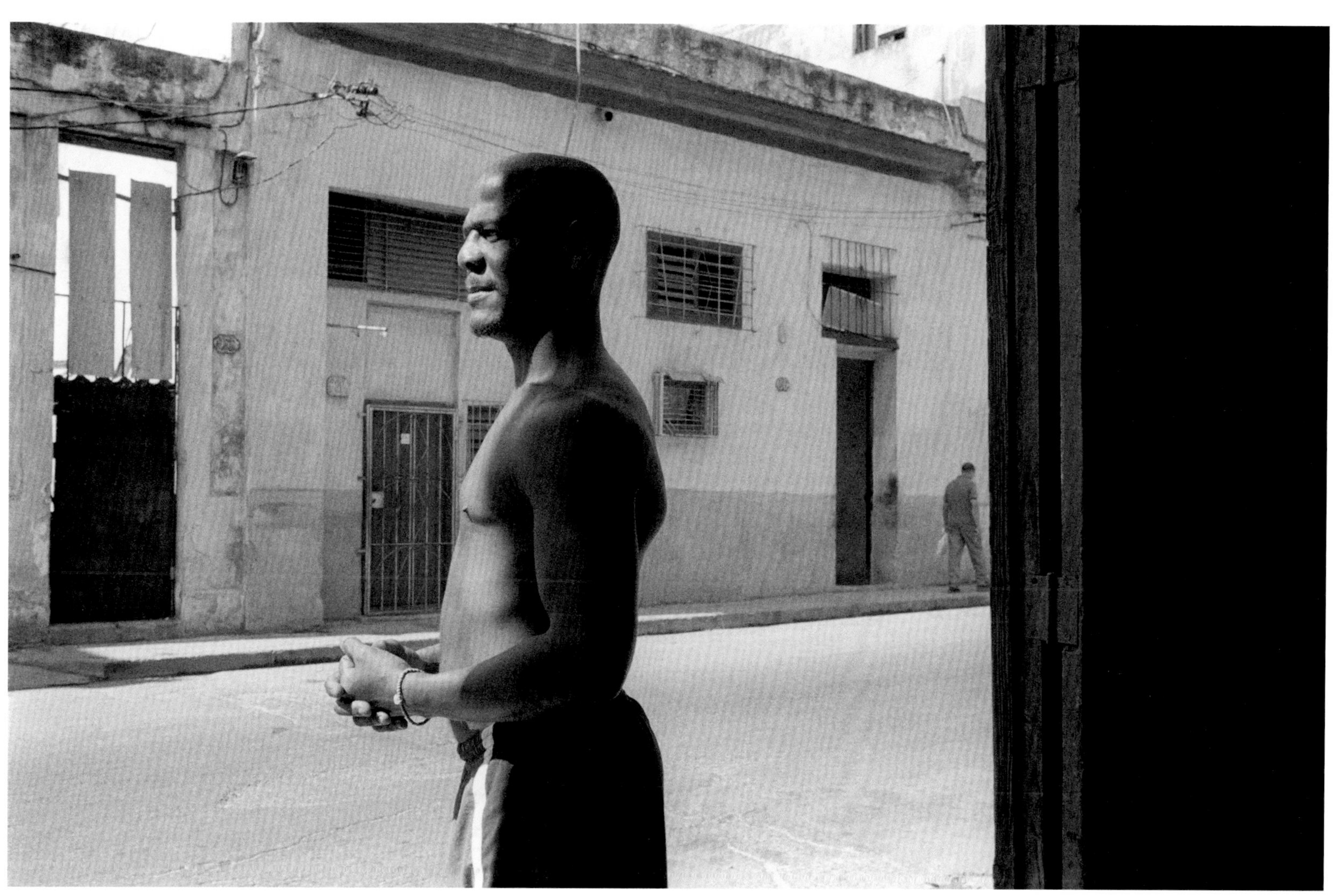

Nestor, April 2003

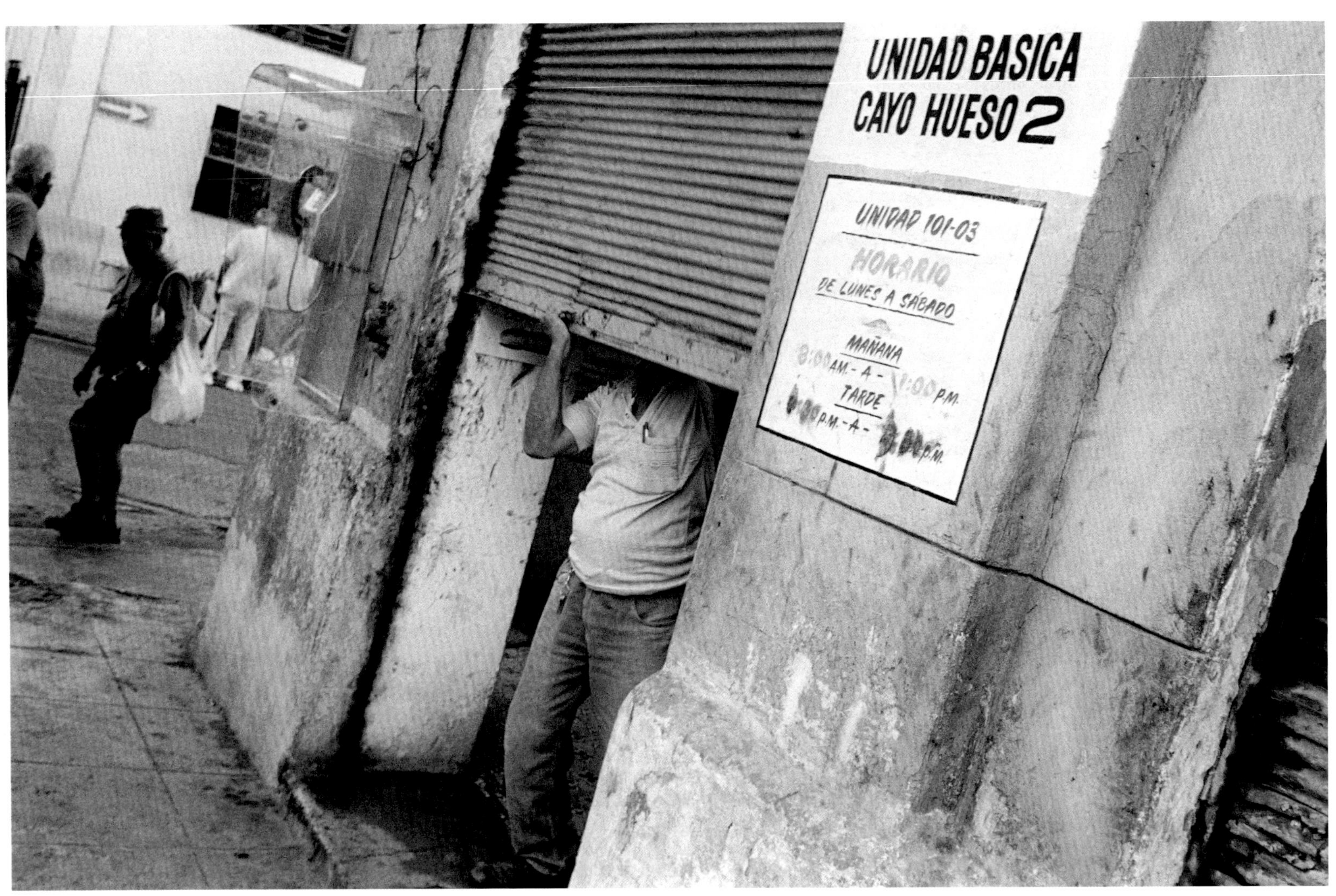

Calzada de San Lázaro, October 2003

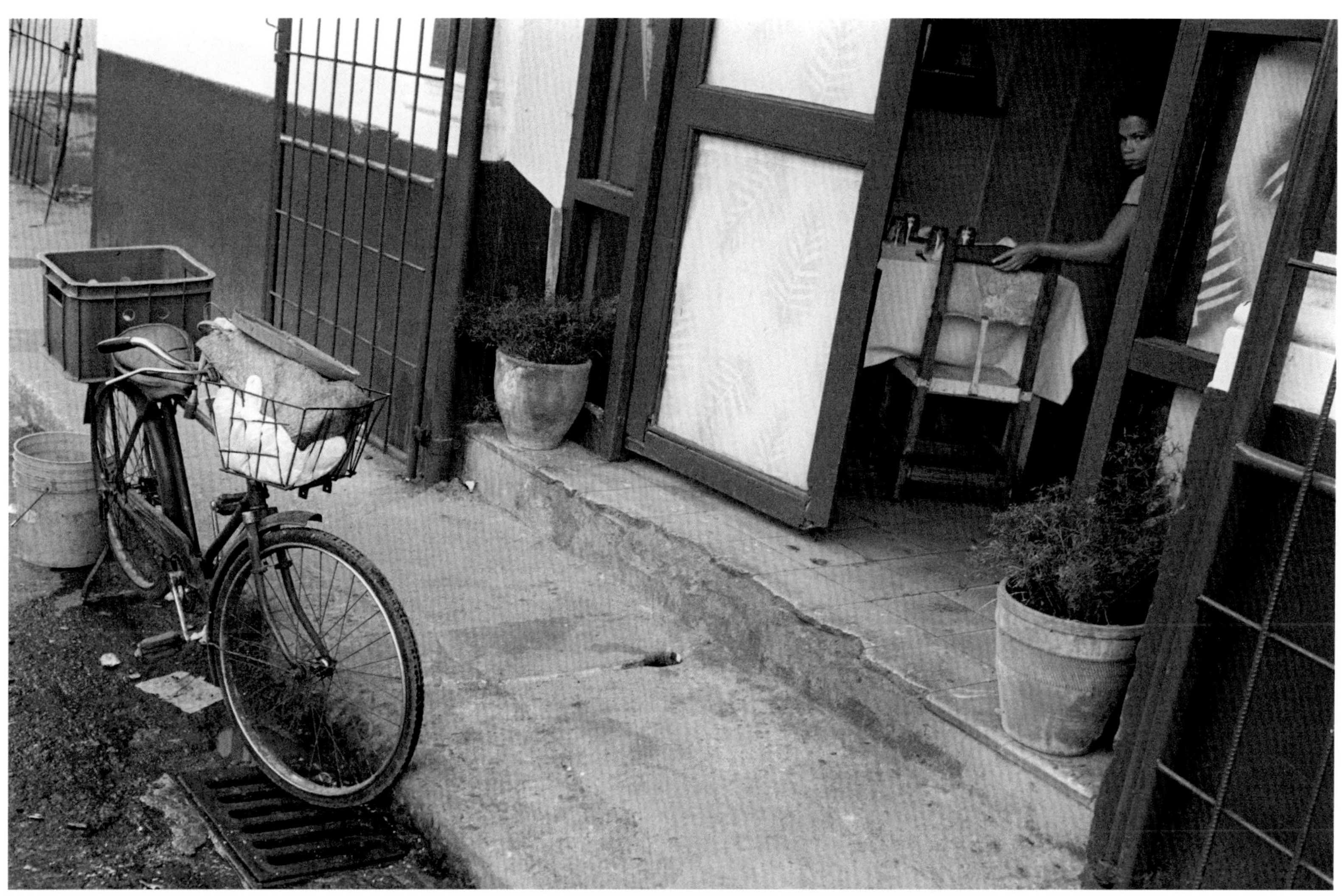

Calle Vapor, February 2004

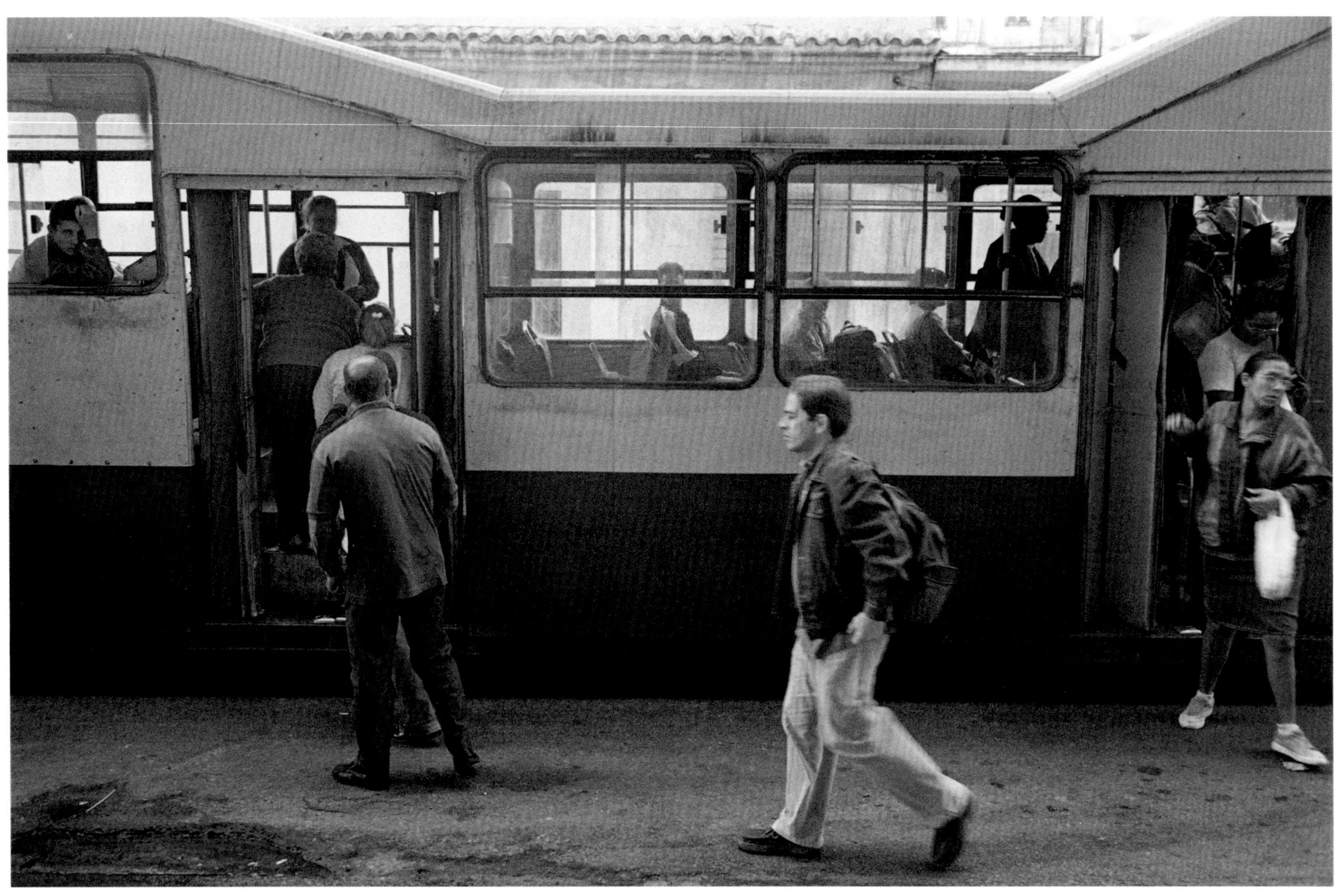

'Camel', Calle Marina, February 2004

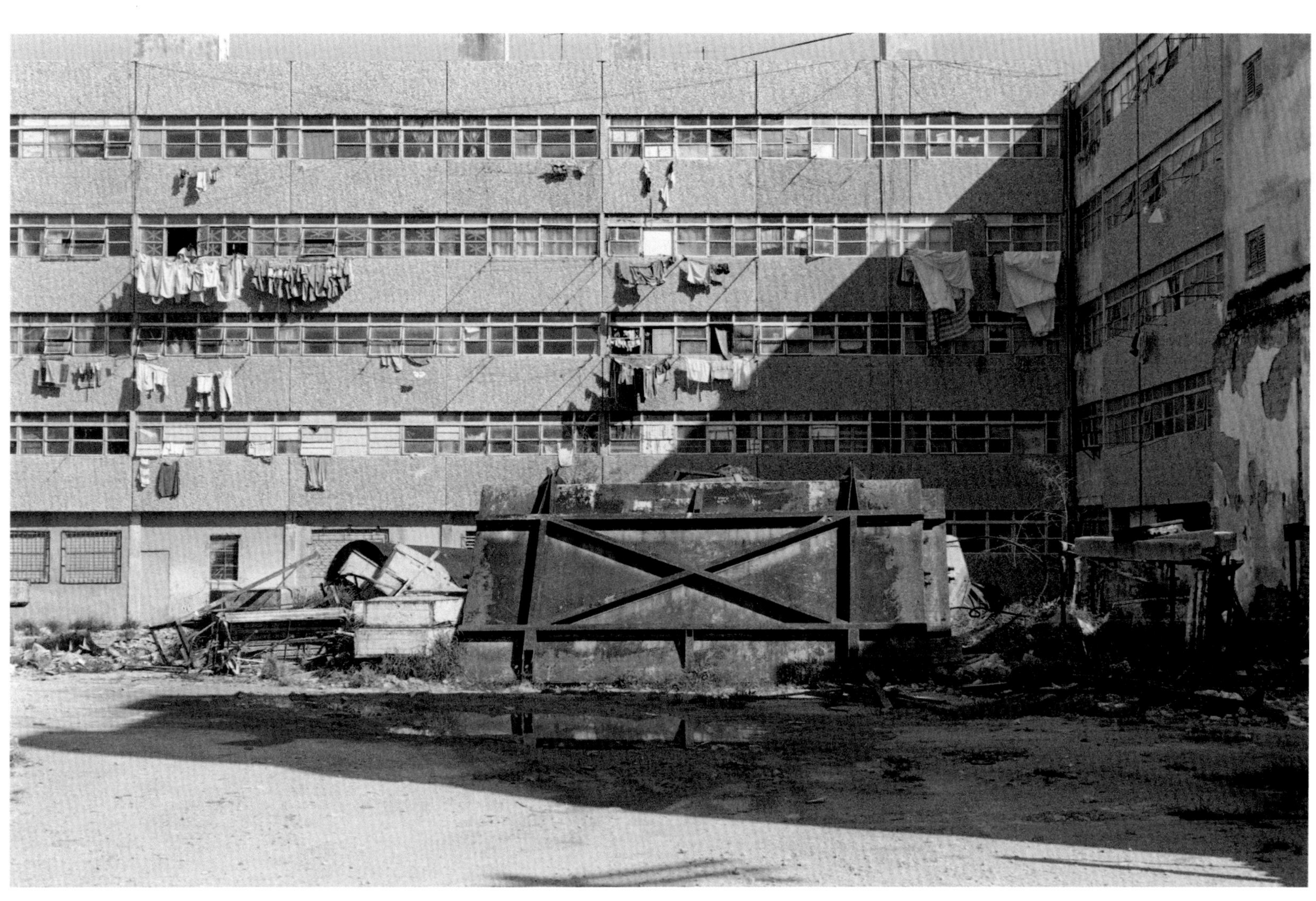

Calle San José entre Hospital y Aramburu, February 2002

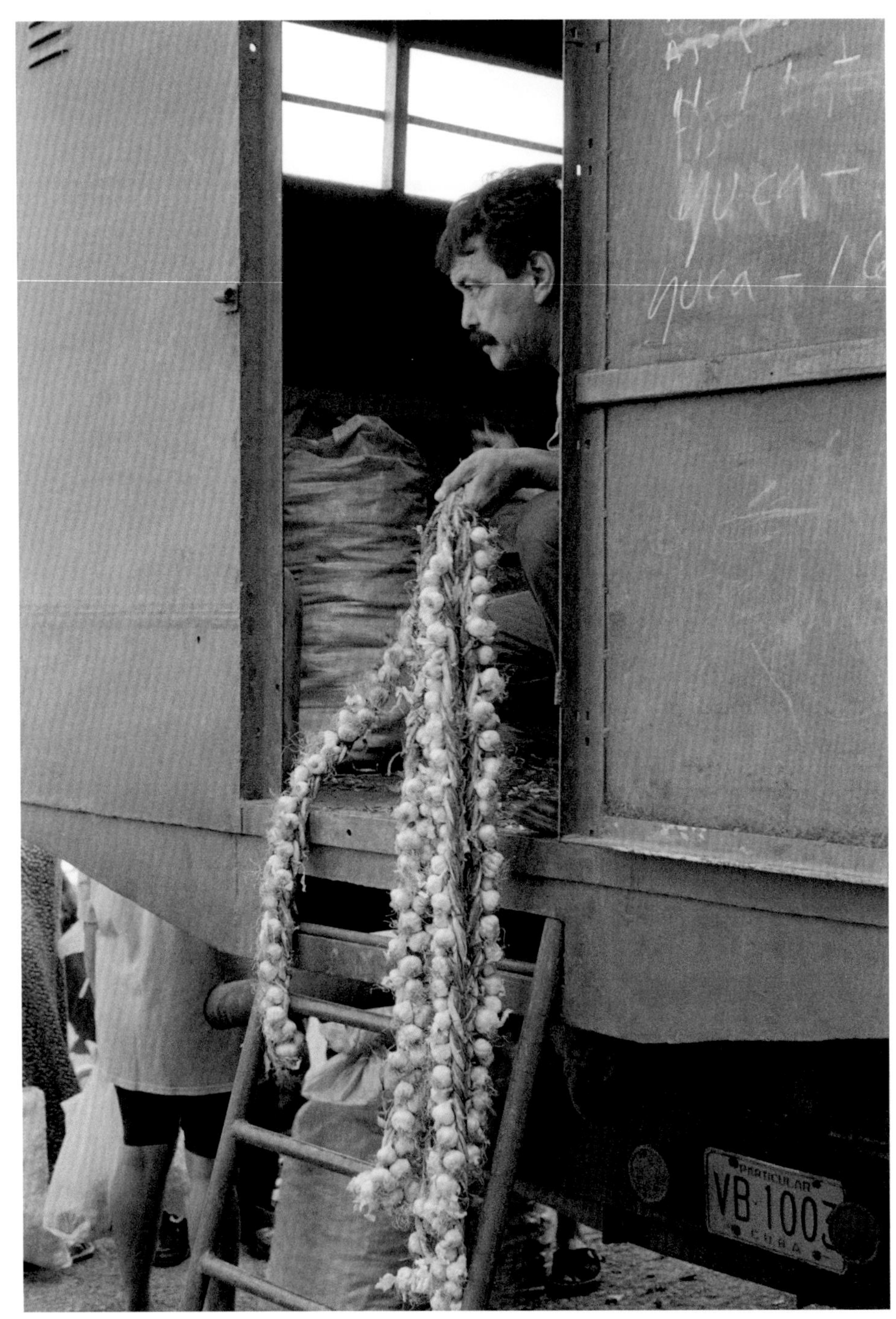

Monthly farmers' market, Calle Zanja, February 2002

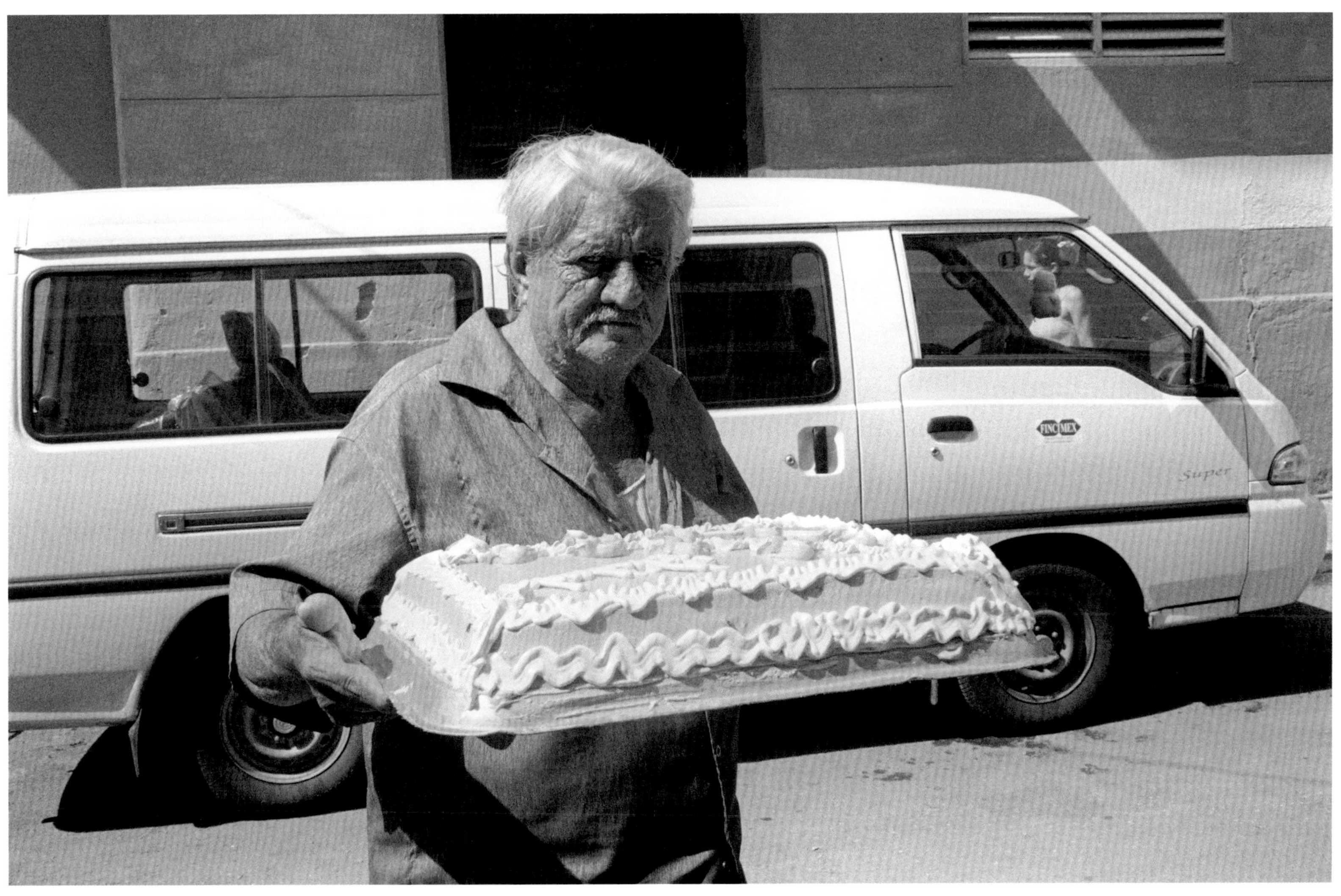

Raúl, October 2003

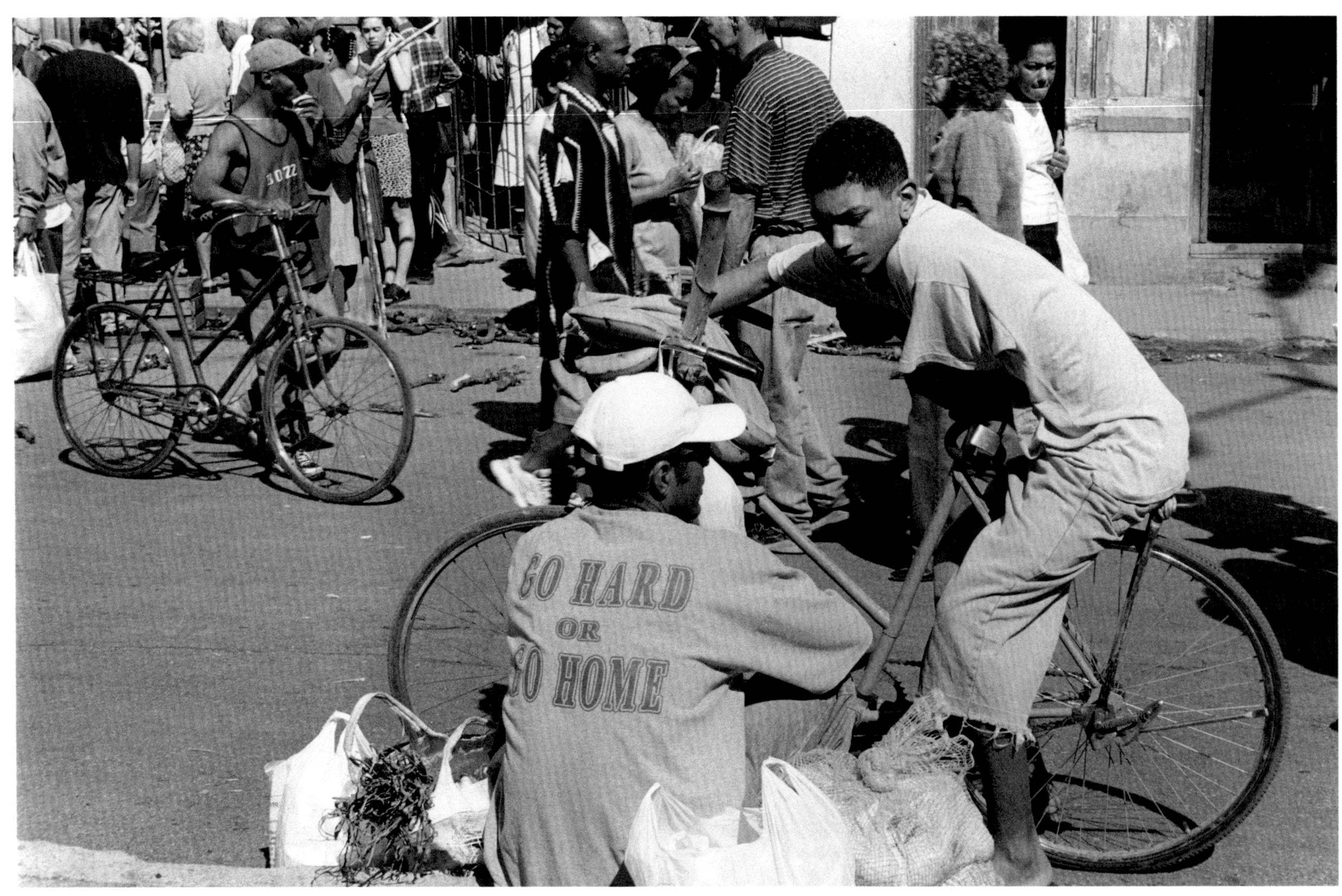

Monthly farmers' market, Calle Zanja, February 2002

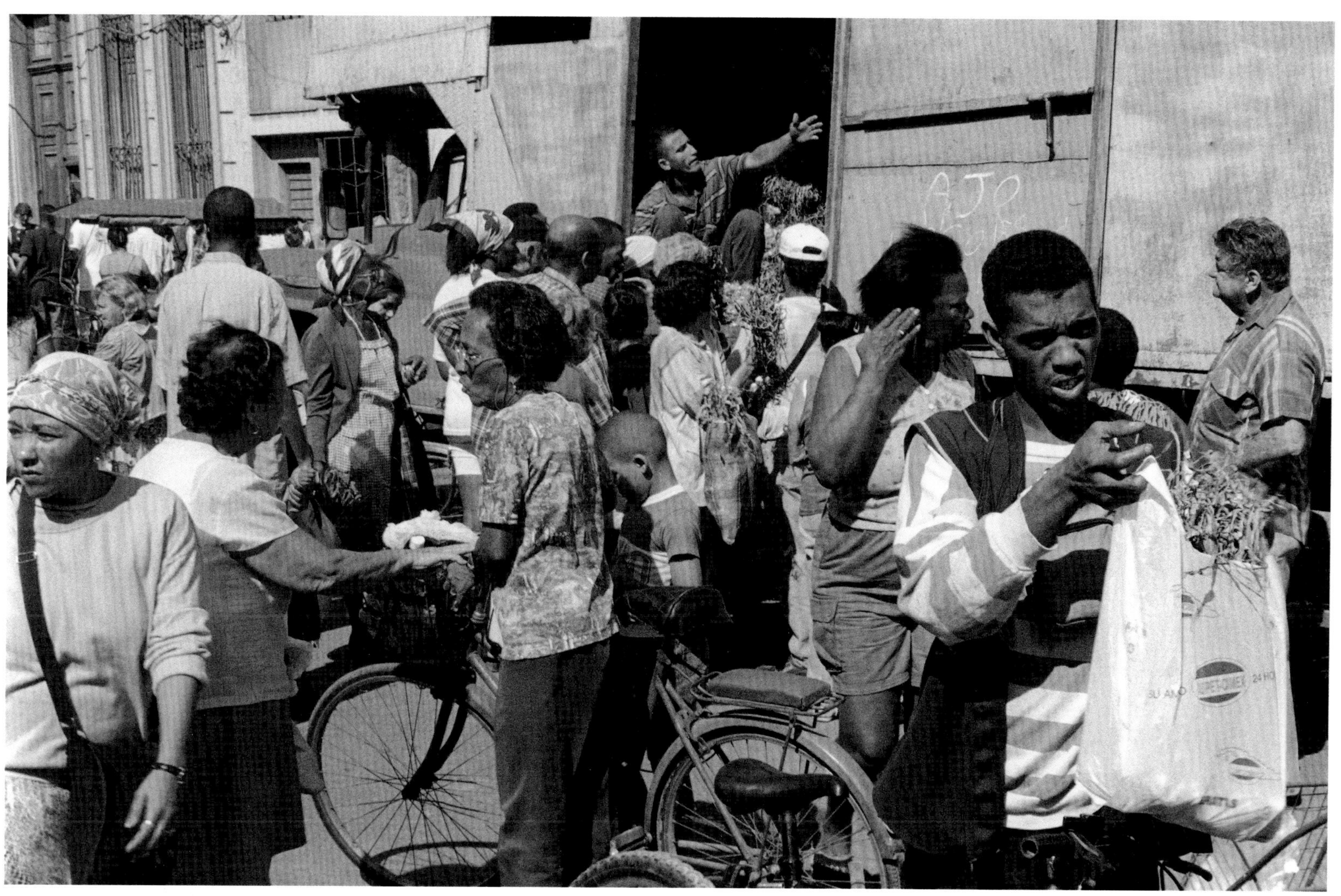
Monthly farmers' market, Calle Zanja, February 2002

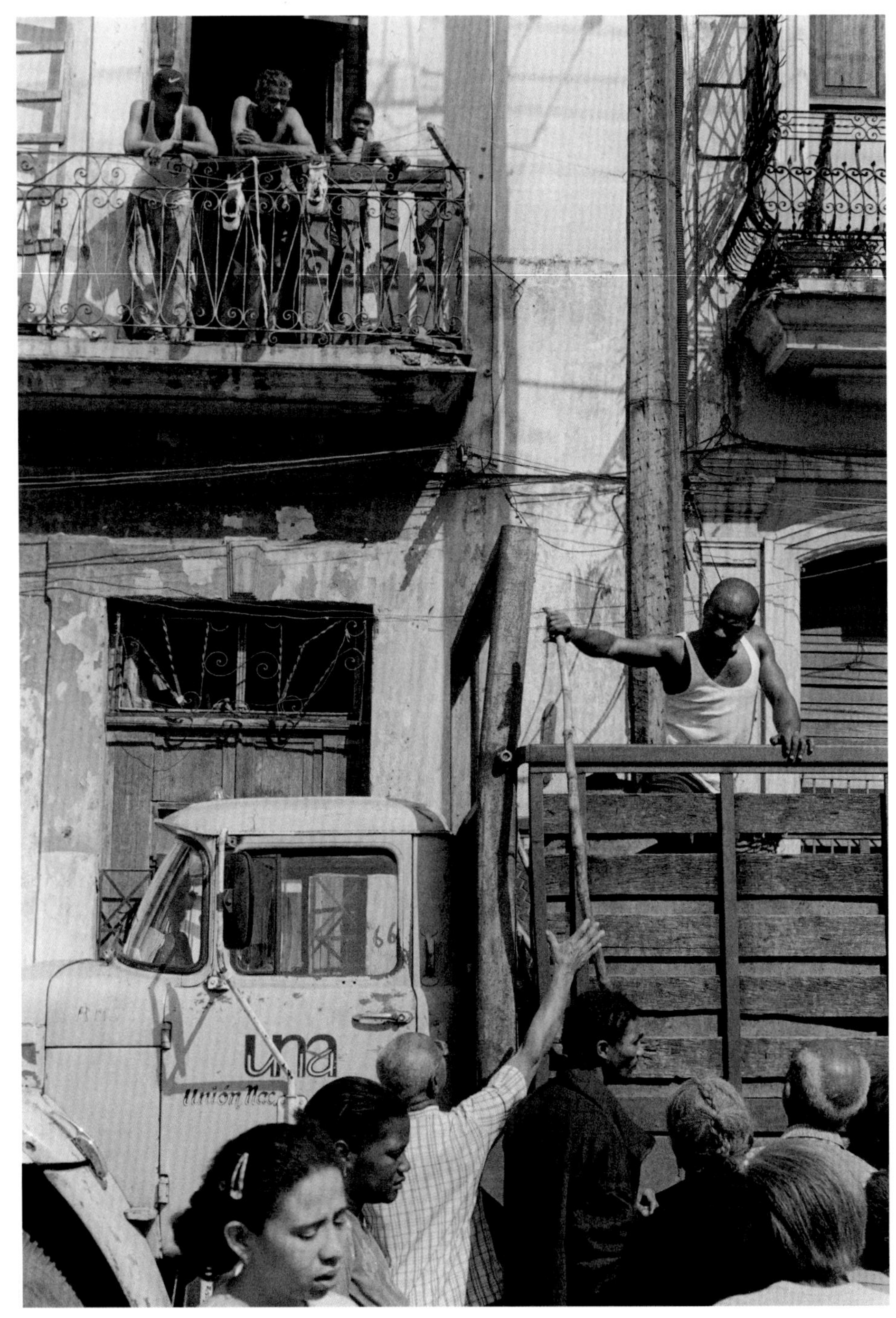

Monthly farmers' market, Calle Zanja, February 2002

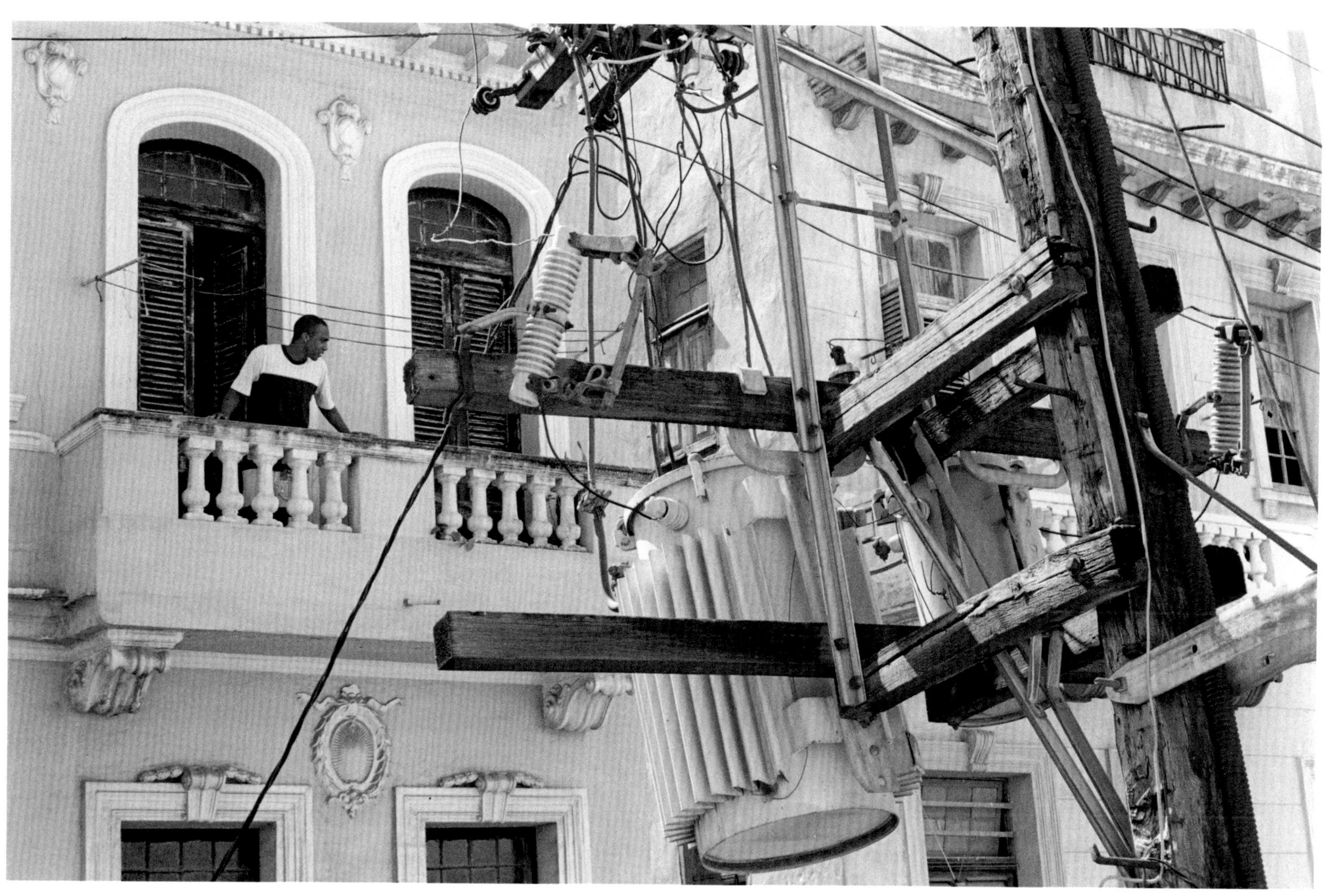

Calle Jovellar entre Espada y Hospital, February 2002

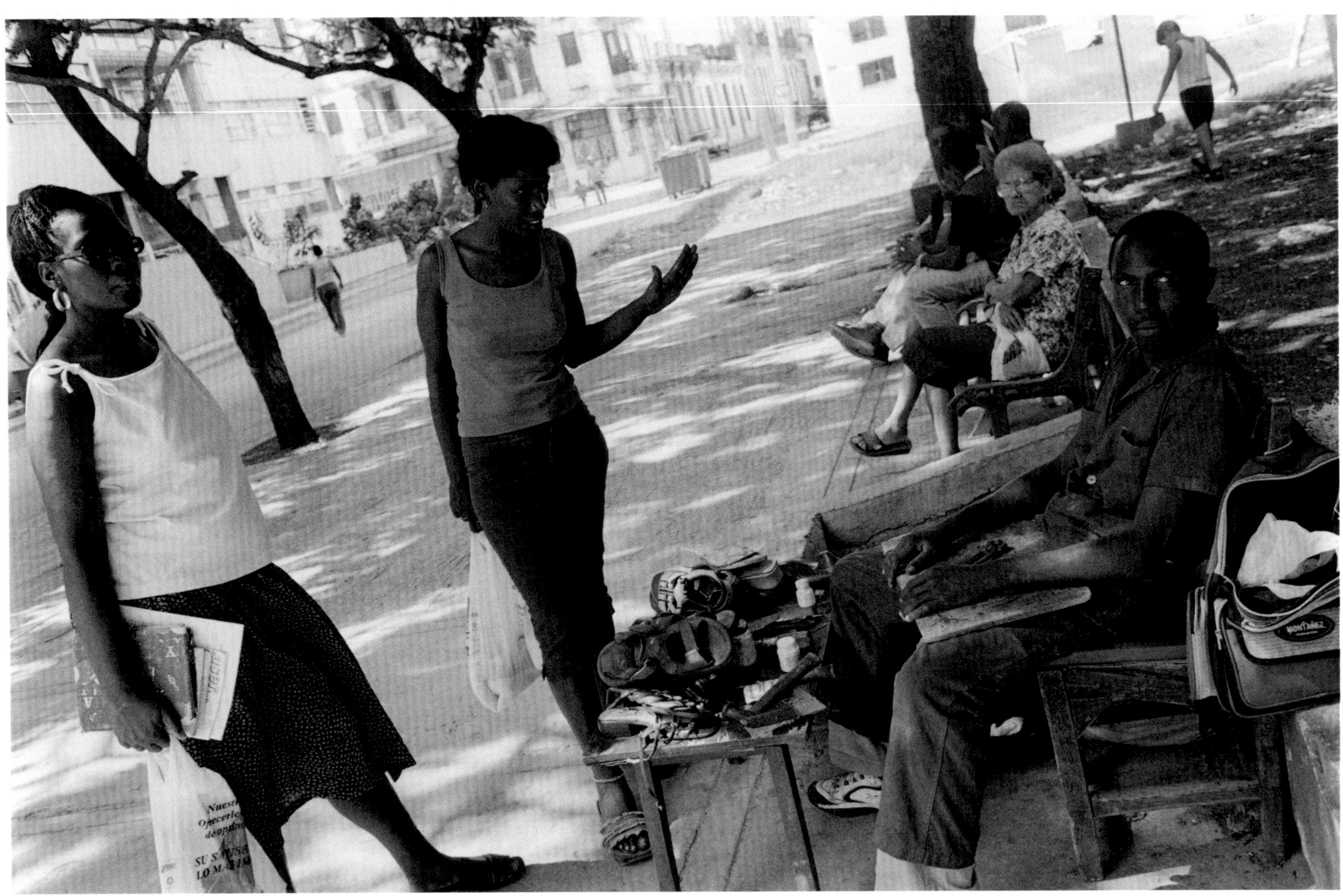

Calle San José entre Hospital y Espada, April 2003

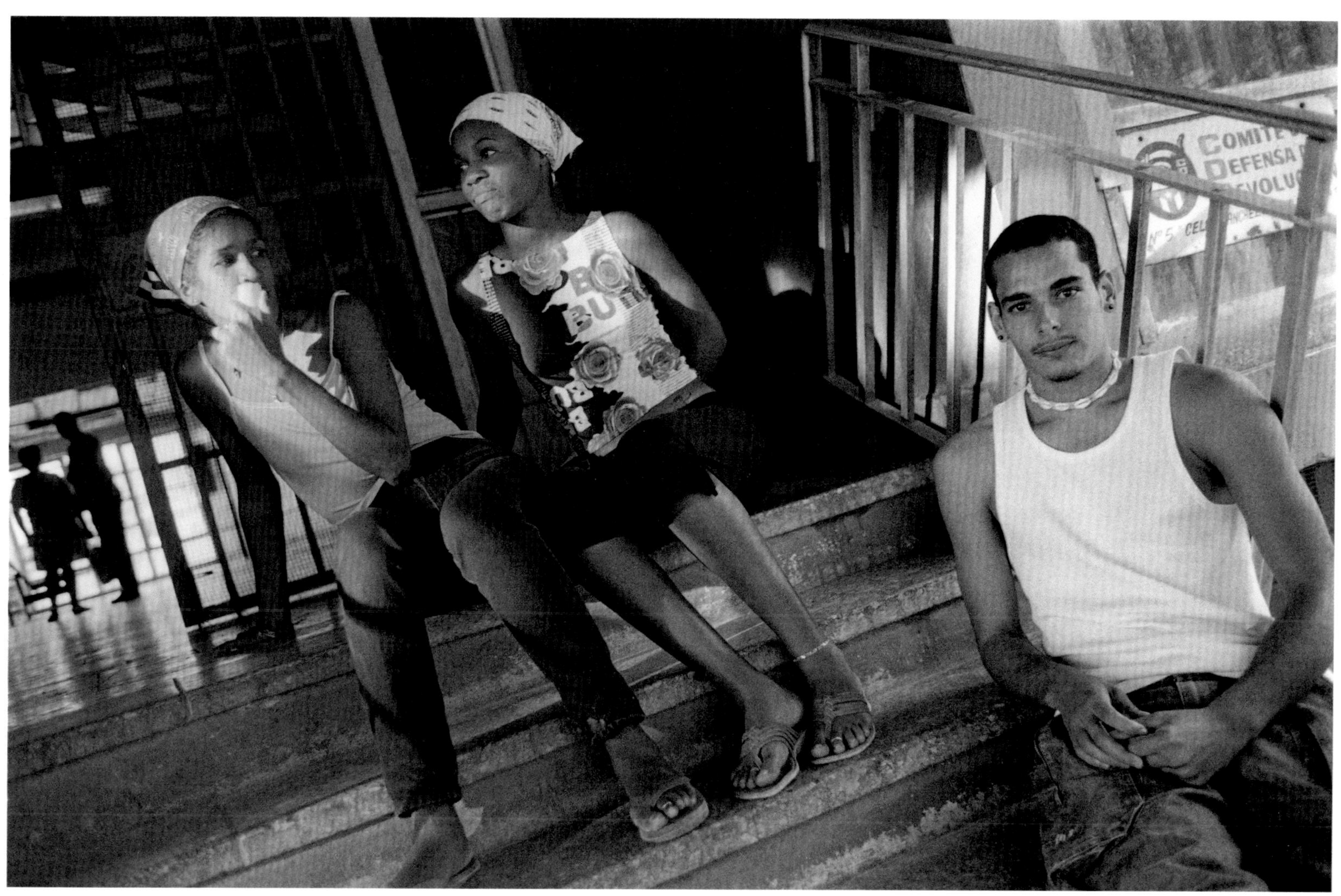

Regla, Yosledis and Hugo, October 2003

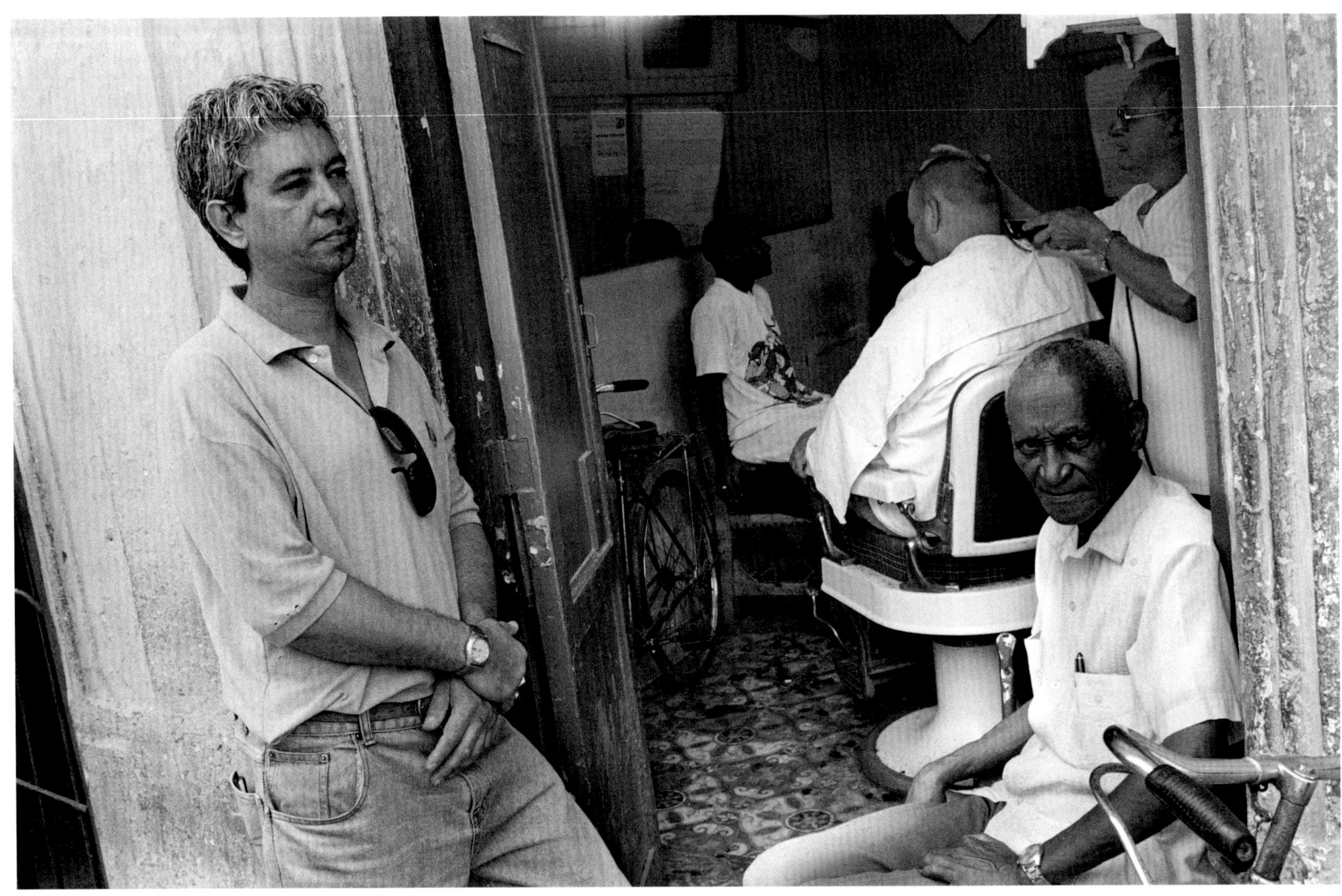

Calle Neptuno entre Hospital y Aramburu, April 2003

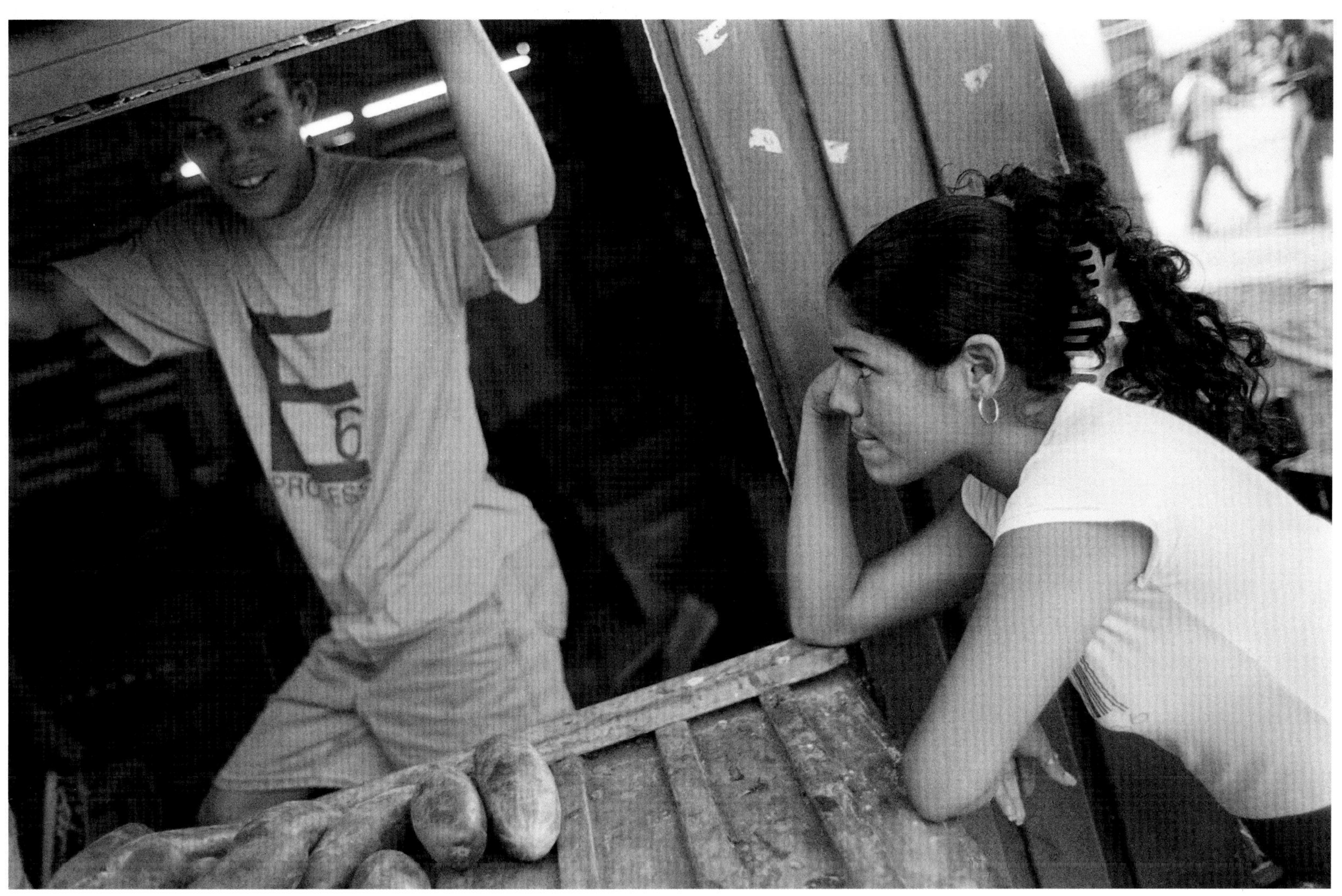

Calle Hospital y Zanja, October 2003

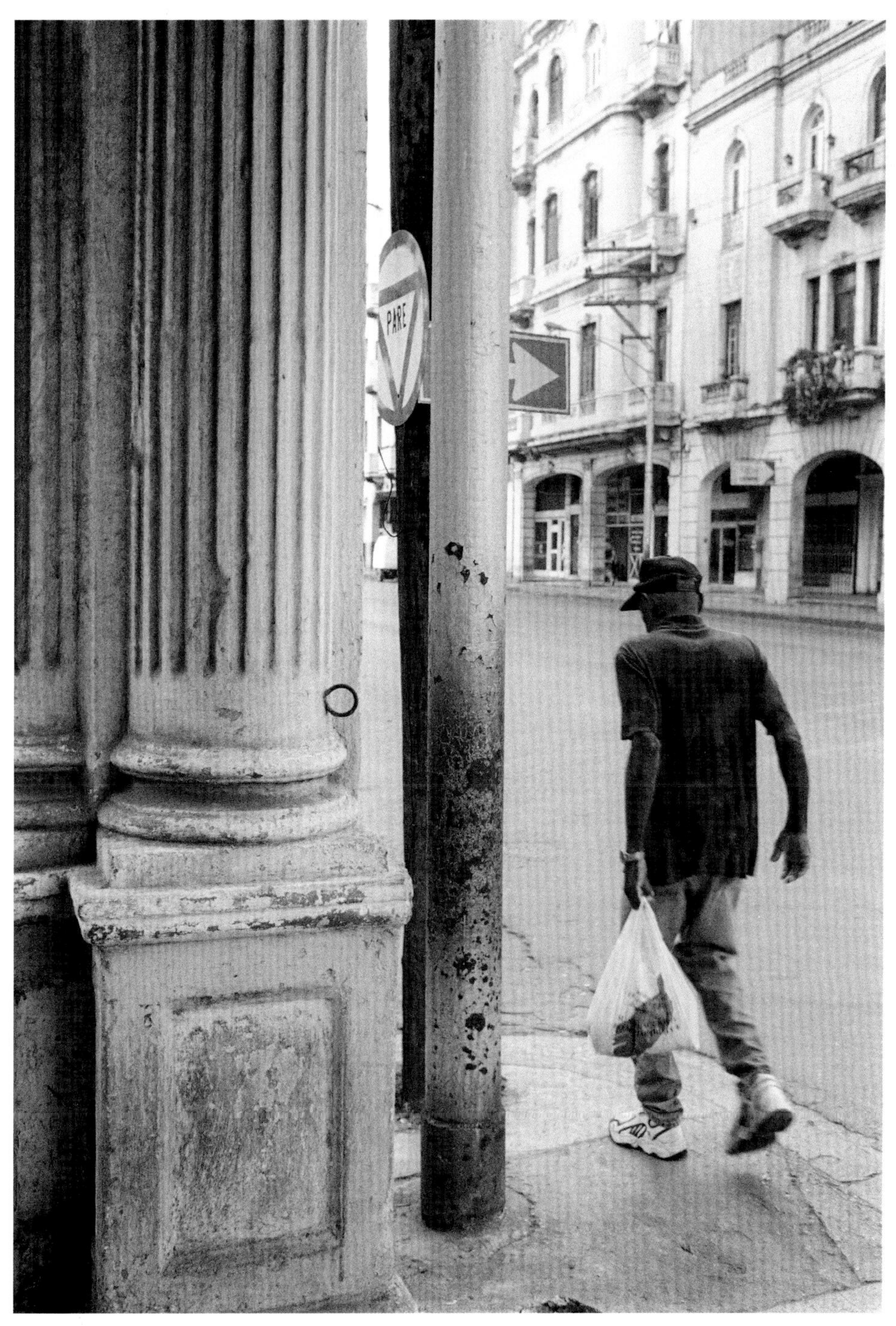

Calzada de Infanta y Jovellar, February 2004

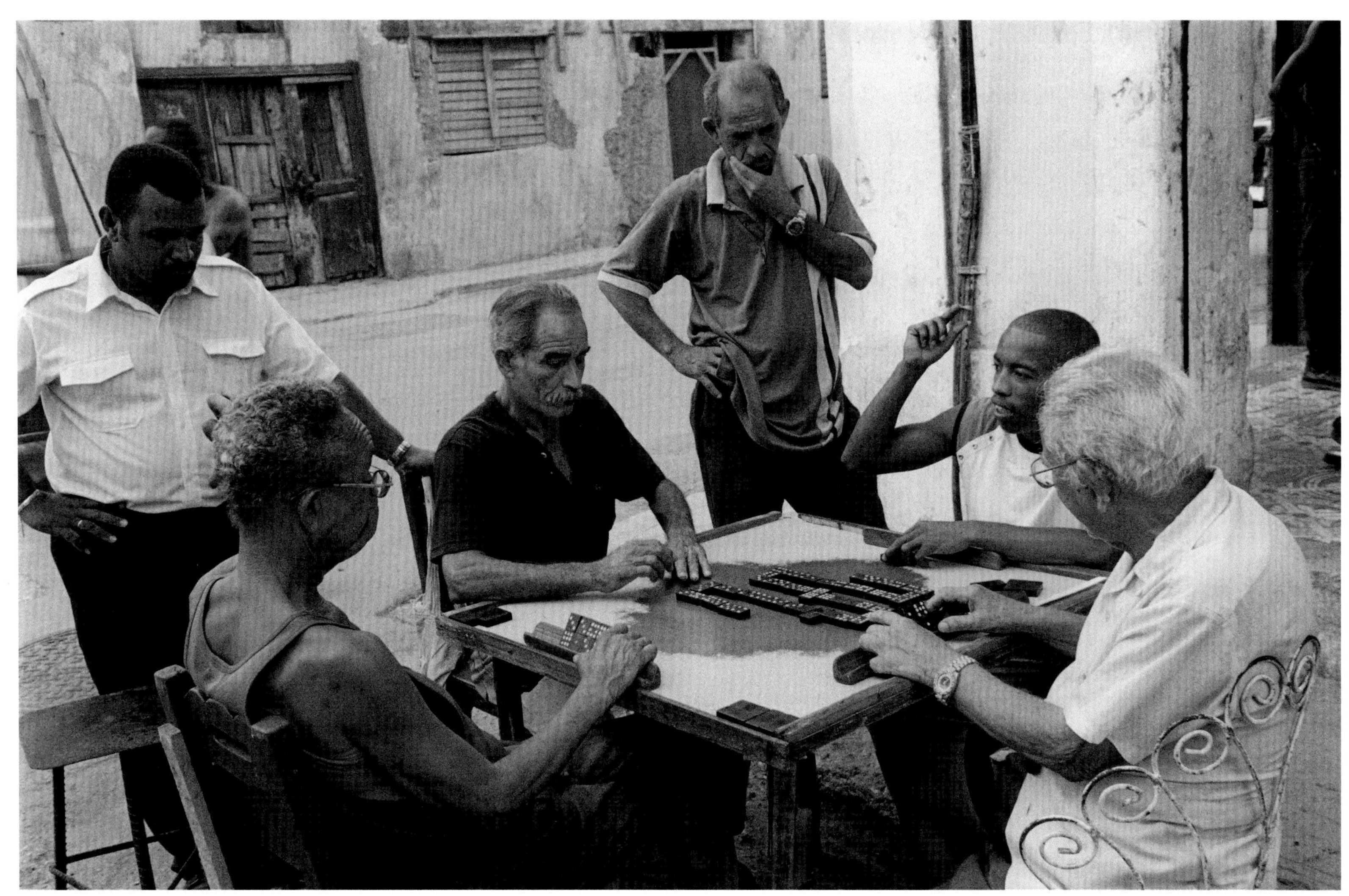

Calle Hospital y San Miguel, July 2004

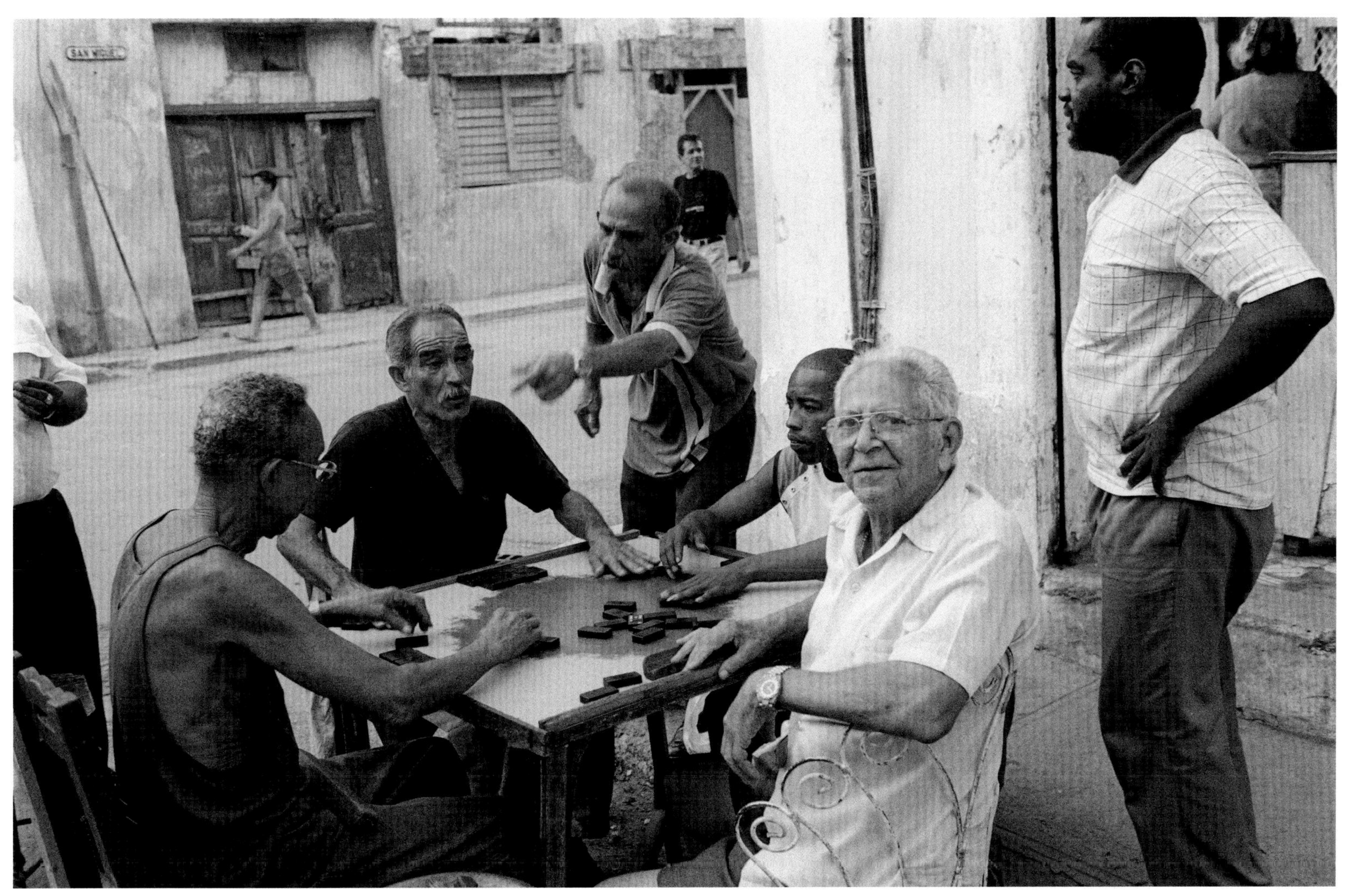

Calle Hospital y San Miguel, July 2004

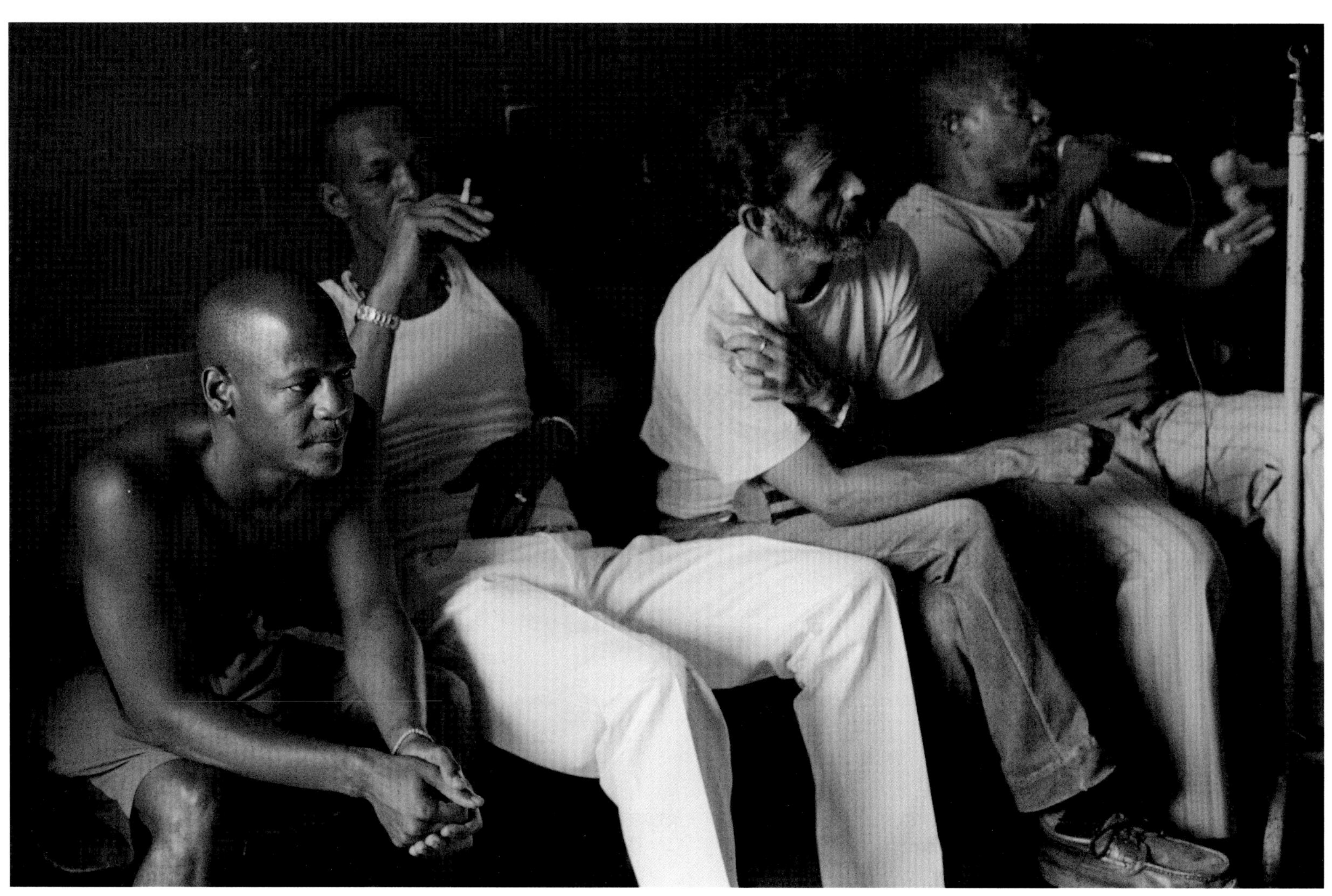

Rehearsal, Calle Neptuno entre Hospital y Aramburu, April 2003

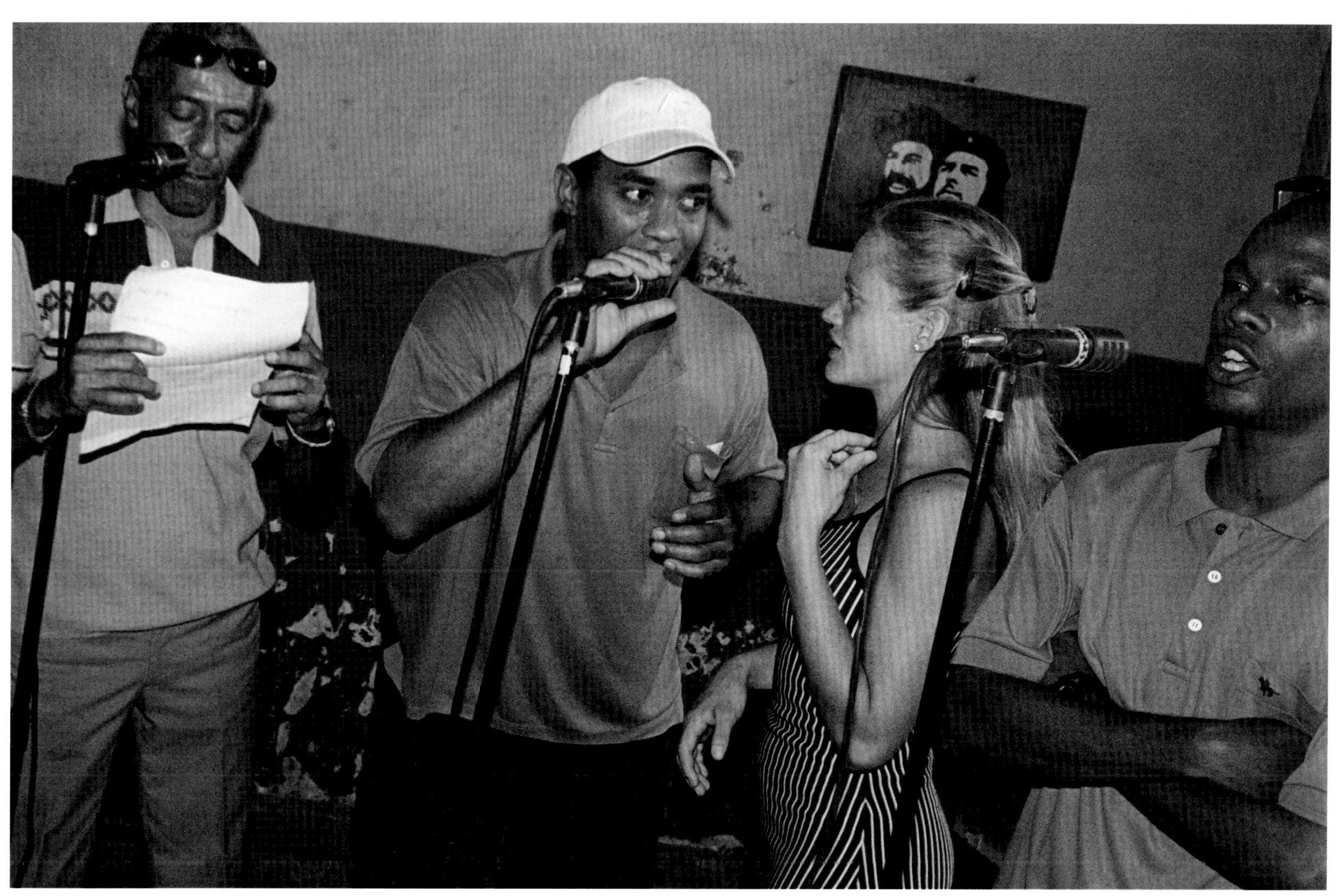

Rehearsal, Calle Neptuno entre Hospital y Aramburu, April 2003

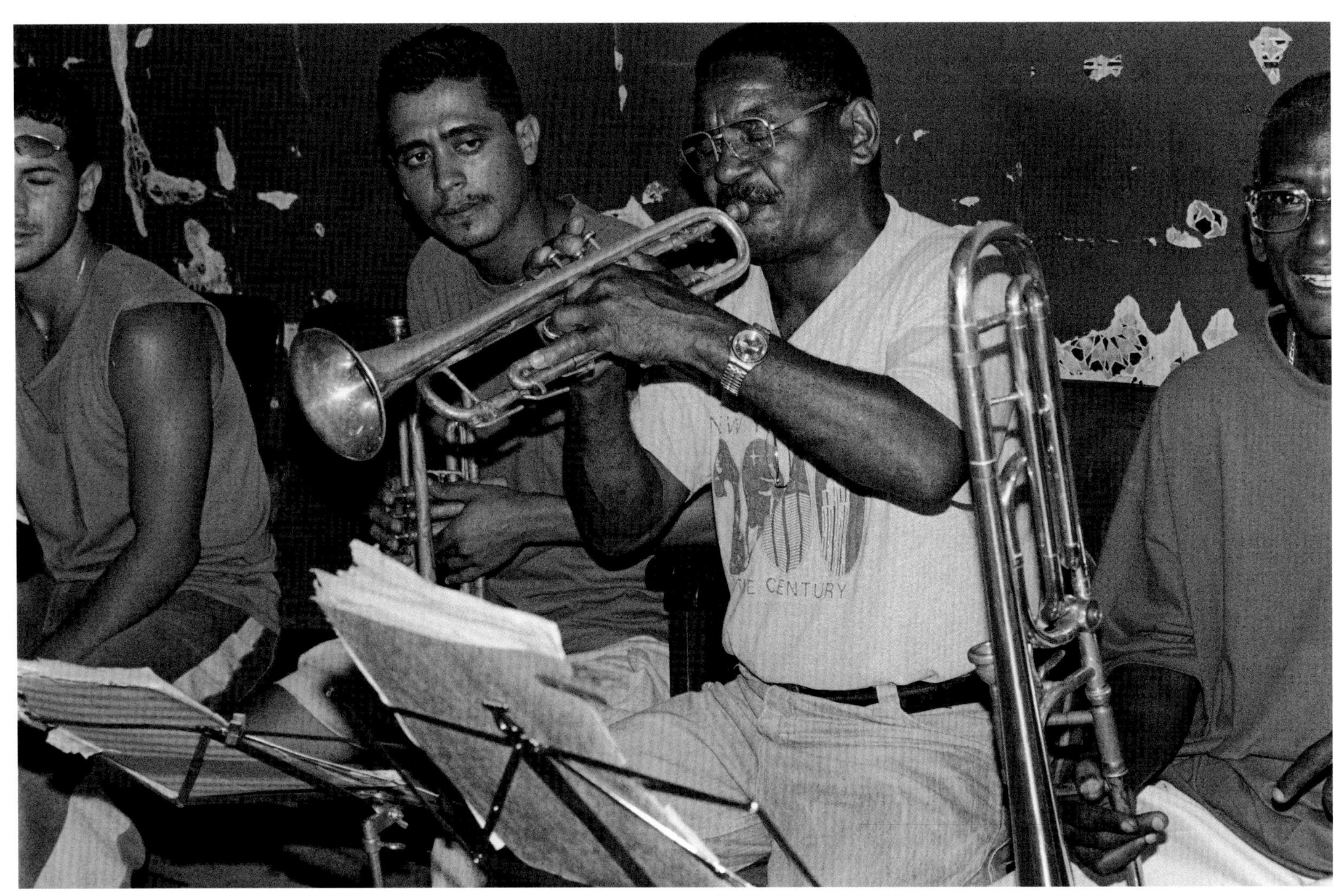

Rehearsal, Calle Neptuno entre Hospital y Aramburu, April 2003

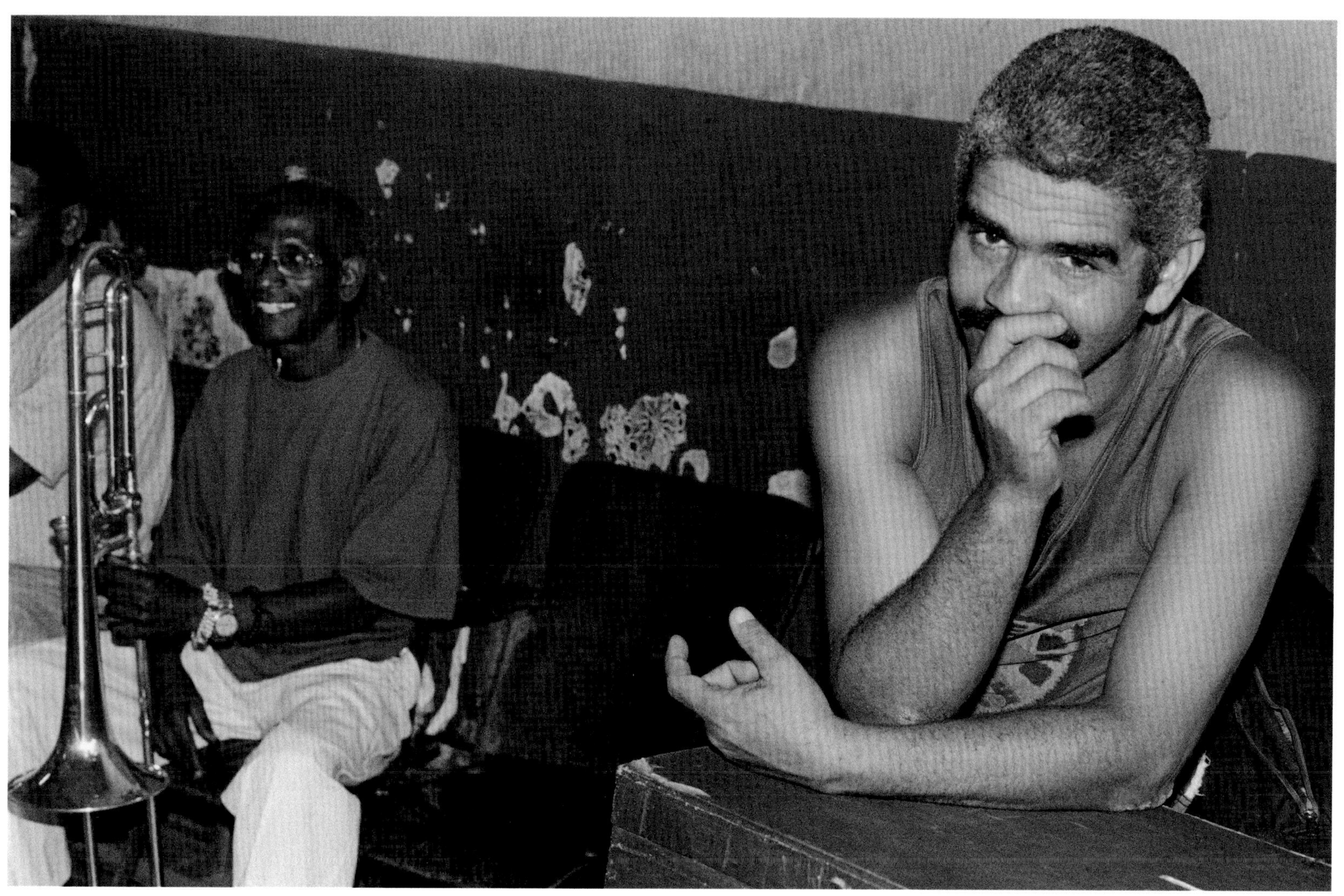

Roberto, April 2003

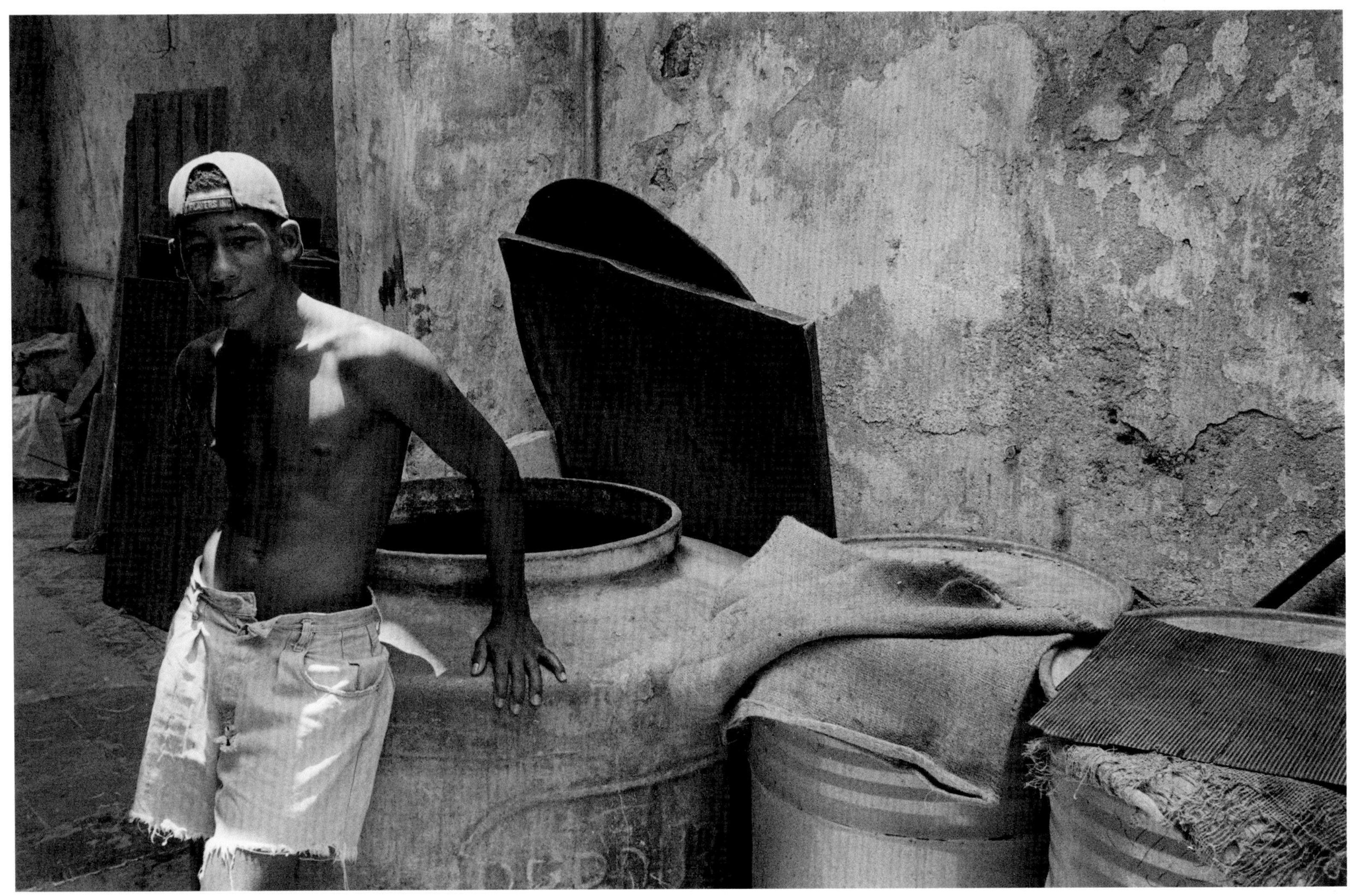

Rafael, April 2003

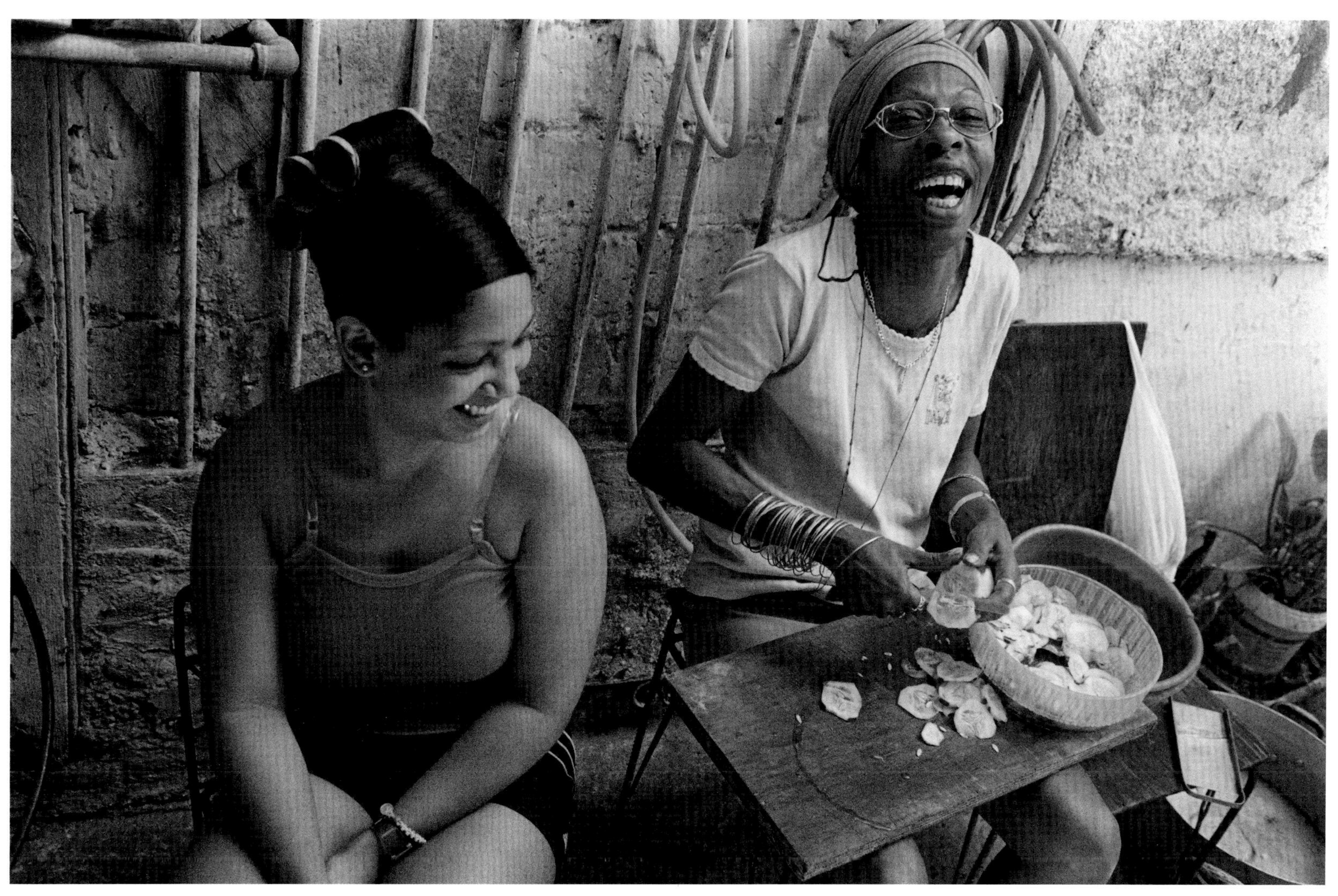

Janet and Cachita, February 2004

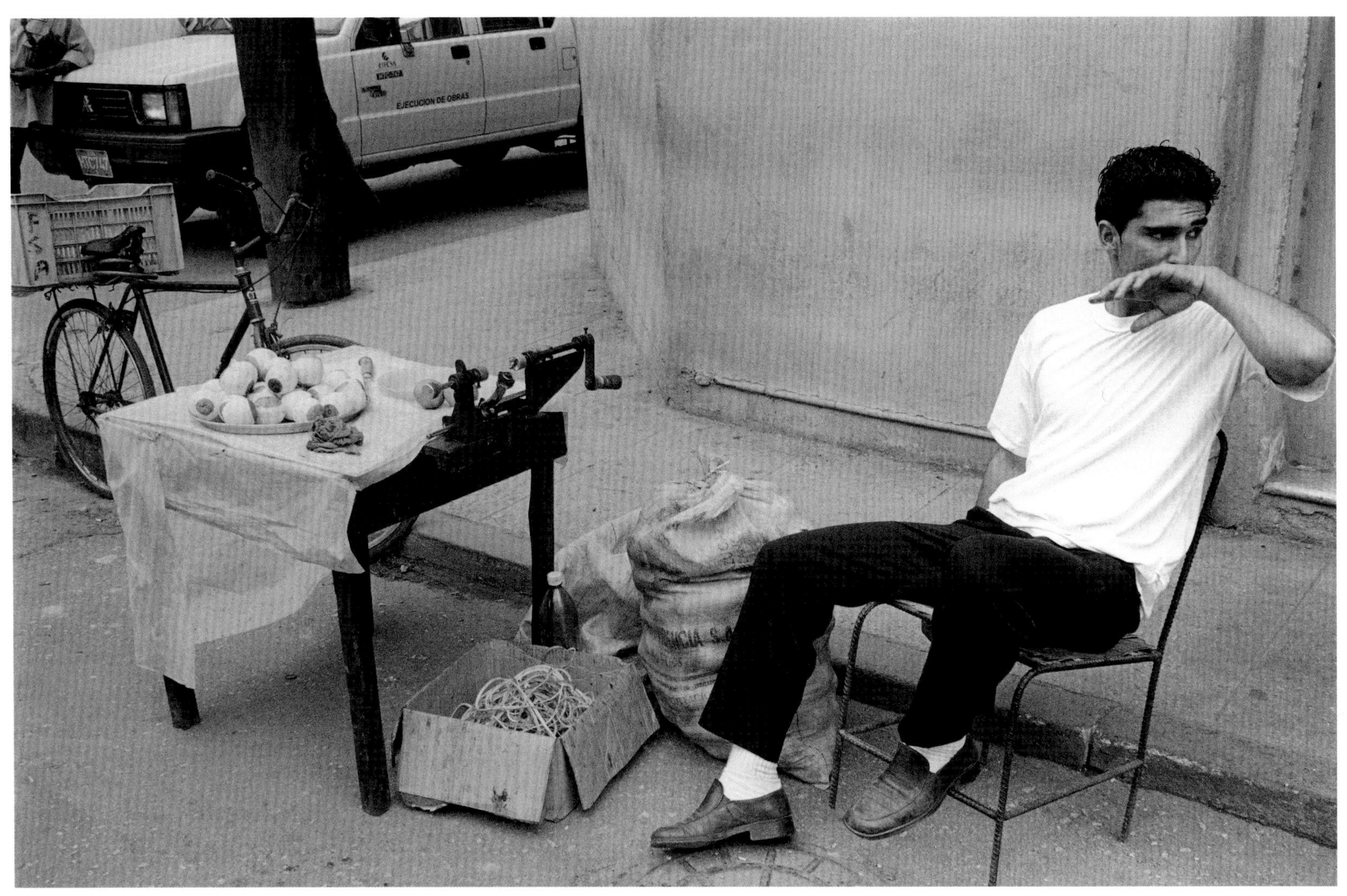

Calle Espada y San Miguel, February 2004

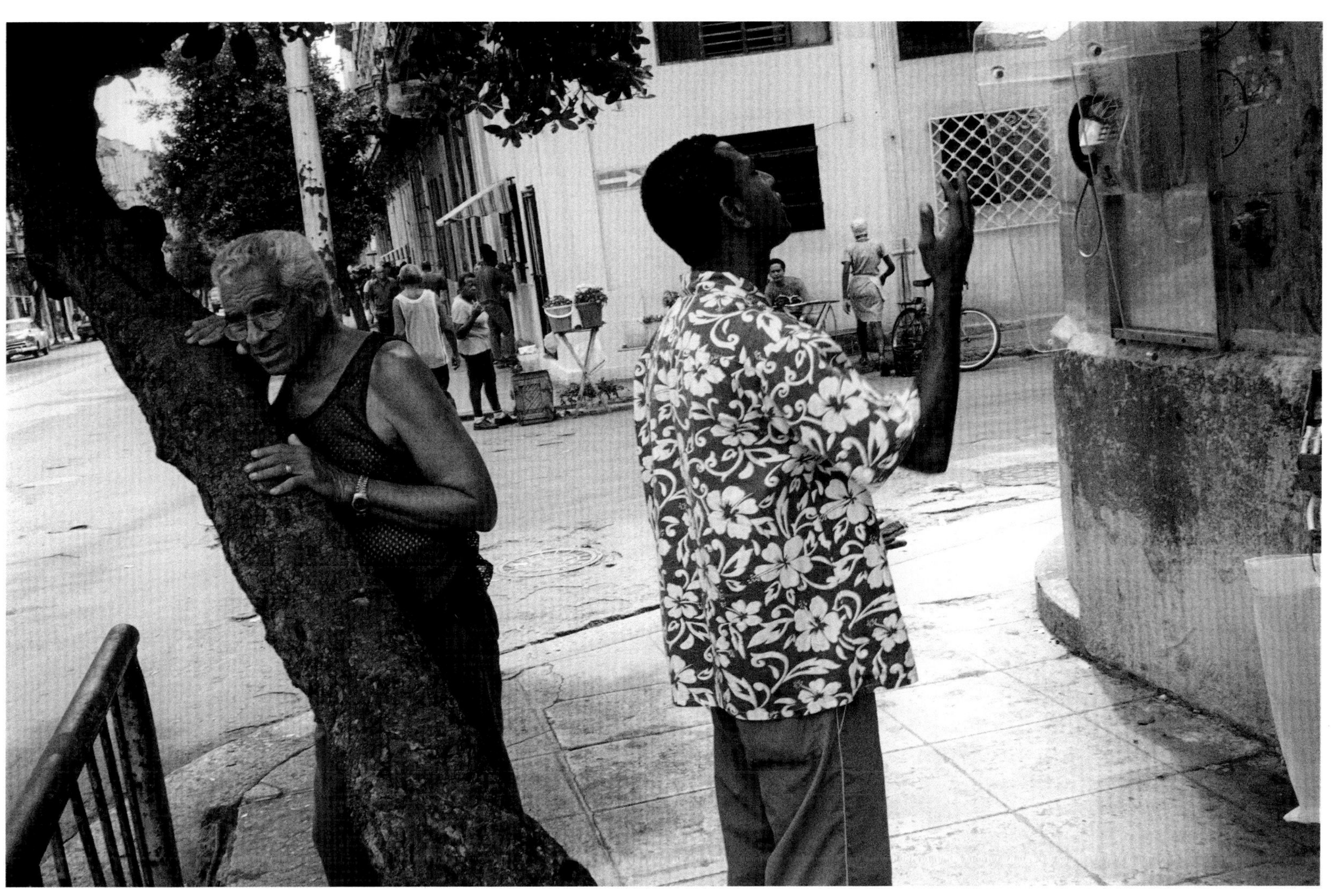
Calzada de San Lázaro, July 2004

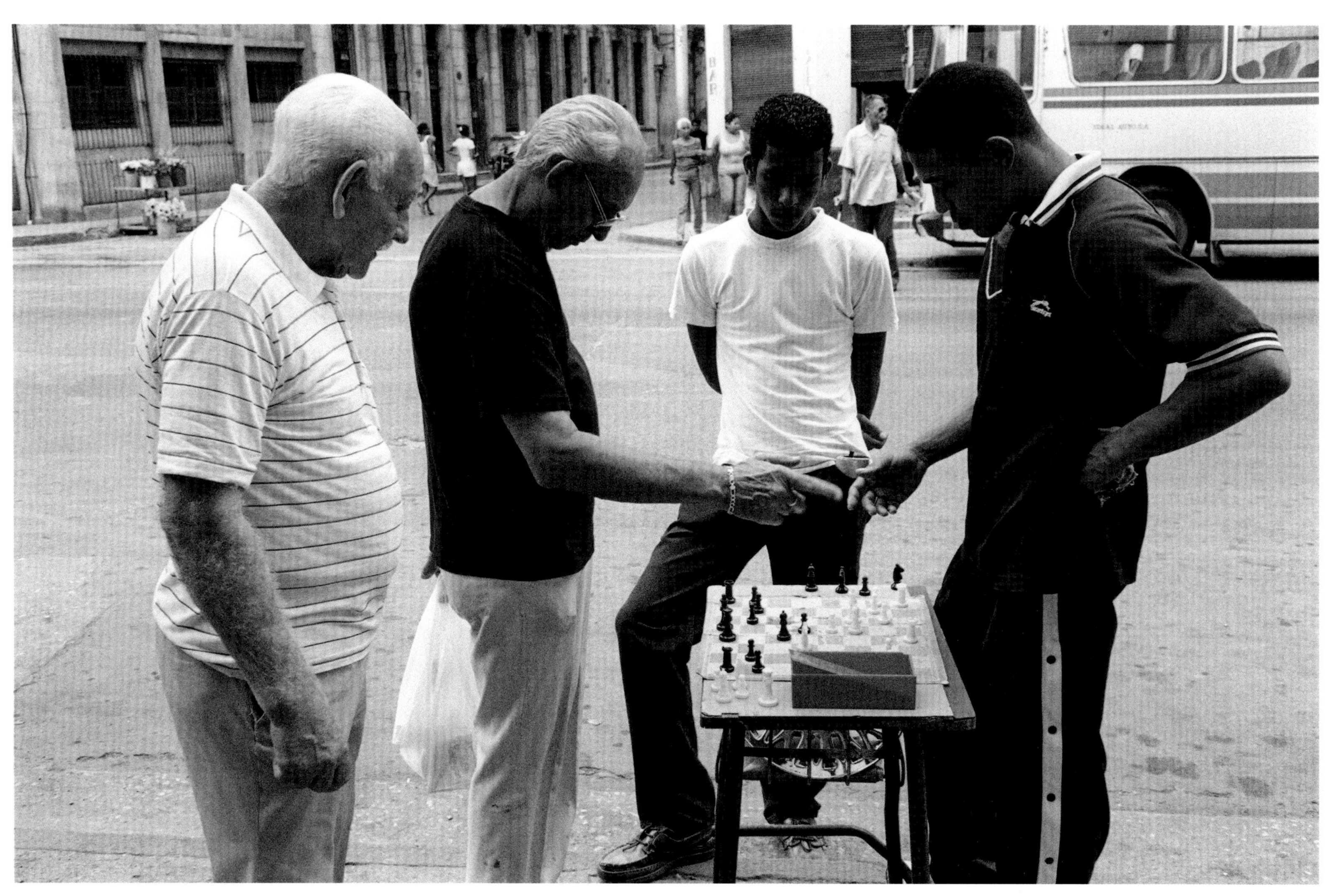

Calzada de San Lázaro y Hospital, April 2003

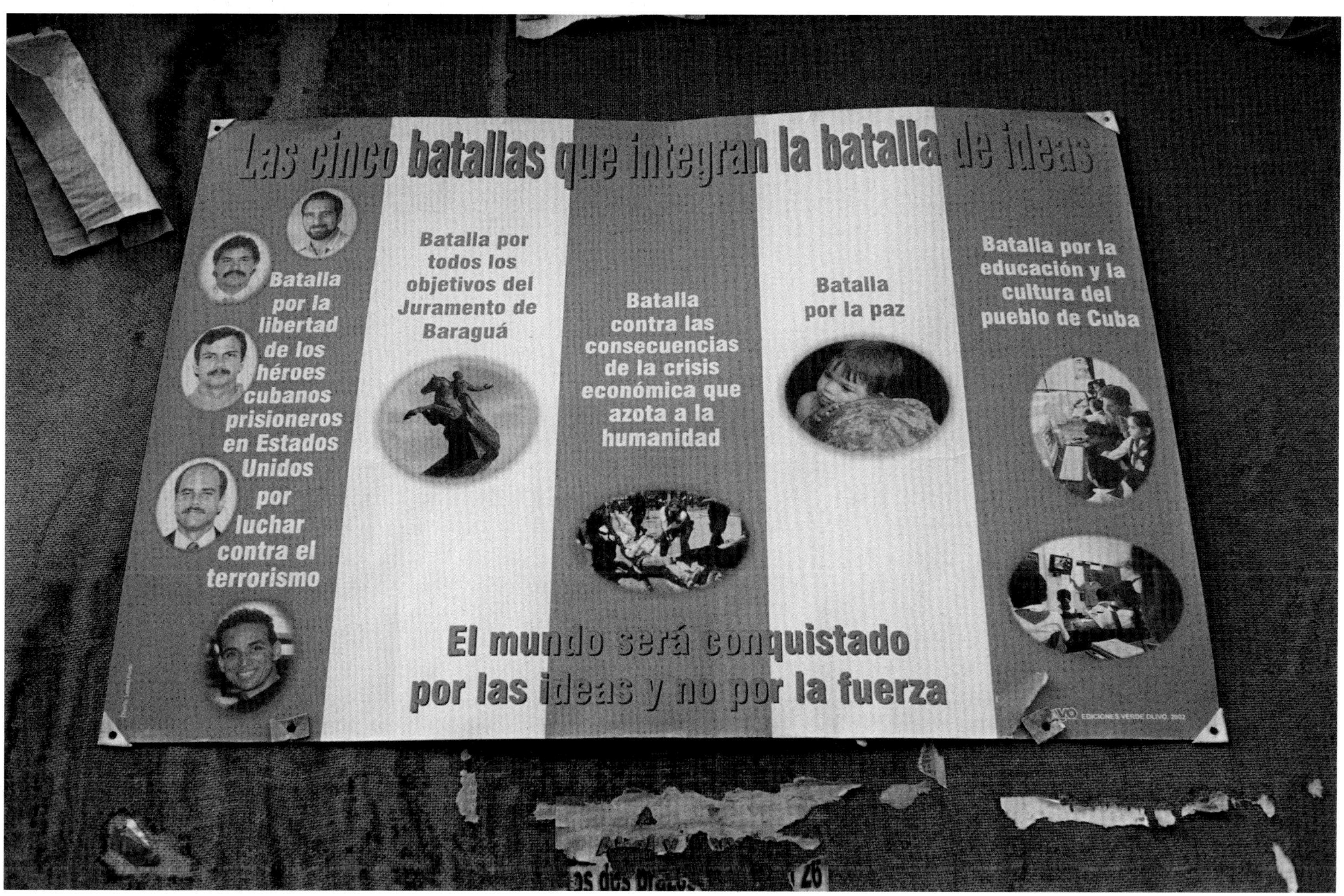

Calle San José, near Infanta, February 2004

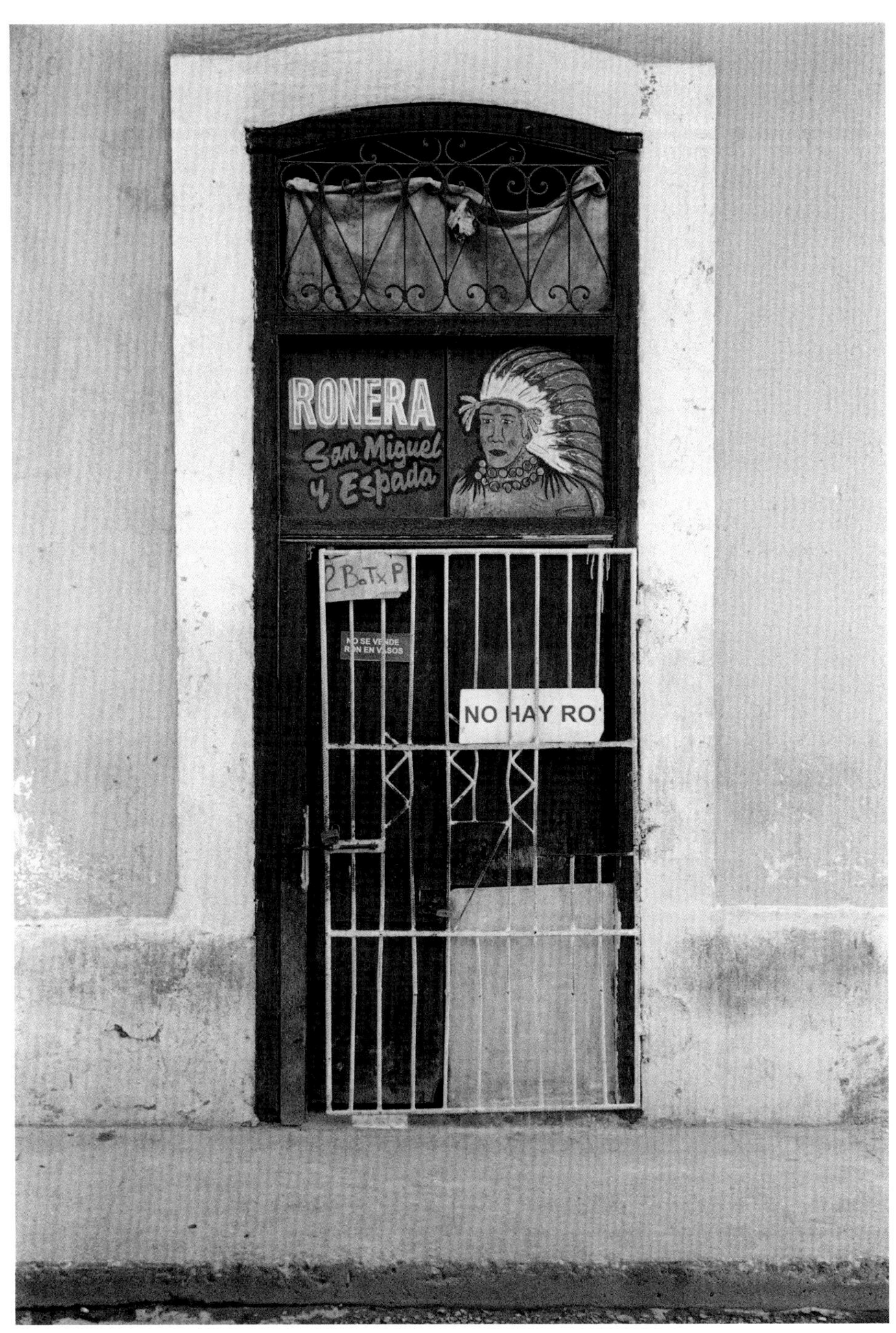

Rum Shop, Calle San Miguel y Espada, July 2004

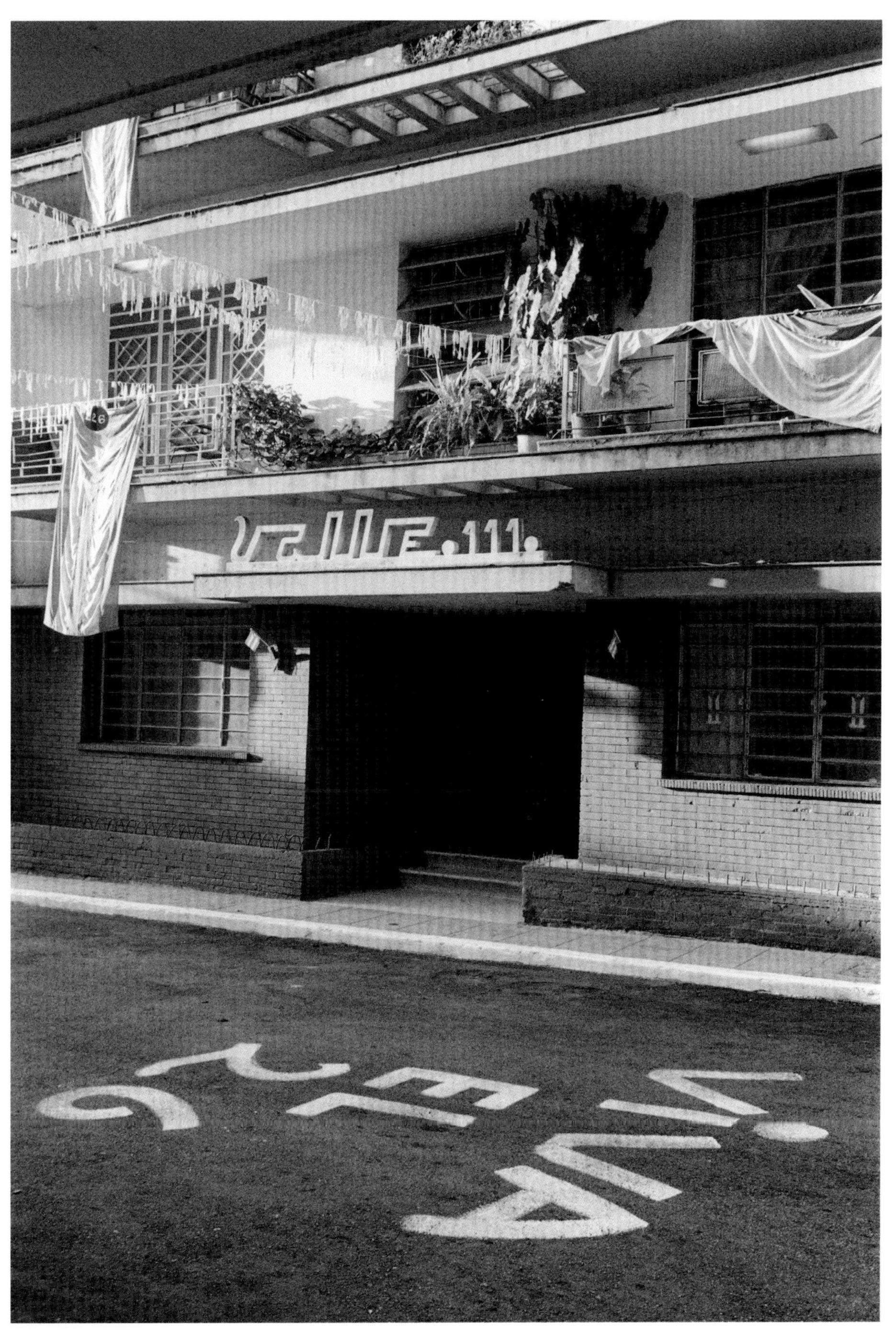

Calle Valle y Infanta, July 2004

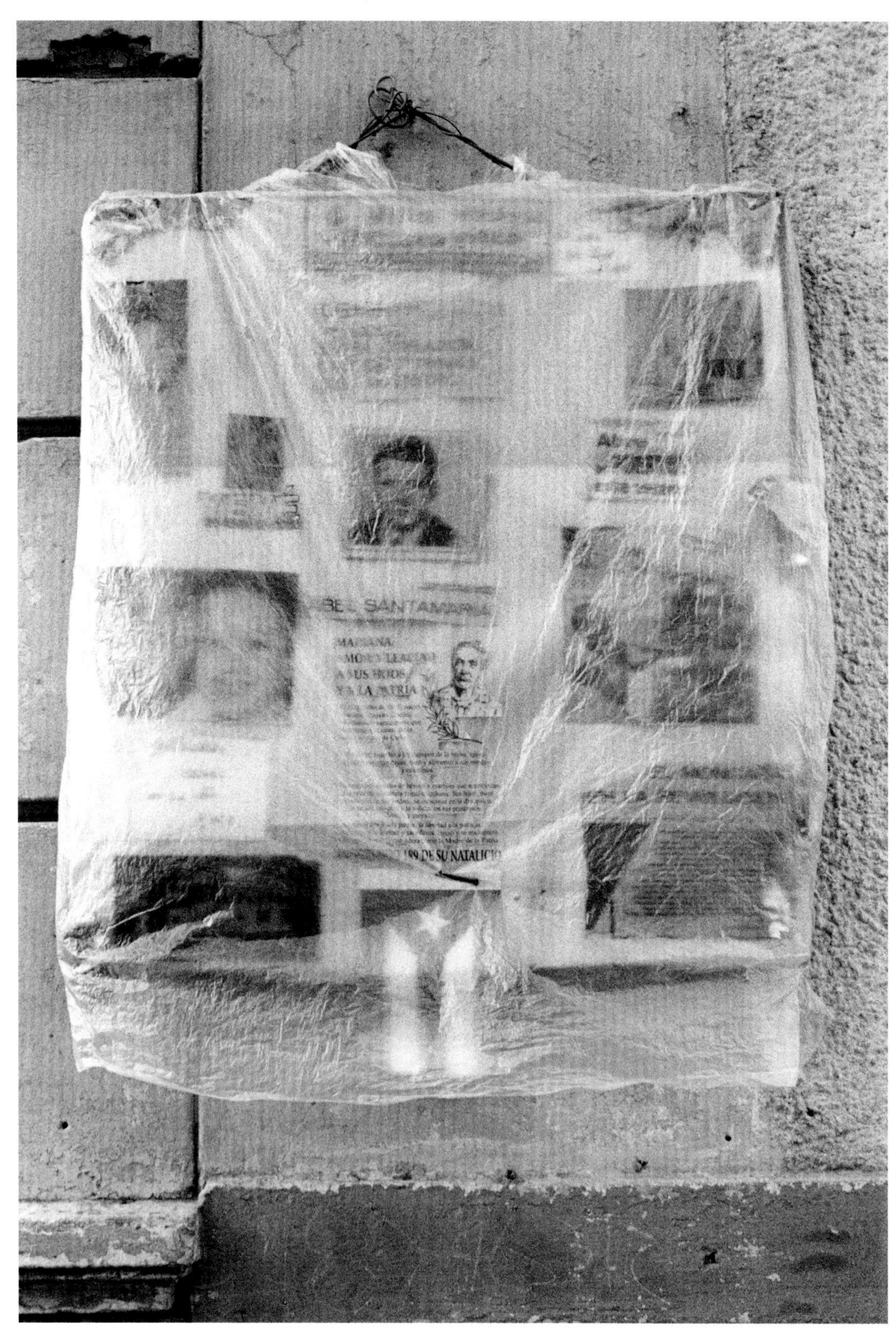

Patriotic commemoration for 26 July, Calle Jovellar, July 2004

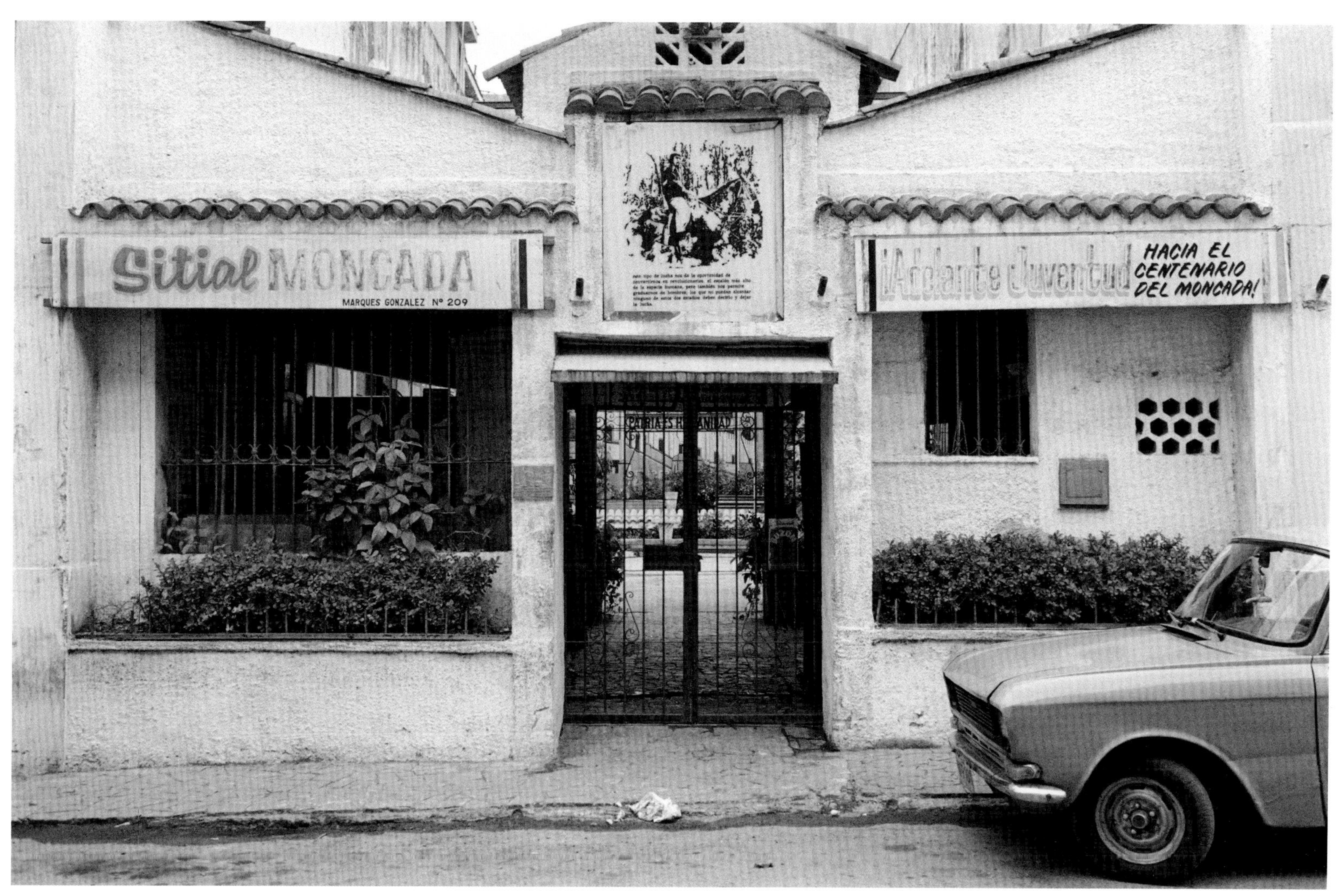

Sitial Moncada, Calle Marqués González 209, July 2004

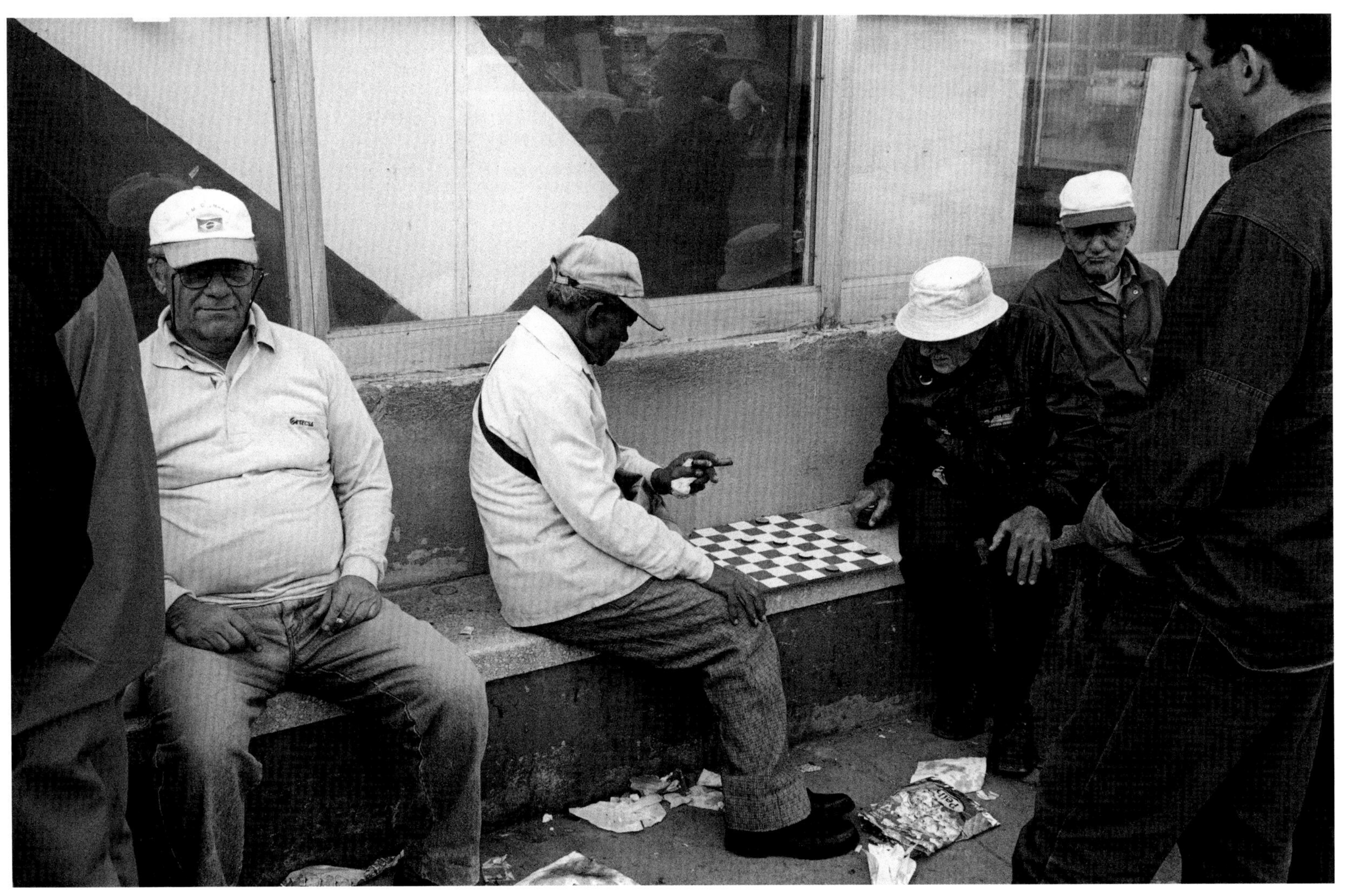

Calzada de San Lázaro entre Soledad y Marina, February 2004

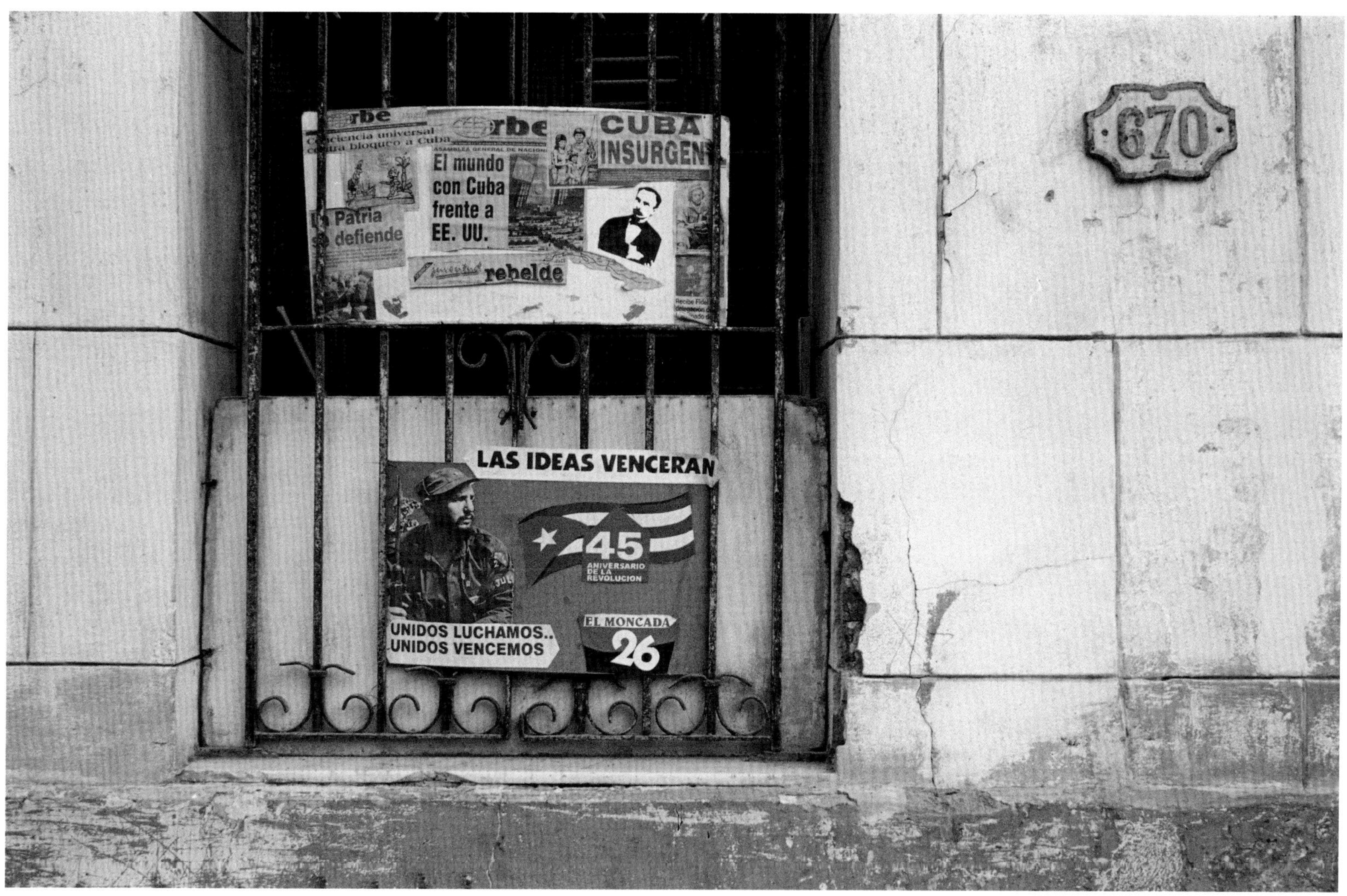

Calle Concordia 670, February 2004

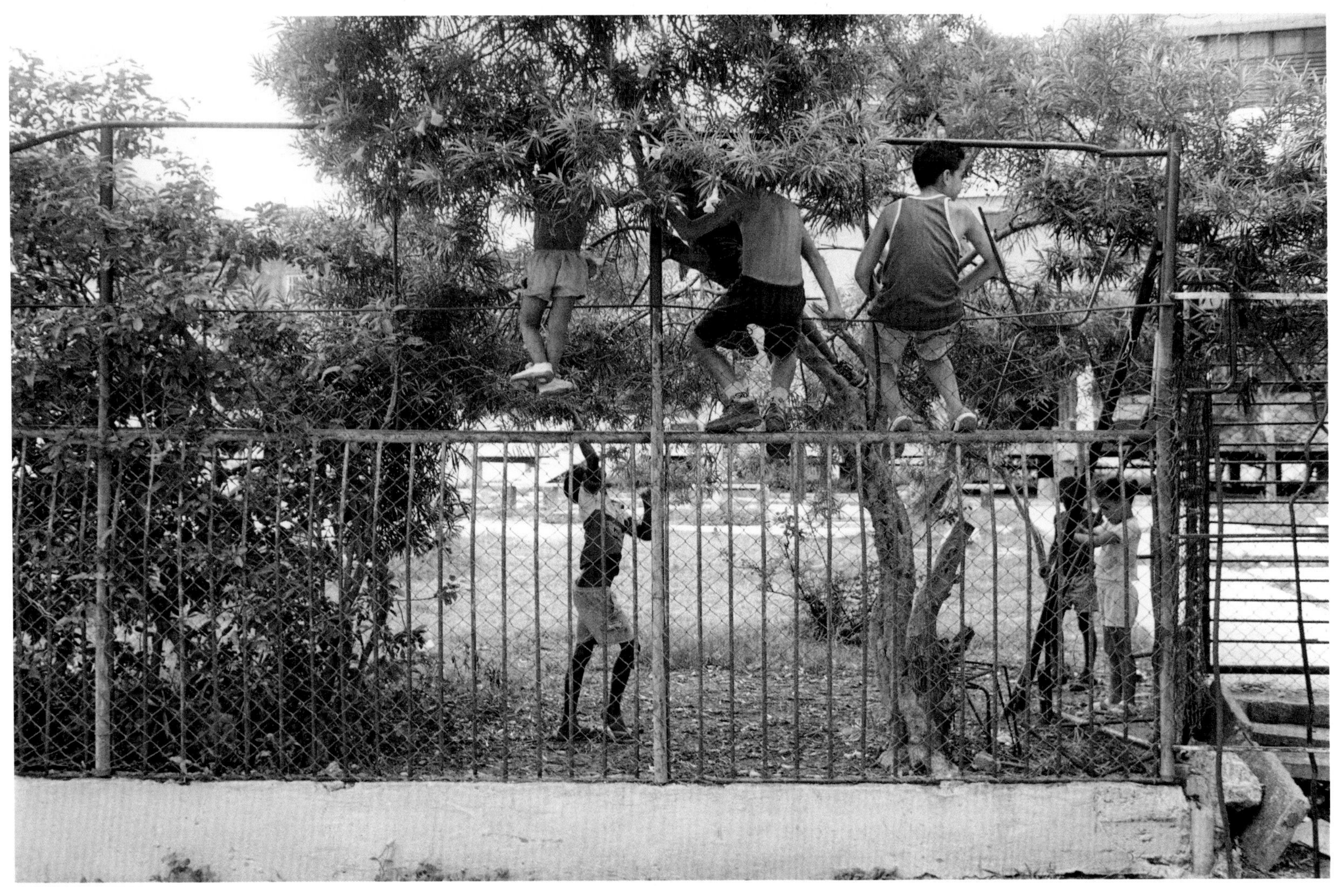

Callejón de Hamel, July 2004

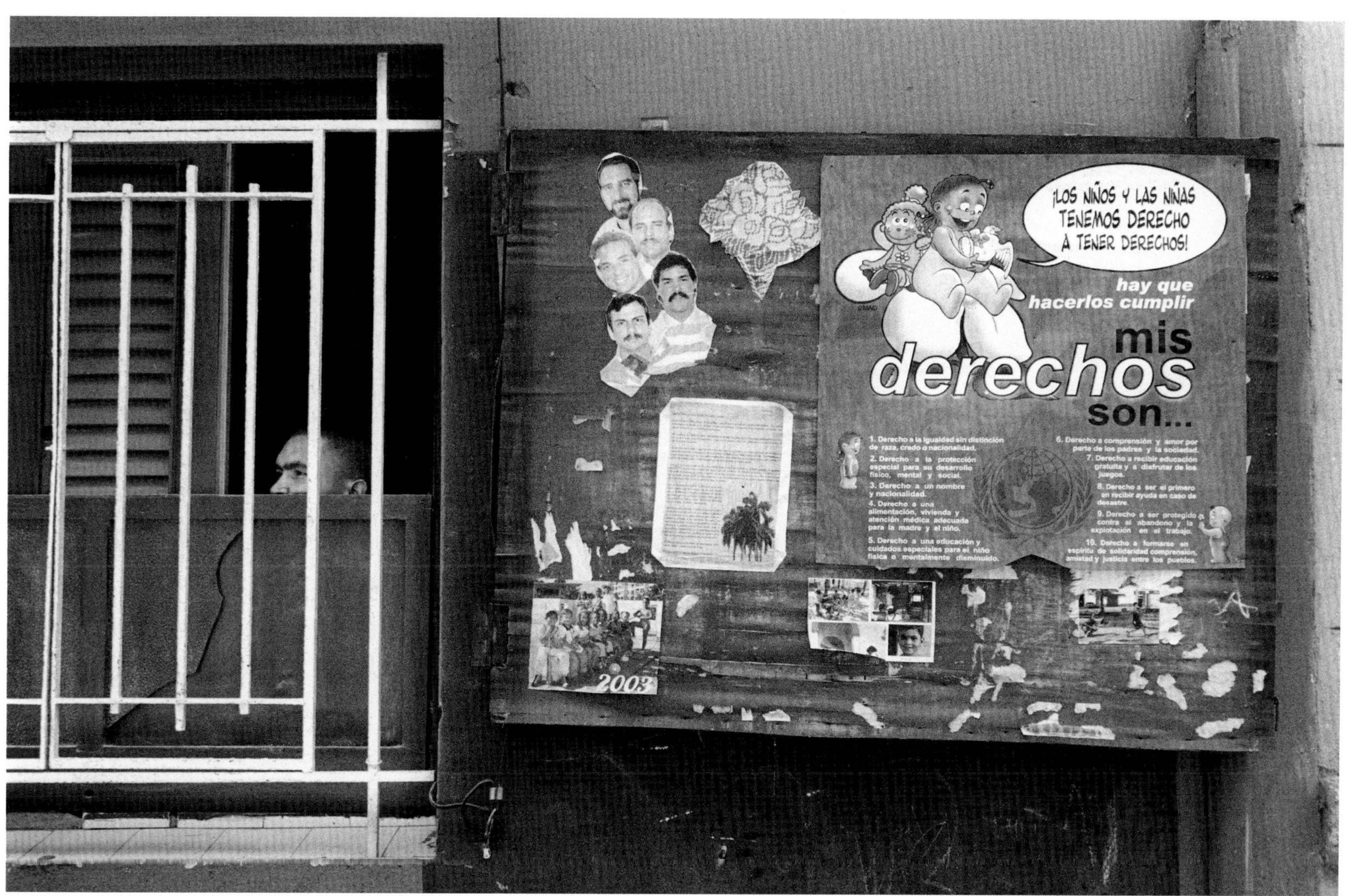

Calle Jovellar, April 2003

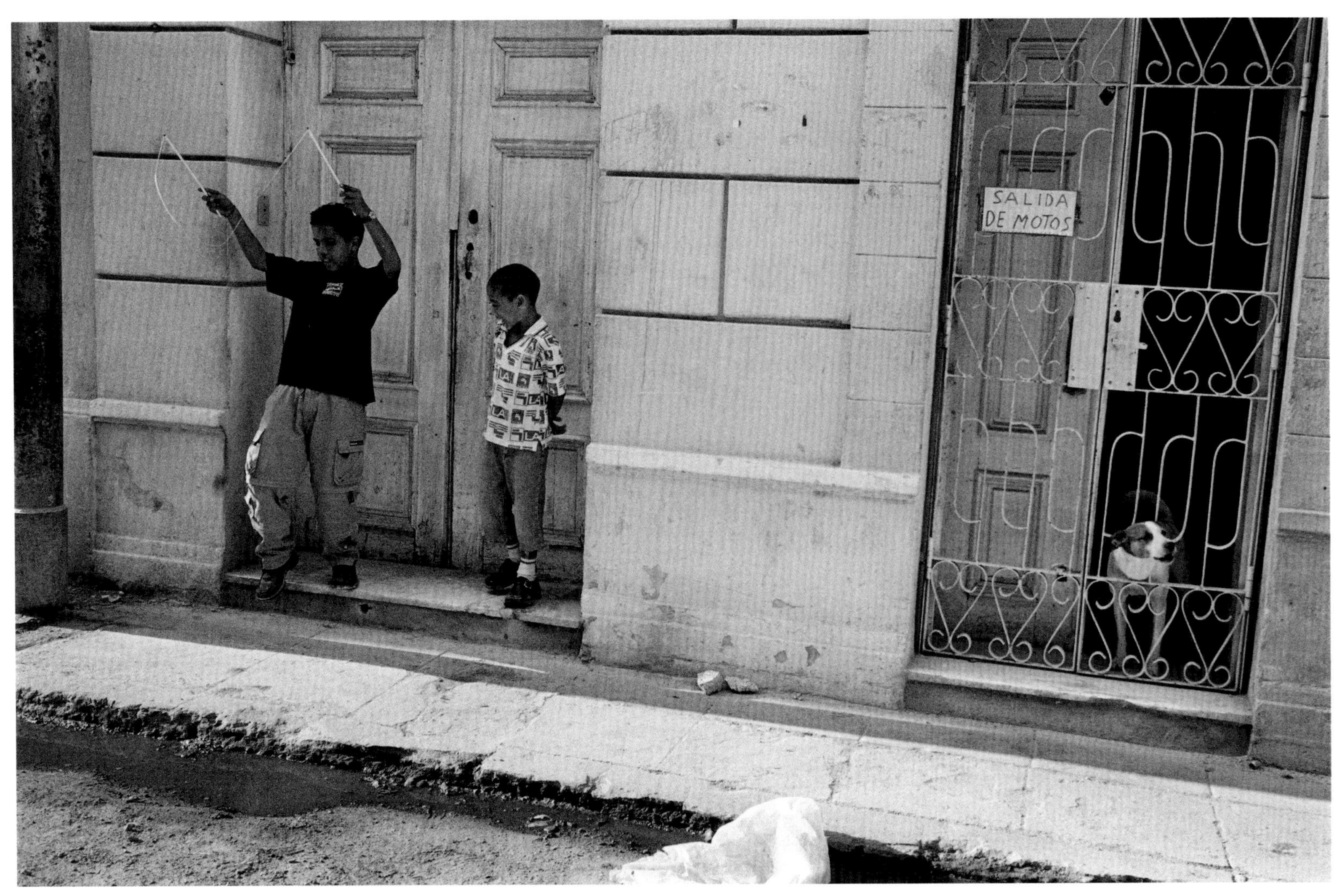

Calle Jovellar entre Aramburu y Hospital, February 2004

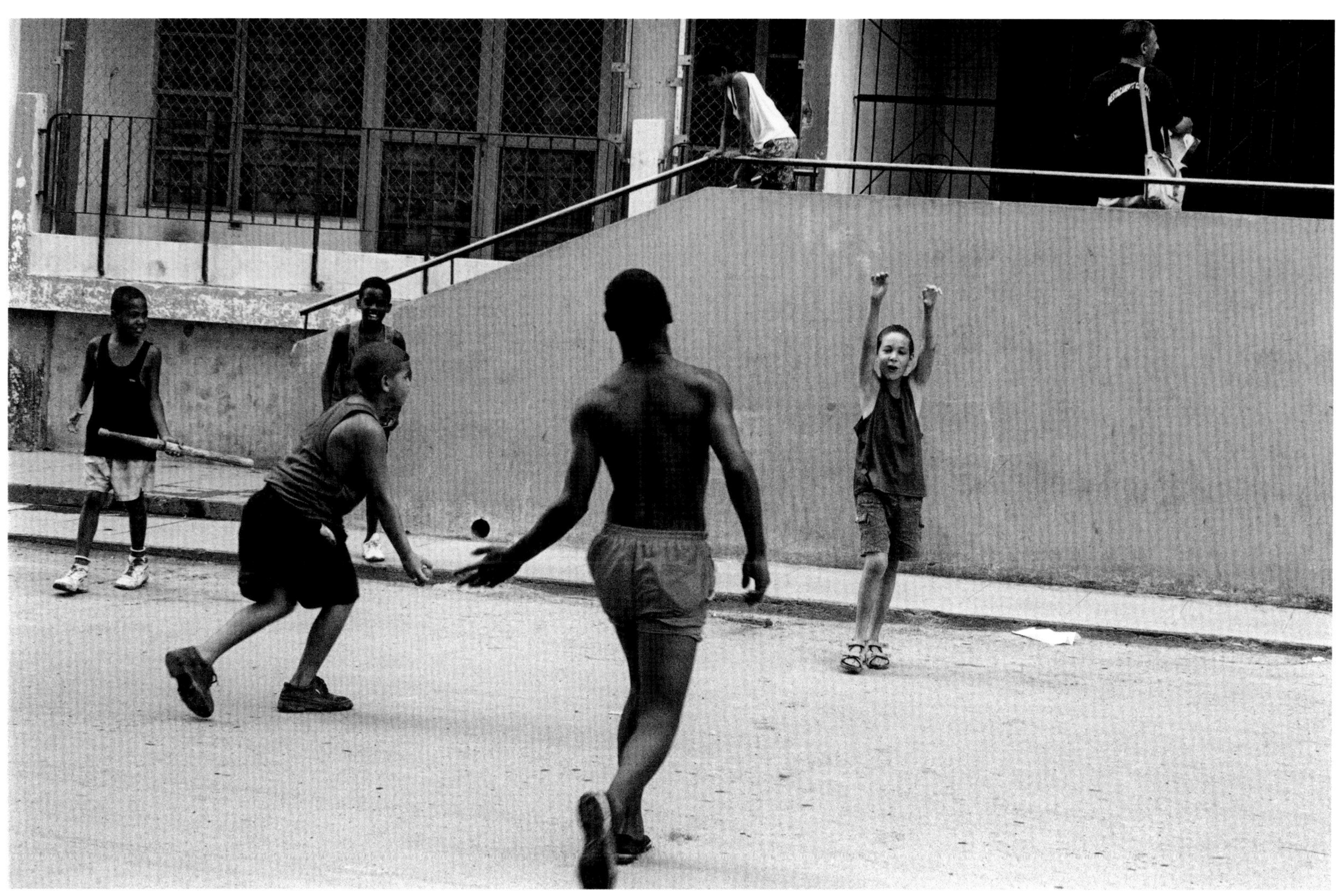

Calle San José entre Hospital y Espada, April 2002

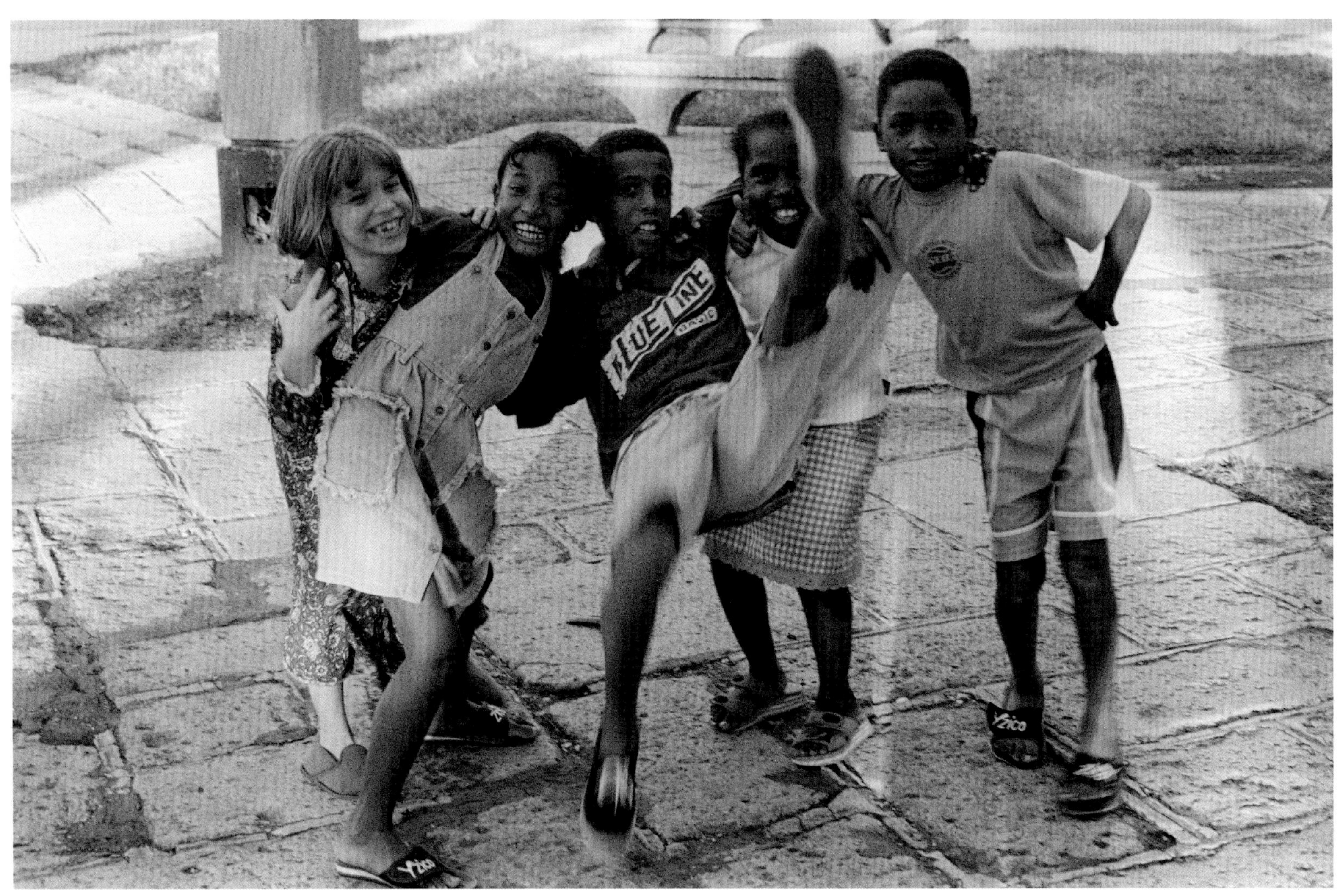

Parque Trillo, February 2002

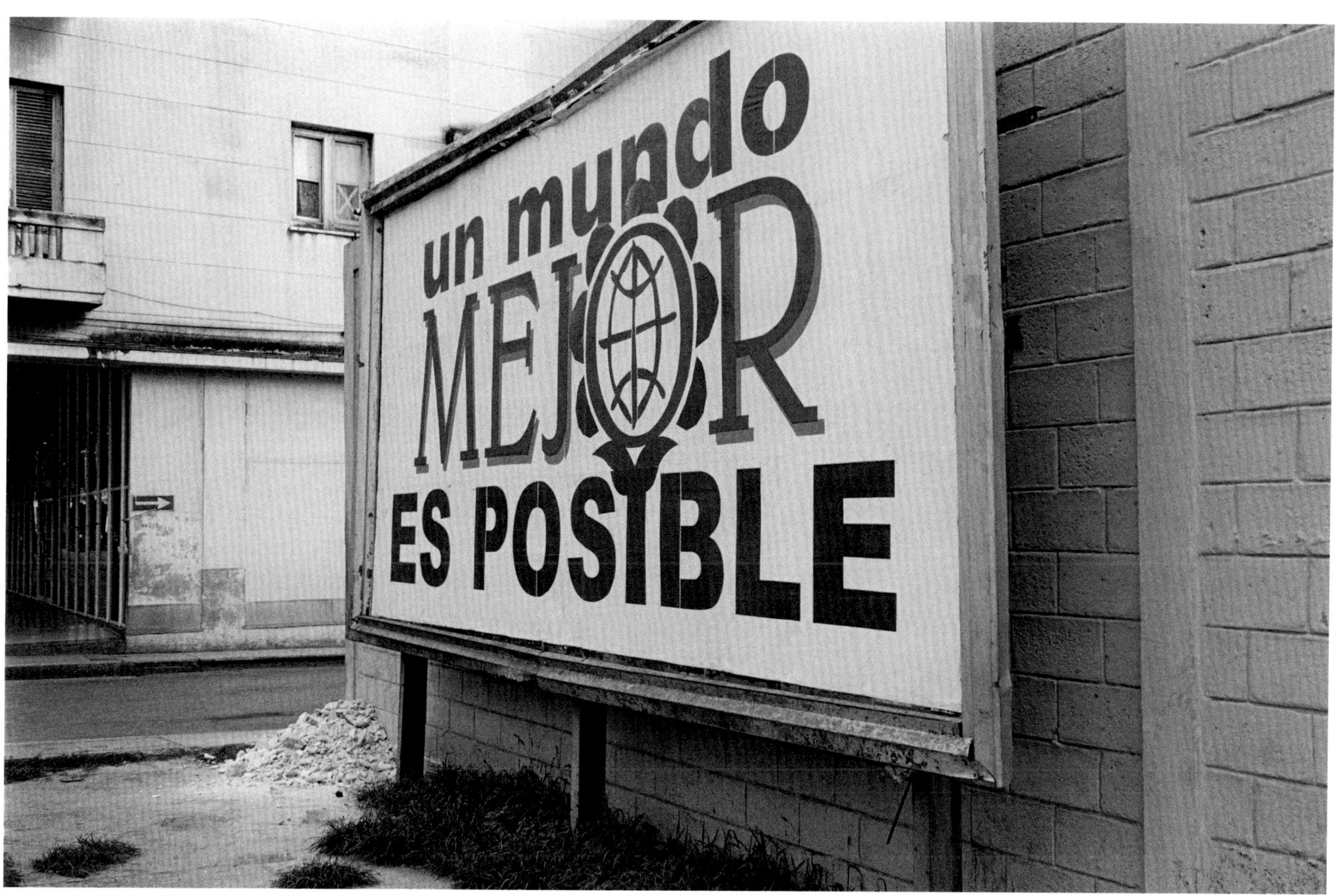

Calzada de Infanta y Valle, February 2002

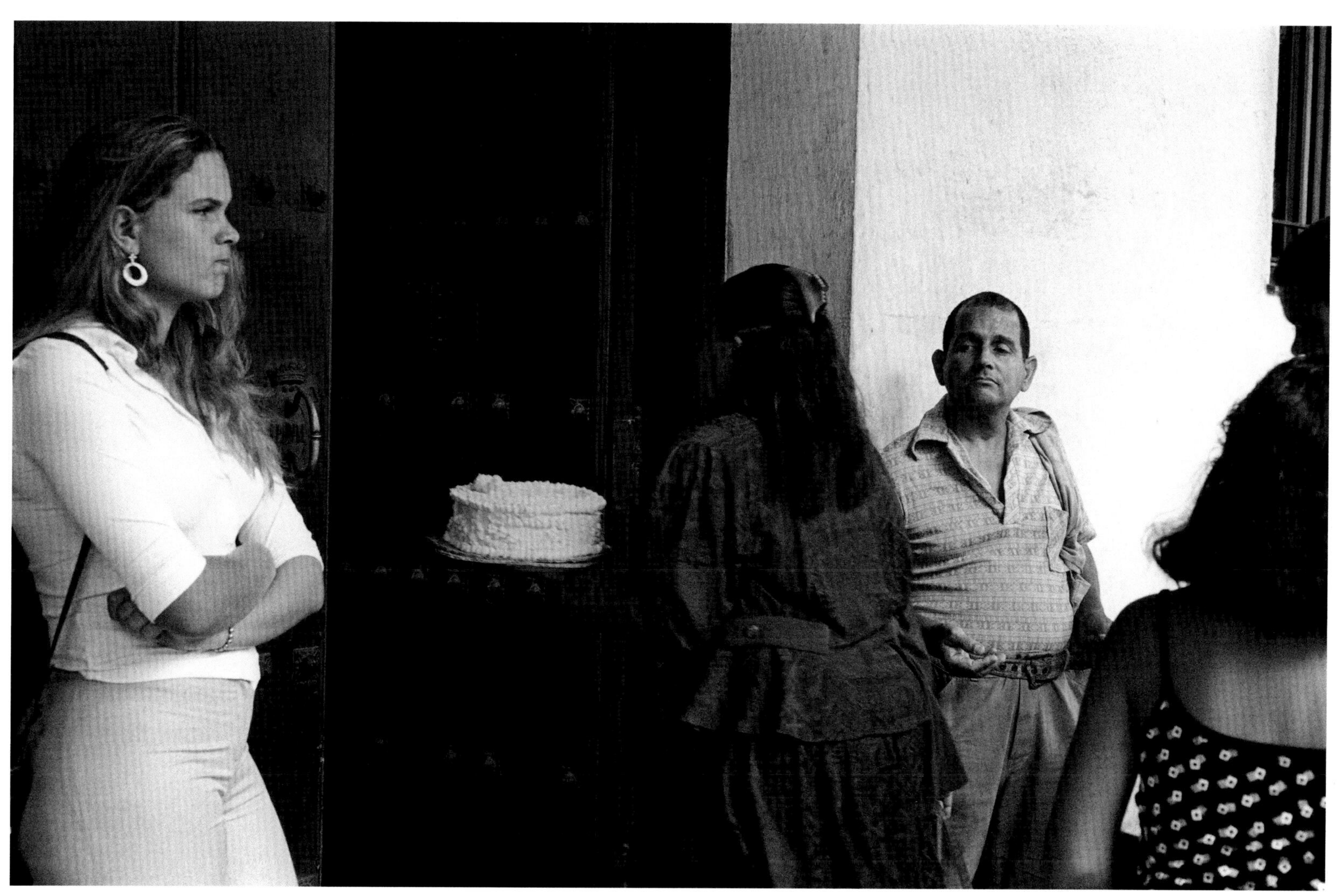

La iglesia de Nuestra Señora del Carmen, Calzada de Infanta, April 2002

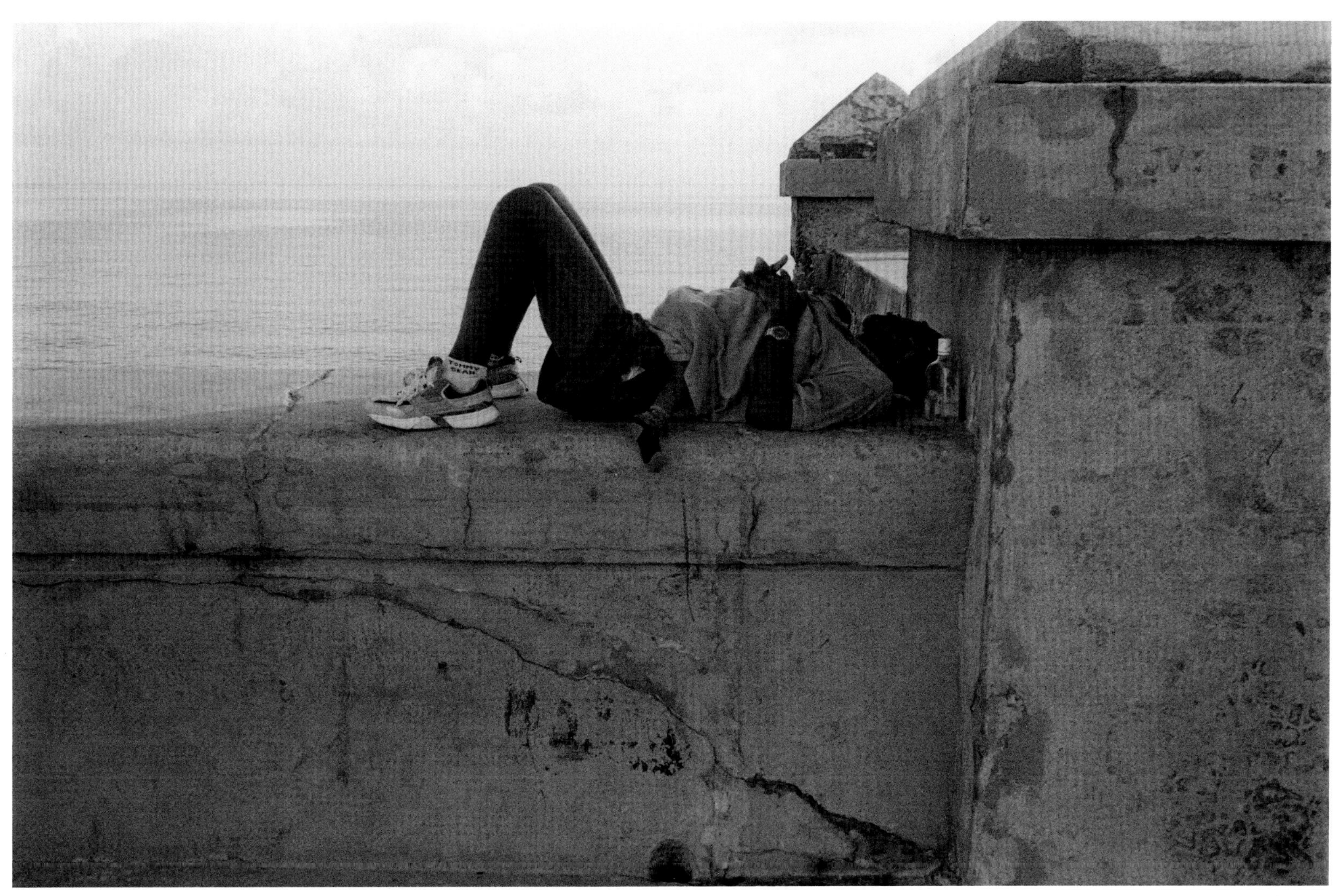

Malecón, July 2004

Si me ves hablando solo
No te preocupes,
Son cosas que me preguntan
Y sencillamente doy respuestas.

If you see me talking to myself
Don't worry,
There are things that they ask me
And I simply give answers.

Salvador González Escalona

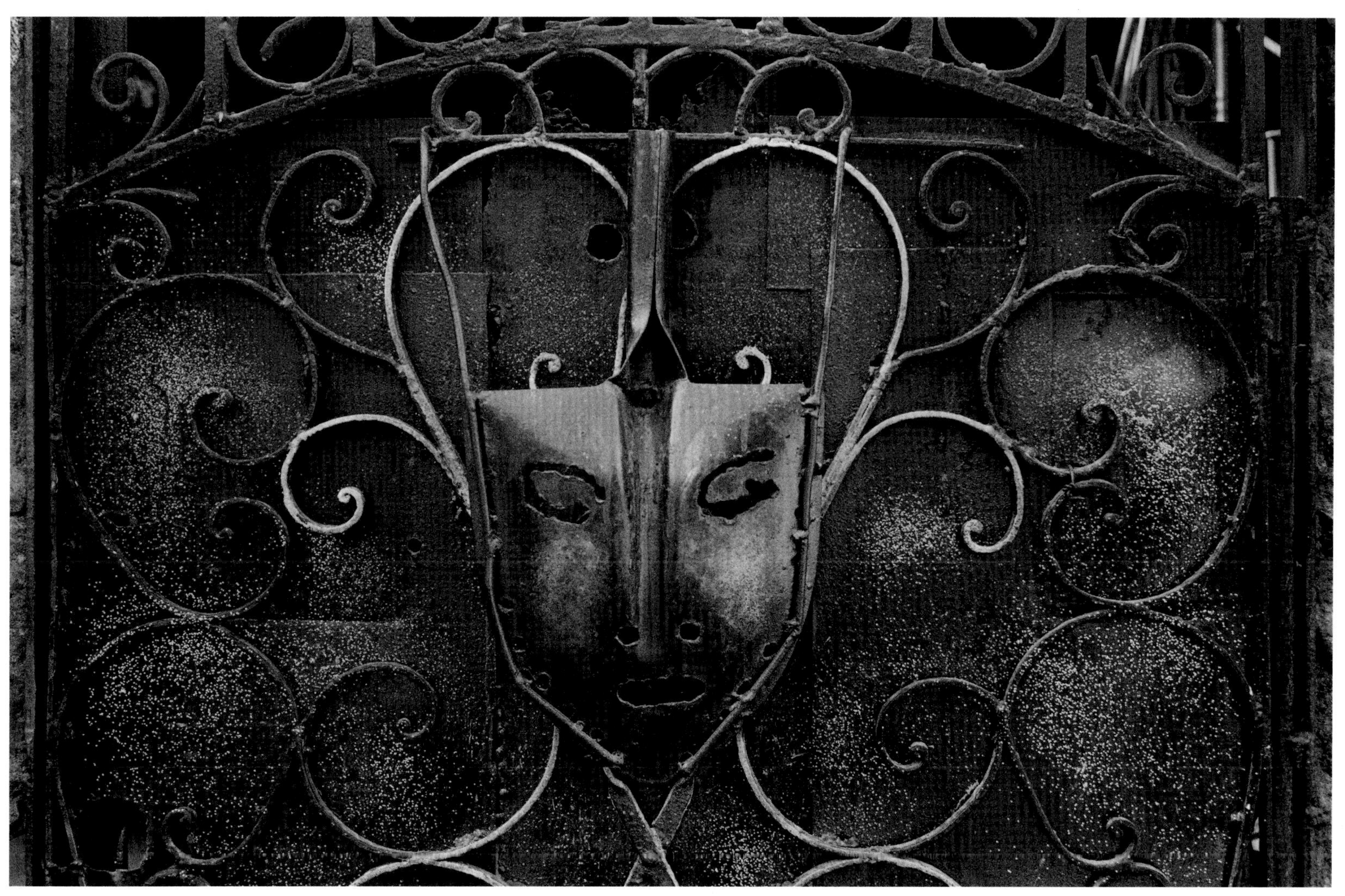

Callejón de Hamel, April 2002

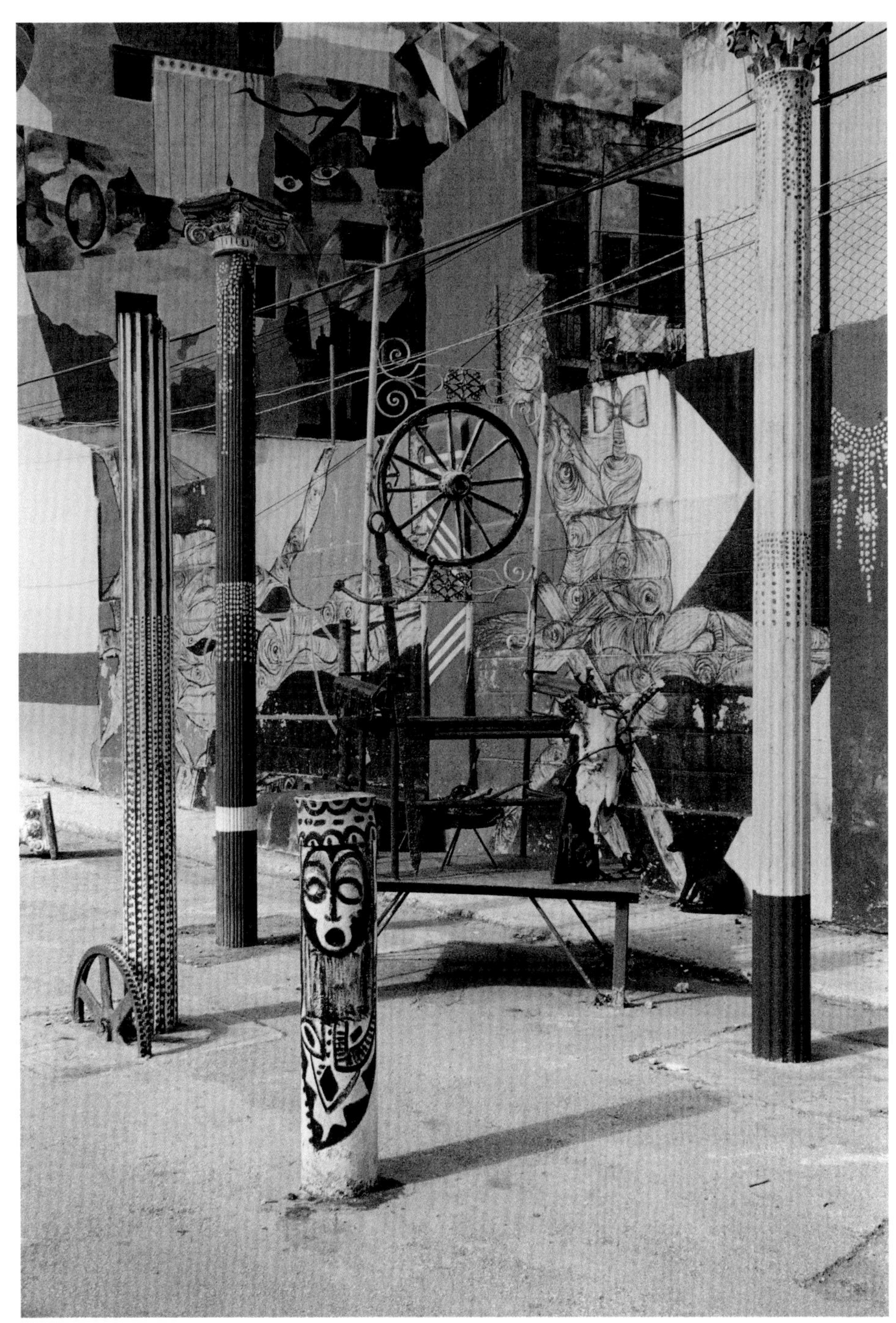

Callejón de Hamel, January 2002

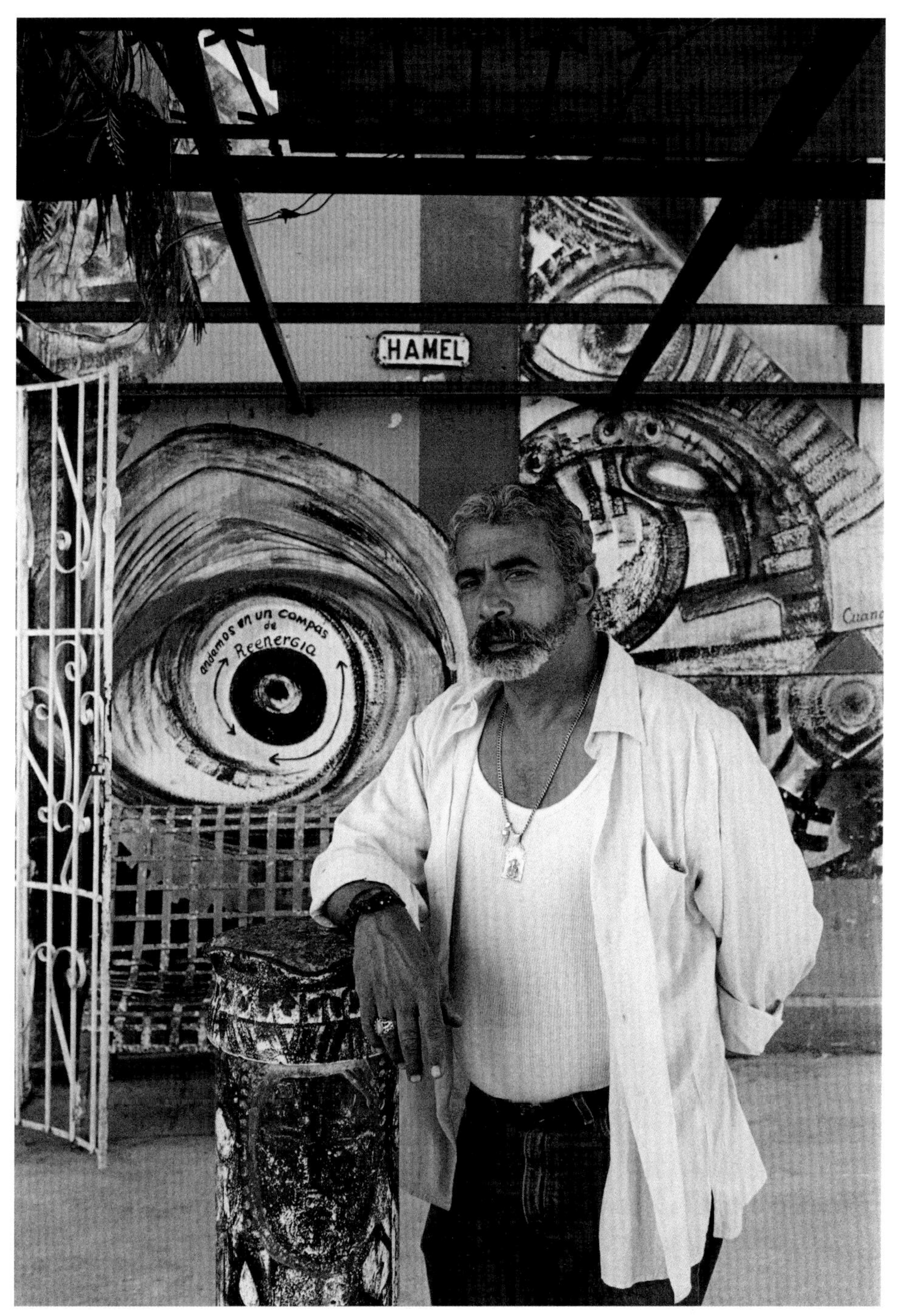

Salvador, February 2002

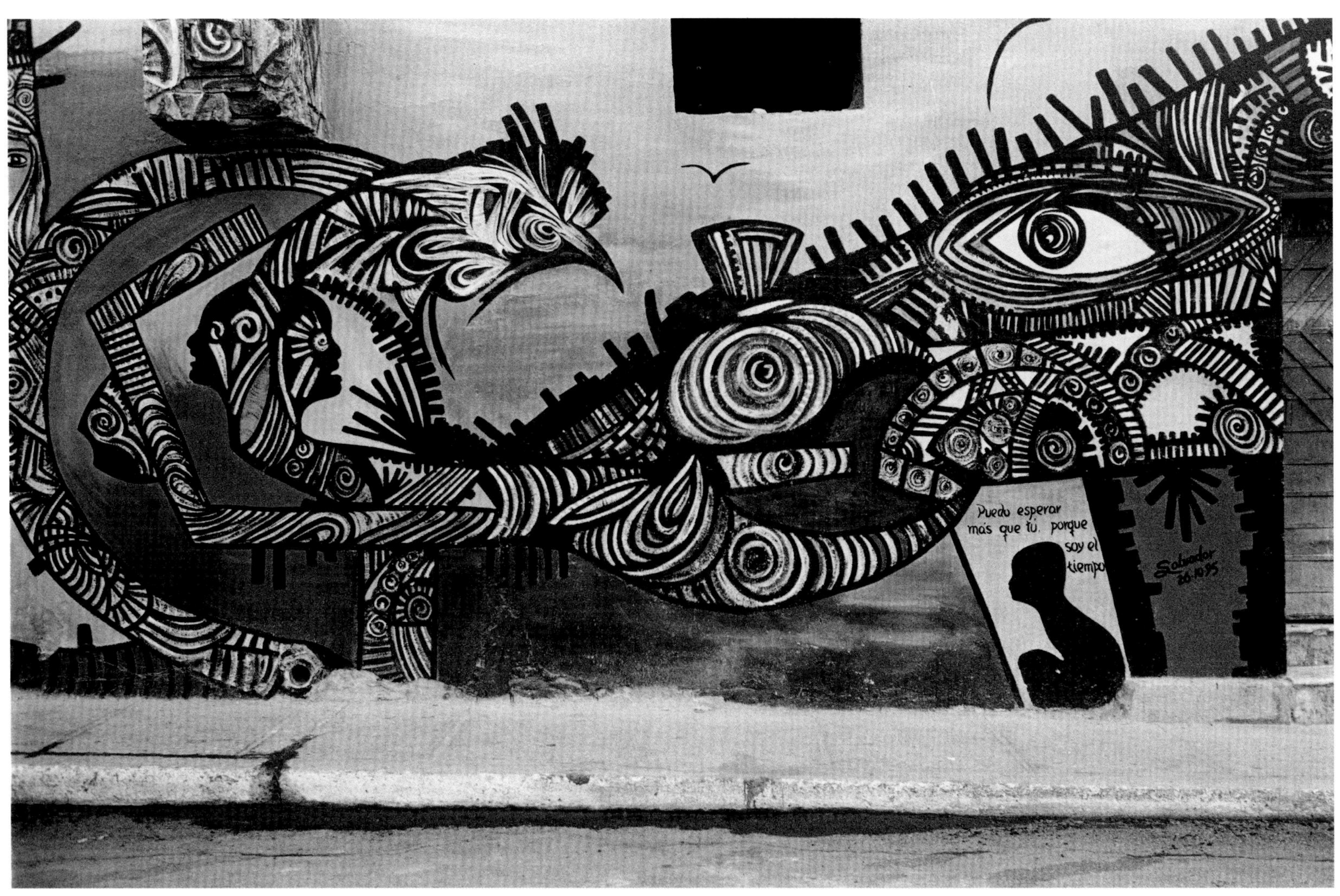

Callejón de Hamel, May 2005

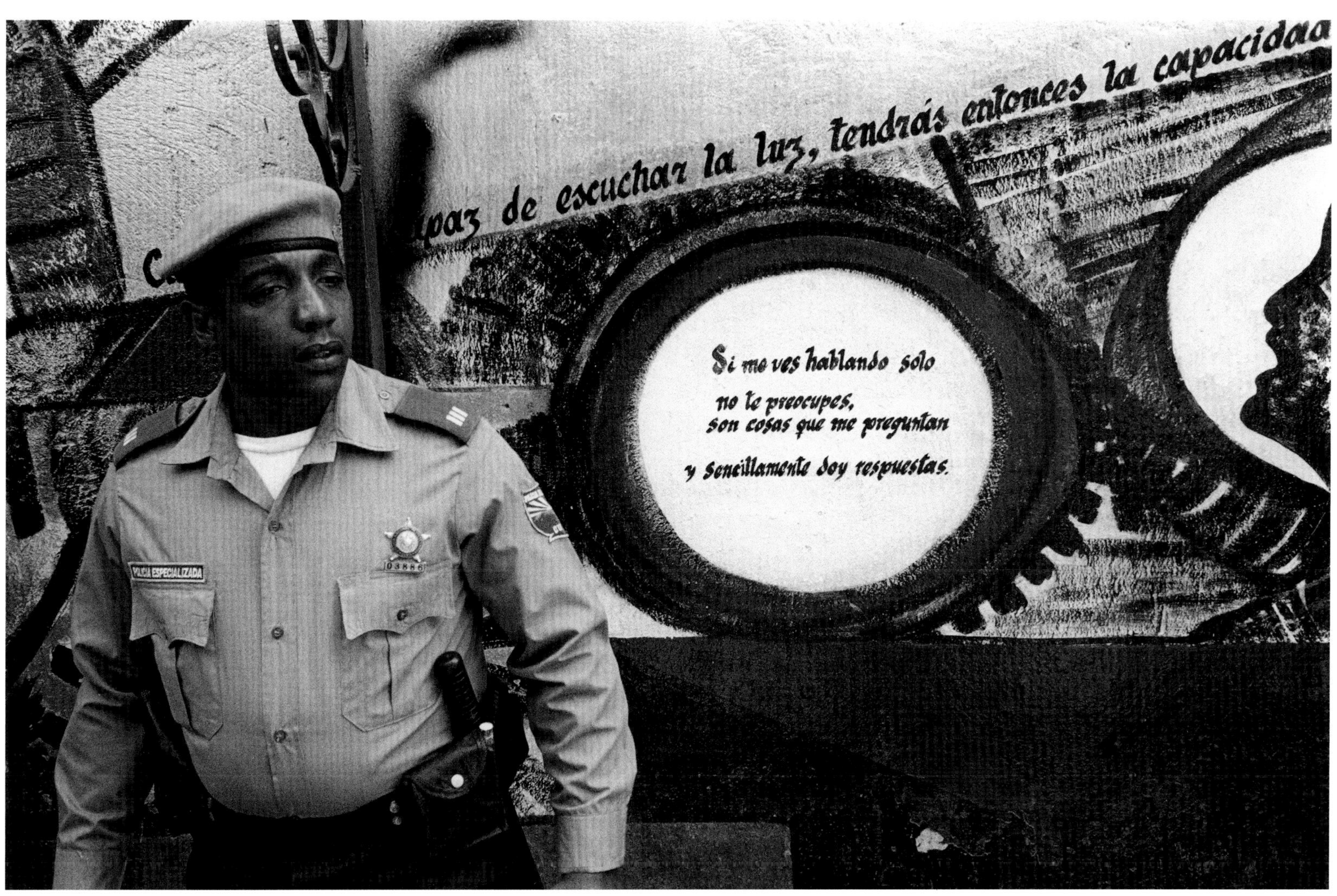

Callejón de Hamel, April 2003

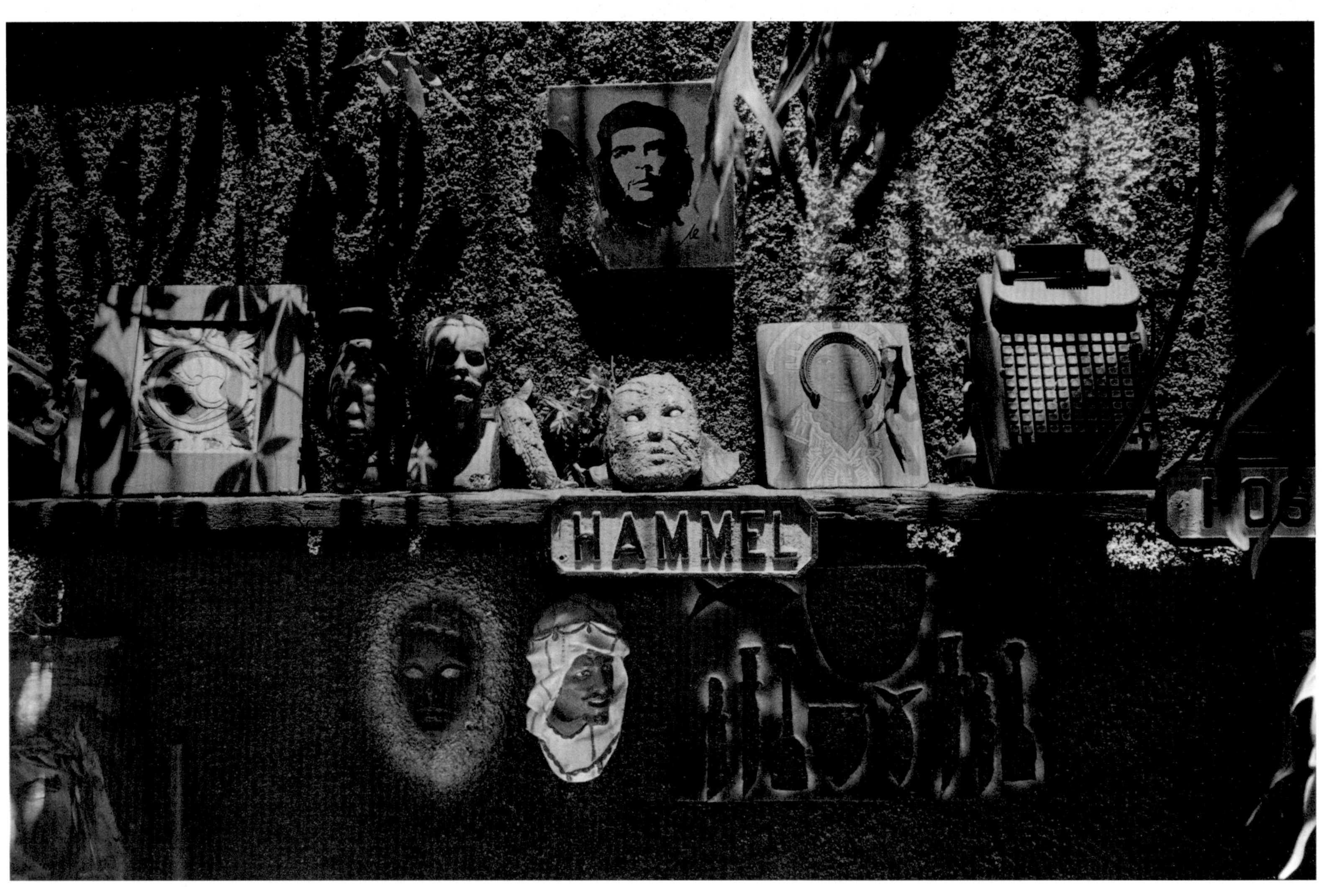

Callejón de Hamel, July 2004

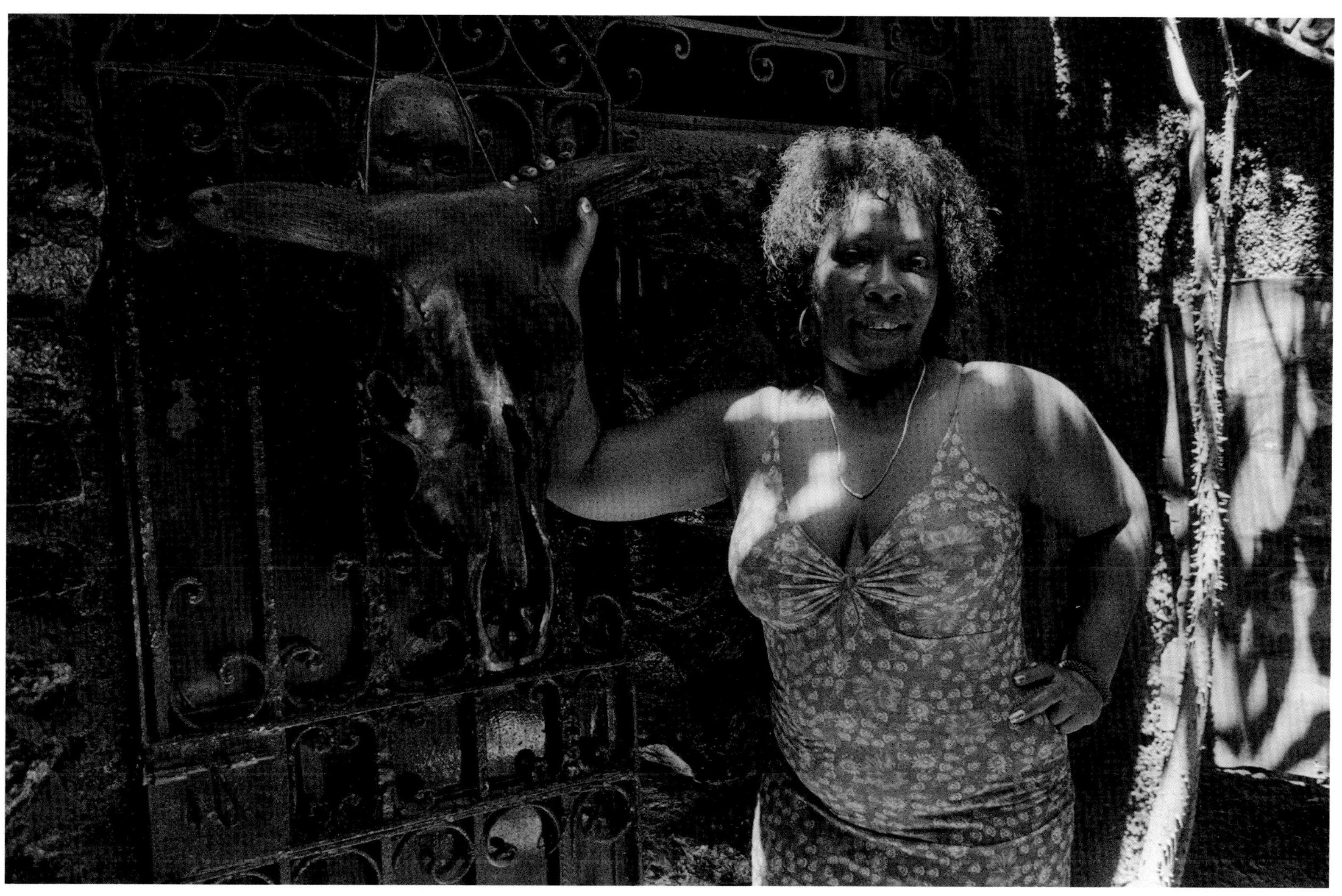

Amada, July 2004

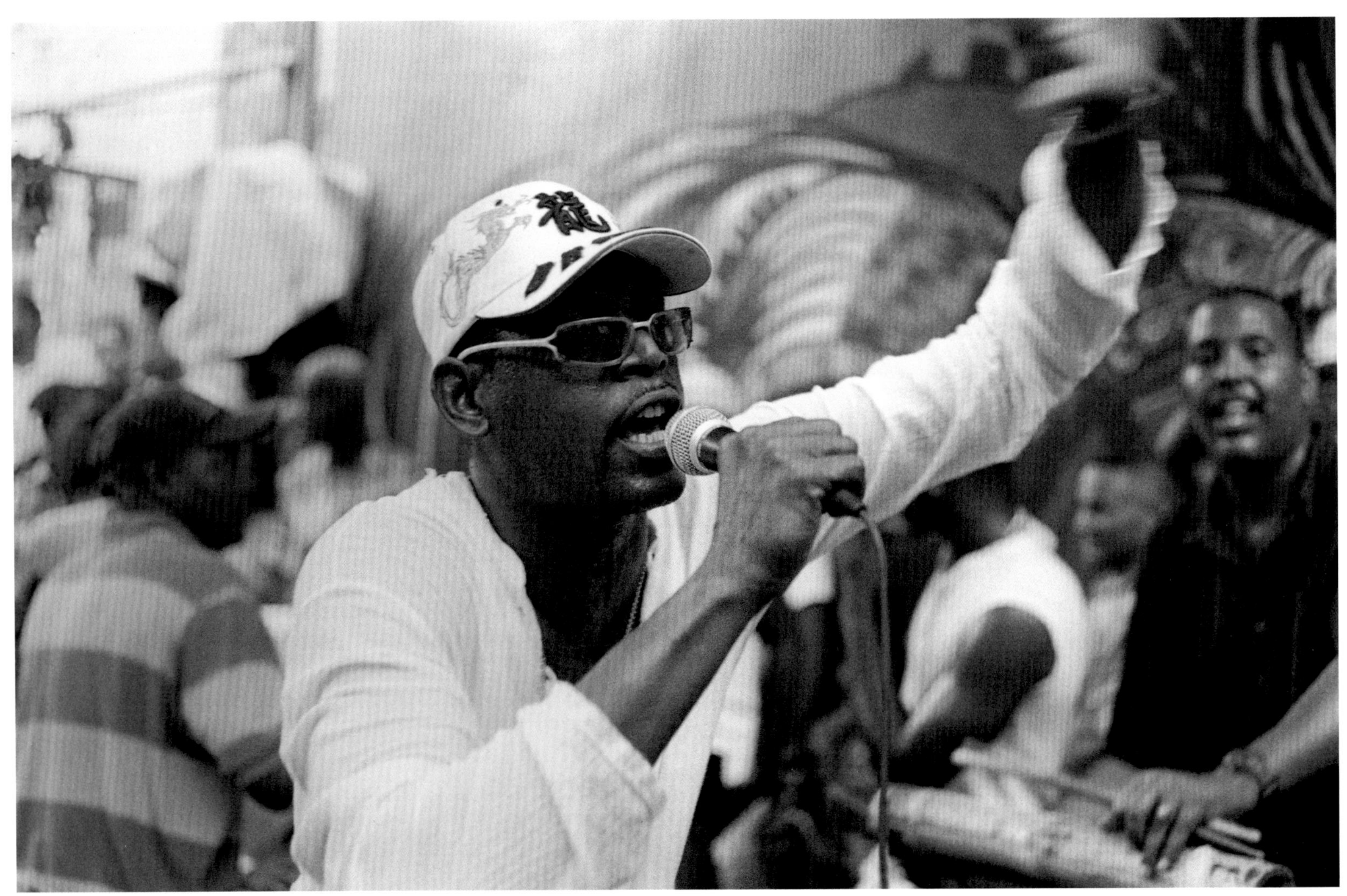
Rumba, Callejón de Hamel, February 2004

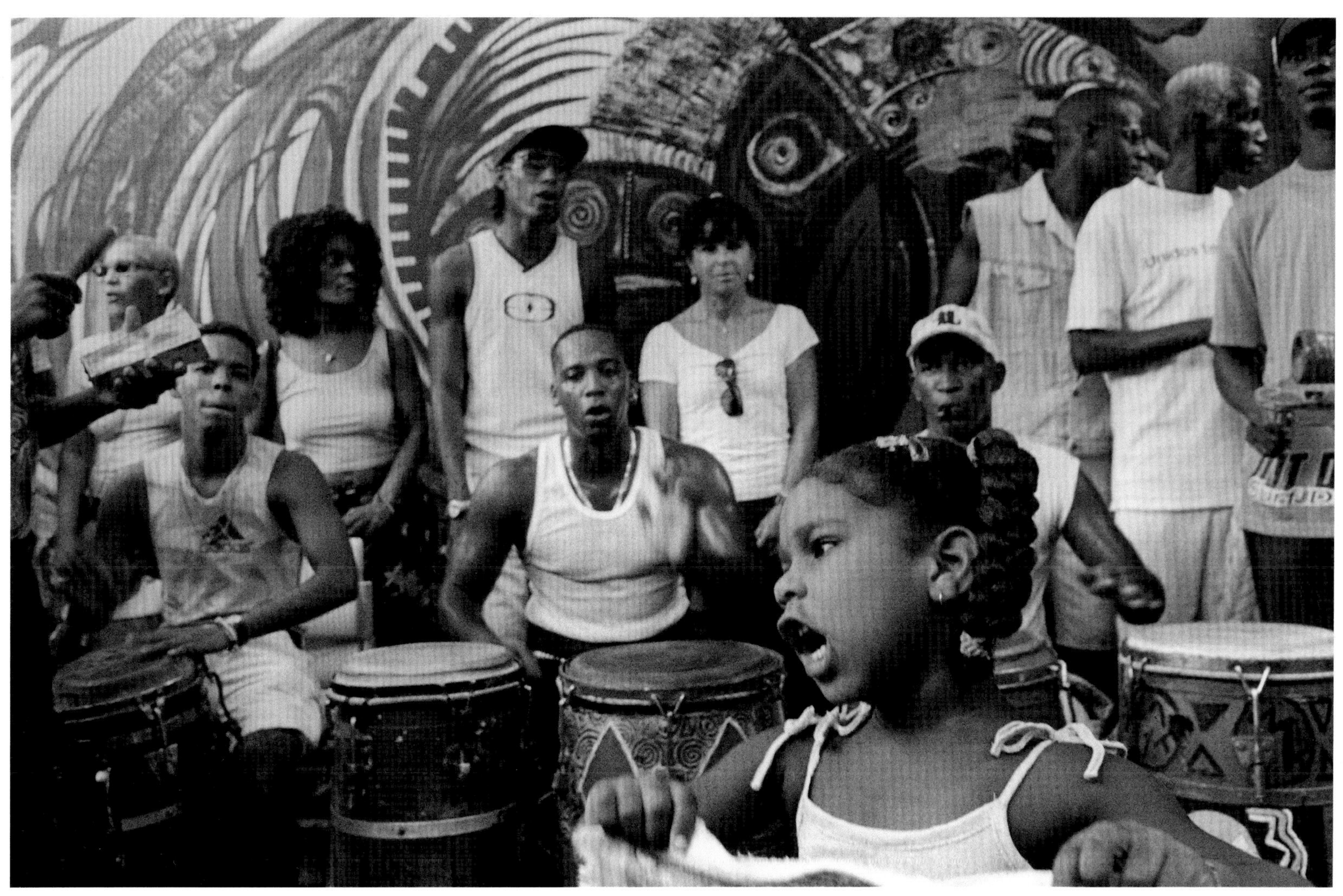

Rumba, Callejón de Hamel, July 2004

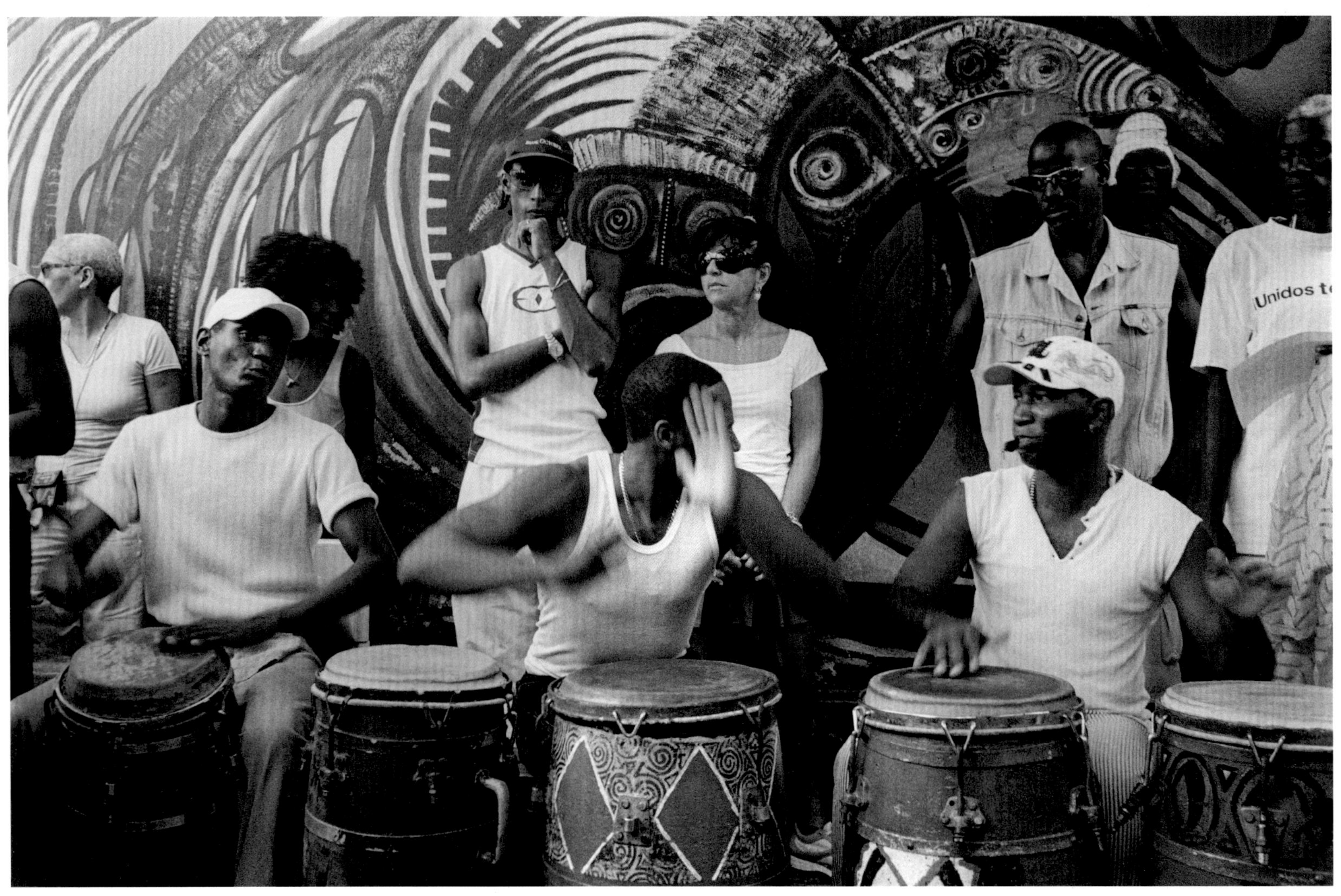

Rumba, Callejón de Hamel, July 2004

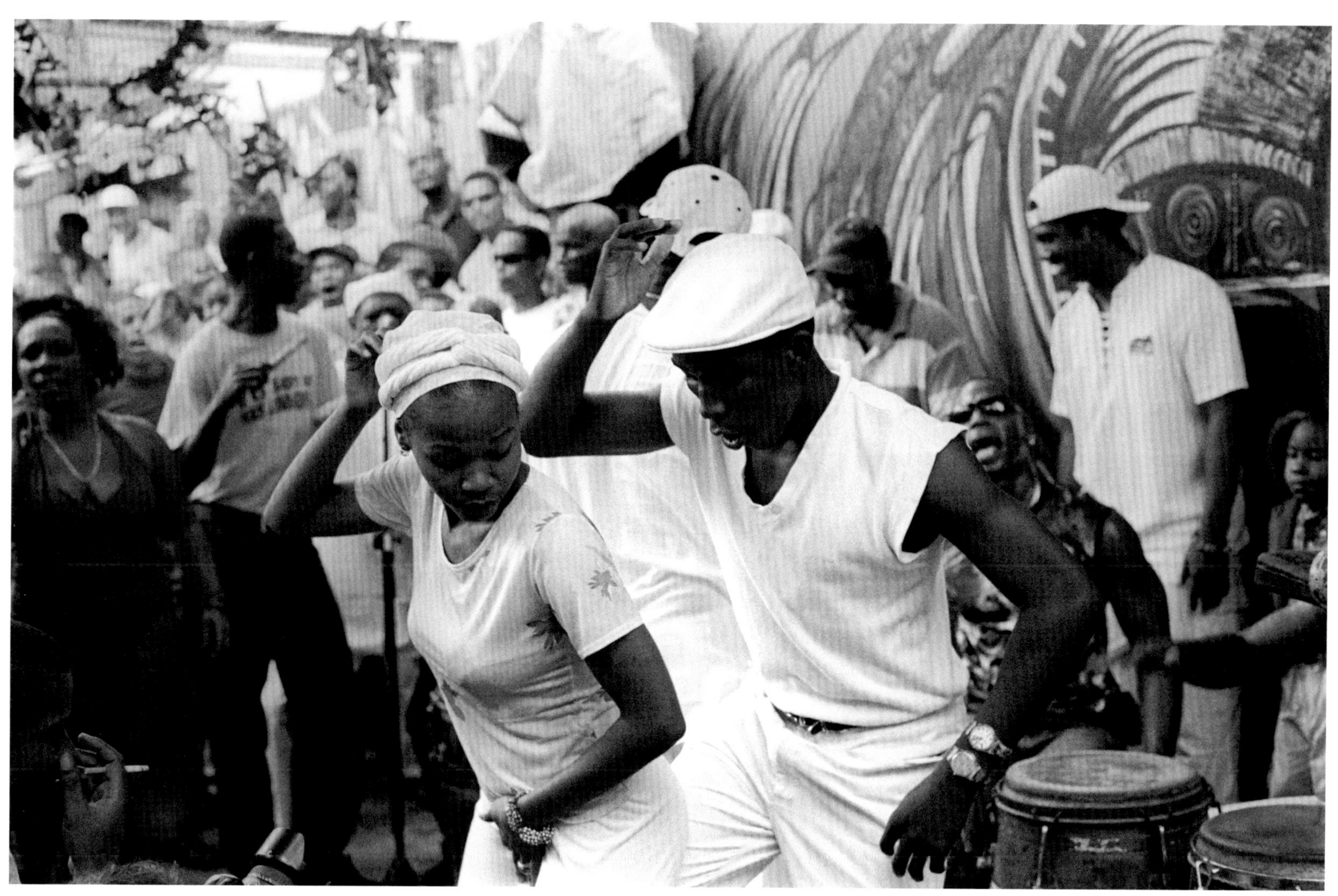

Rumba, Callejón de Hamel, February 2004

THE BRIDE ON THE MALECON: JOHN COMINO-JAMES

Looking again at these photographs prompts me to recreate a fractured itinerary of encounter and observation. In the reconstructions of memory I find myself once more leaving the house where I sometimes stayed, stepping out into the morning light over a threshold where I photographed children playing cards for marbles, over a threshold which I crossed with my daughter on the day she married a man from this neighbourhood, over a threshold I left within hours of receiving word of my mother's death back home in England.

I walk in thoroughfares where the eye is easily seduced. Intricate metal grilles, half-glimpsed interiors, hallways with ceramic tiles, wrought-iron balcony railings, the tangled tresses of wiring that festoon many of the buildings, tall and heavy doors. Nailed up scaffolding timbers support a balcony. Neat letters on a blank wall insist that *al final la verdad prevalese* (sic).[1] Idle ventilation fans. A woman in a doorway selling cakes from a tray. A gleaming plaque that commemorates a Cuban soldier killed in Angola. I pause to photograph a bicycle and as I frame its particular ordinariness an arm intrudes into my viewfinder, a face turns towards me, half-glimpsed within a room open to the street. The fins of a 1950's American car, its headlamps missing, press through a rotting shroud. Over time I gradually construct a patchy geography of street names here in Cayo Hueso: Espada, Infanta, Neptuno, Hospital, Zanja. As I explore streets that become increasingly familiar I am so caught in their sounds and sights and smells that I do not imagine a landscape before they existed although Aramburu and Oquendo, someone will one day tell me, are both named after men who owned land here before the city outgrew its walls.

1. *La mentira puede ir muy lejos pero al final la verdad prevalese (sic). Viva Fidel. The lie can go far but in the end the truth prevails. Long live Fidel.*

Mirando otra vez estas fotografías me incito a recrear un itinerario fracturado de encuentro y observación. En las reconstrucciones de memoria me encuentro una vez más dejando la casa donde a veces me quedo, saliendo al sol de la madrugada que cae sobre el umbral donde saqué una fotografía a los niños jugando cartas por canicas; sobre el umbral que crucé con mi hija el día que se casó con un hombre de este barrio, sobre el umbral que dejé horas después de haber recibido noticias de la muerte de mi madre en Inglaterra.

Camino por la vía pública donde la vista se deja seducir fácilmente. Intricadas rejillas de metal, interiores a medio vislumbrar, pasillos con azulejos cerámicos, balcones con barandas de hierro, edificios engalanados con una melena de cables enmarañados, puertas altas y pesadas. Andamios de madera sujetados con clavos sostienen un balcón. Un blanco muro con ordenadas letras insistiendo que *al final la verdad prevalese* (sic). Ventiladores inactivos. Una mujer parada en la entrada de una casa vendiendo pasteles. Una placa reluciente que recuerda a un soldado cubano que murió en Angola. Me detengo a fotografiar una bicicleta y mientras encuadro su normalidad un brazo se asoma en el visor, una cara da la vuelta hacia mí, a medio vislumbrar en un cuarto abierto a la calle. Las aletas de un carro Americano de 1950, le faltan los faros, que se abren paso entre el sudario que se está pudriendo. Hace tiempo que gradualmente comencé a elaborar una geografía incompleta de calles aquí en Cayo Hueso: Espada, Infanta, Neptuno, Hospital, Zanja. A medida que voy explorando calles a las cuales me voy familiarizando quedo cautivado con sus sonidos, escenas y olores que no me puedo imaginar un panorama antes que ellas existieran aunque de Aramburu y Oquendo, alguien me dirá un día son los nombres de dos hombres que fueron dueños de estas tierras antes que la ciudad rebasara sus muros.

My shutter opens and closes on elegant façades that only for a moment deceive, that all too soon reveal the extent of their erosions and insist the need for repair. Beneath the curved balconies of the Solimar building I turn from San Lázaro into Soledad, coming across a vigorous bustle of people unloading lorry loads of farm produce. A man sleeps on top of the cab of a truck, oblivious to the clamour of the surrounding transactions. Someone offers me a mango, asks where I am from and as I answer I am distracted by his companion who is helping a cat attain a foothold on a narrow ledge. I photograph, move on.

An open space with paved walks, concrete benches, concrete lighting columns. Here in Parque Trillo the autumn sunlight falls on a man sweeping leaves near the base of the imposing statue of General Quintín Banderas, a hero of the wars of independence who, in 1906, was murdered by supporters of President Estrada Palma in what is known as the 'small war of August'.

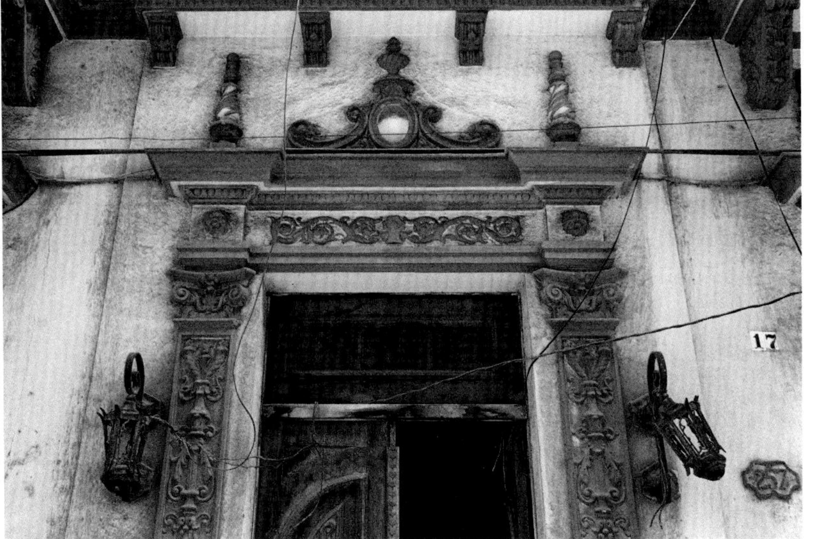

Calle Hospital entre Jovellar y San Lázaro, February 2004

A knot of people waits for a bus. My viewfinder is both transparent window and proscenium arch. A man passing asks for and receives a light for his cigarette, hardly pausing in his stride, pressing on, his thumb raised in acknowledgment.

Above a narrow street, where fluted cast iron columns sprout from the roadway, the walls of the buildings are disguised in swirls of colour. An old shovel, burnt with a welding torch, becomes a face guarding a steel door and an iron bathtub floats above me, *La nave del olvido* – The ship of oblivion.

Emerging into Aramburu I come across children in school uniform, white shirts and maroon shorts or skirts. An assembly

Mi contraventana abre y cierra en aparencias elegantes que solo por un momento te engañan, ya que muy pronto muestran el alcance de sus erosiones e insisten en la necesidad de repararse. Debajo los balcones curvados del edificio Solimar yo doblo por San Lázaro hacia Soledad, encontrando un vigoroso ajetreo de personas descargando un camión con productos del campo. Un hombre duerme encima de la cabina de un camión, inconsciente al clamor de las transacciones a su alrededor. Alguien me ofrece un mango, pregunta de donde soy y al responder me encuentro distraído por su compañero que esta ayudando a un gato lograr su asidero en un alféizar angosto. Yo saco una fotografía; sigo.

Un espacio abierto con caminos enlosados, bancos de concreto, columnas de concreto con farol. Aquí en el Parque Trillo el sol de otoño cae en un hombre barriendo las hojas cerca de la base de la imponente estatua del General Quintín Banderas, un héroe de las guerras de independencia quien fuera asesinado por los partidarios del Presidente Estrada Palma en lo que es conocido por la 'Guerrita de Agosto' en 1906.

Un grupo de gente espera el autobús. Mi visor de imágenes es una ventana transparente y un arco de proscenio. Un hombre pasa pidiendo y recibiendo fuego para su cigarrillo, apenas tomando pausa en su zancada, siguiendo adelante, el pulgar elevado en reconocimiento.

Sobre una calle angosta, donde columnas de hierro estriado se levantan desde la calle, los muros de los edificios estan disfrazados en remolinos de colores. Una pala vieja, quemada con un soplete, aparece una cara haciendo guardia a una puerta de

is being held in the street outside a school. Two children hold the Cuban flag stretched taut between them and from the doorway behind them emerge a handful of youngsters in fatigues. They have painted-on beards and wooden guns, and they enact an episode of the revolutionary struggle. One or two of their number – the wounded or fallen – are carried away by their comrades.

From beneath the surfaces, history insists on recognition.

There are places to visit of course, places of interest, places of great importance, though what could be more significant than a greeting at the bakery where someone is setting off with a tray stacked high with fresh bread…

We visit the Museum of the Revolution, housed in the former Presidential Palace. Walking among exhibits that are mirrors to my ignorance I try to square the history of a long revolutionary struggle with my own teenage memory of hearing over the wireless one morning in January 1959 that a revolution had taken place in Cuba. Over forty years ago the announcement dropped into our living room as such announcements so often do, as if the event just happened, quite suddenly, spontaneously, with no mention of the years of pain and preparation. The chronicle is too complicated to be grasped in one encounter, whether read backwards from Batista's flight and Fidel's triumphant entry into Havana, or forwards from some point in time before Céspedes freed his slaves and declared the Republic in Arms in 1868.

For here the traces of history confront: weapons, garments, photographs. The machete with five stars on its hilt used by Máximo Gómez during the wars for independence, the stained undershirt Antonio Maceo was wearing when he met his death. Gruesome images of repression. Instruments of torture. A reminder of the Abel Santamaría Academy which the surviving *Moncadistas* [2], locked up safely on the Isle of Pines, established to educate themselves for the tasks that conviction told them lay

2. *Moncadistas – those who took part in the assault on the Moncada barracks and other targets in Santiago de Cuba on 26 July, 1953.*

hierro y una tina de hierro flota sobre mí, *La nave del olvido*.

Saliendo de Aramburu topo con unos niños en su uniforme escolar, camisas blancas y pantalones cortos o faldas granate. Una asamblea tiene lugar en la calle fuera del colegio. Dos alumnos sostienen la Bandera Cubana extendida tirante entre ellos y del portal detrás de ellos sale un puñado de niños vestidos de camuflaje. Se han pintado barbas y llevan pistolas de madera, representan un acontecimiento de la lucha revolucionaria. Uno o dos de ellos – los heridos o caídos – son llevados por sus compañeros.

Debajo de la superficie de los sucesos, la historia insiste en su reconocimiento.

Hay sitios para visitar por supuesto, lugares de interés, lugares de gran importancia, pero que podría ser mas significativo que un saludo en la panadería donde alguien está saliendo con una bandeja amontonada con pan fresco…

Visitamos el Museo de la Revolución, albergado en el antiguo Palacio Presidencial. Caminando entre los objetos expuestos que son espejos de mi ignorancia, yo trato de cuadrar la historia de una larga lucha revolucionaria con mis memorias juveniles de escuchar por la radio una mañana en enero de 1959, que una revolución tuvo lugar en Cuba. Hace más de cuarenta años cuando el anuncio fue dado en nuestra sala como estos anuncios muchas veces son, como si el evento recién pasara, de repente, espontáneamente, sin una mención de los años de dolor y preparación. La crónica es muy complicada para comprender en un encuentro, aunque sea leída para atrás desde la fuga de Batista y la triunfante entrada de Fidel en enero de 1959 o hacia adelante desde un punto en el tiempo antes de que Céspedes liberara a sus esclavos y declarara la República en Armas en 1868.

Aquí los rastros de historia se confrontan: armas, ropas, fotografías. El machete con cinco estrellas en su empuñadura usado por Máximo Gómez durante las guerras de independencia, la camiseta manchada que Antonio Maceo llevaba cuando se encontró con su muerte. Imágenes espantosas de represión. Instrumentos de tortura. Un recuerdo de la Academia Abel Santamaría que los sobrevivientes Moncadistas, bien encerrados

ahead. The compass and sextant from the *Granma* [3]. A radio transmitter like those built for the rebels by Mario Muñoz Monroy.

And, in lifelike effigy, Camilo Cienfuegos and Che Guevara emerging from the jungle into a room devoted to their memory.

We travel by taxi, a 1951 Plymouth which the driver assures us is original. It has tinted windows: no-one will easily see that he is carrying foreigners. Each time he applies the brakes a rather melancholy electric melody fills the gloomy interior.

At Revolution Square, where the exhortation *VIVA EL 43 ANNIVERSARIO* stretches the width of The National Theatre, the cloud shifts for a moment and a motorcycle slowly putters its shadow along the tarmac. On the pale wall of the *Ministerio del Interior* the sunlight throws the image of Che Guevara into relief. On the other side of the square it brightens the marble statue of the seated José Martí. Two visionaries, two deaths. Che murdered in the mountains of Bolivia in 1967, Martí killed in a skirmish with the Spanish within weeks of the beginning of the War of Independence in 1895. As the moment of sunlight passes, it is impossible not to contrast the emptiness of the acres in front of the *Monumento y Museo José Martí* with the TV pictures of the May Day rallies when the directors cut from Fidel's impassioned oratory to a throng of faces, a blur of waving flags. Impossible not to remember the notices posted by the CDR [4] that appeared in the streets: *Todos a la Plaza* – Everyone to the Square.

As the streets I walk become familiar to me, I am surprised that my presence and my routines have become so apparent to others. One morning someone asks me – in Spanish – "Where is your hat?"

In the square near the University steps I come across an austere memorial adorned with faded wreaths. A young man speaks to me urgently. I am cautious of his approach, expecting him to offer to sell me cigars or to take me to a *paladar* [5], but he is eager instead to explain that the bust is that of Julio Antonio Mella,

3. *Granma – the motor launch on which Fidel and 81 other revolutionaries travelled from Tuxpán to Cuba in 1956. Also the name of the newspaper.*

4. *Commité de Defensa de la Revolución.*

5. *Paladar – a privately run restaurant limited to offering only 12 seats.*

en la Isla de Pinos, establecieron para educarse ellos mismos con la convicción de las tareas que tenían por delante. La brújula y el sextante del Granma. Un transmisor de radio como aquellos hechos para los rebeldes por Mario Muñoz Monroy.

Y, en efigie natural, Camilo Cienfuegos y Che Guevara salen de la manigua en un cuarto dedicado a sus memorias.

Viajamos en taxi, un Plymouth de 1951, que el chofer nos asegura es original. Tiene vidrios tintados: nadie verá fácilmente que lleva extranjeros. Cada vez que el aplica los frenos una melodía melancólica y eléctrica llena el interior sombrío.

En la Plaza de la Revolución, donde la exhortación *VIVA EL 43 ANIVERSARIO* se extiende a lo ancho del edificio del Teatro Nacional, las nubes se corren por un momento y una motocicleta despacio con su ruido característico arroja su sombra sobre el asfalto. En la pálida pared del Ministerio del Interior el sol tira en alivio la imagen en relieve de Che Guevara. Al otro lado de la plaza ilumina la estatua de mármol de José Martí sentado. Dos visionarios, dos muertes. Che asesinado en las montañas de Bolivia en 1967, Martí muerto en un encuentro con los Españoles a semanas de empezar la Guerra de Independencia en 1895. Como el momento de sol pasa, me es imposible pensar que los acres de soledad delante del Monumento y Museo José Martí contrastan con las imágenes del TV en el Mítin y Concentración del Primero de Mayo cuando los directores del programa cambiaron la imagen de Fidel en una oratoria impresionante a una multitud de caras borrosas por el agitar de banderas. Imposible no acordarse de los carteles hechos públicos por los CDR que aparecieron en las calles: *Todos a la plaza.*

Mientras las calles que camino me van siendo familiares, estoy sorprendido que mi presencia y mis rutinas hayan sido tan aparentes a los demás. Una mañana alguien me pregunta – en Español – "¿dónde está tu sombrero?"

En la plaza cerca de los escalones de la universidad yo me encuentro con un austero memorial adornado con guirnaldas marchitadas. Un hombre joven habla conmigo con urgencia. Soy cauteloso con su abordo, esperando que me vaya a ofrecer puros

co-founder of the Cuban Communist Party in 1925 who, exiled to Mexico during the Machado government, was assassinated there in 1929. When I ask the young man if I can take his picture he agrees, raising a fist clenched to reveal a tattoo of Che on the back of his hand. "He is my God," he says with vehemence. Again that iconic image, that familiar and utterly unmistakeable derivation from the photograph Korda took as Guevara contemplated the victims and consequences of the explosion of the French ship *La Coubre*. Perhaps the destruction of the freighter bringing weapons to the year-old revolutionary government in 1960 evoked the memory of another fateful explosion 62 years earlier, when, as the *mambises* [6] seemed within reach of victory in the War of Independence, the American warship *USS Maine* blew up in Havana harbour in February 1898.

Whatever the cause of that disaster, the pretext was seized: America declared war on Spain, invading Guam, Puerto Rico and the Philippines as well as sending troops to Cuba. Within months it was all over. Just 90 years after Thomas Jefferson had offered to purchase Cuba from the Spanish Crown a treaty was signed. The caption on a photograph in the Museum of the Revolution is brief and brutal: *"Delegations from the US and Spain signed the treaty for peace in Paris, France, in December 1898. Cubans were not present at the meeting. The treaty put an end to the colonial status and transferred the island to the US."*

6. *Mambíses – the patriotic soldiers who fought against the Spanish in the War of Independence 1895-1898, though the name originated in Santo Domingo some fifty years previously.*

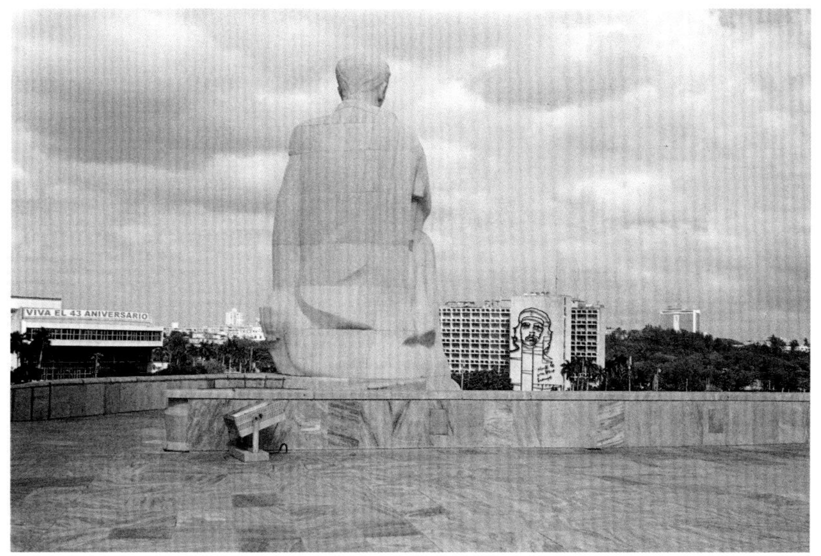

Plaza de la Revolución, January 2002

o que me lleve a un paladar, pero el está ansioso para explicar que el busto es de Julio Antonio Mella, co-fundador del Partido Comunista de Cuba en 1925 quien, exiliado en Méjico durante el Gobierno de Machado, fue asesinado allí en 1929. Cuando le pregunto al hombre joven si le puedo tomar su fotografía el está de acuerdo, alzando su puño y mostrando un tatuaje de Che en el dorso de su mano. "El es mi dios" el dice con vehemencia. Otra vez esa imagen icónica, esa familiar y totalmente inconfundible derivación de la fotografía que Korda tomara mientras Guevara contemplaba las víctimas y consecuencias de la explosión del barco francés *La Coubre*. Quizás la destrucción del buque trayendo las armas al gobierno revolucionario a un año de triunfo en 1960 evocó un recuerdo de otra explosión fatal 62 años antes, cuando, mientras los mambises aparentaban alcanzar la victoria en la Guerra de Independencia, el buque Americano *USS Maine* estalló en el puerto de La Habana en febrero de 1898.

Cualquiera fuera la causa de ese desastre, el pretexto fue aprovechado: América declaró la guerra a España, invadiendo Guam, Puerto Rico y las Filipinas y además mandando tropas a Cuba. Meses después todo había terminado. Apenas 90 años después que Thomas Jefferson ofreció comprar Cuba a la Corona Española un tratado fue firmado. La leyenda de una fotografía en el Museo de la Revolución es corta y brutal: *"En diciembre de 1898, las delegaciones de España y de los Estados Unidos firmaron el tratado de paz en París, Francia, sin la presencia de los cubanos, el cual decidía el fin del status colonial y la implantación del poder norteamericano en la isla."*

And if America stopped short of directly annexing Cuba, the pseudo independence granted by a constitution written in Washington and including the notorious Platt Amendment [7] was nothing like the true independence of which so many had dreamed and for which so much blood had been shed.

Our taxi swerves to avoid a pothole. Parked by the side of the road I recognise a British Ford, the same six-cylinder model that my father once owned and in which I learned to drive. I had thought such cars were long extinct. Unwittingly I'm caught on the barbed hook of the past, reeled in to a moment of desire, a desire that the decaying colonnades along the street are fresh-painted, the plaster perfect and undamaged, the ironwork over the windows without a single blemish of rust. I want the huge bulbous cars that rattle and bump and belch smoke from worn out engines – I want them to glide smoothly, their paintwork polished and pristine, their extravagance of chrome brilliant, their drivers prosperous and well dressed,

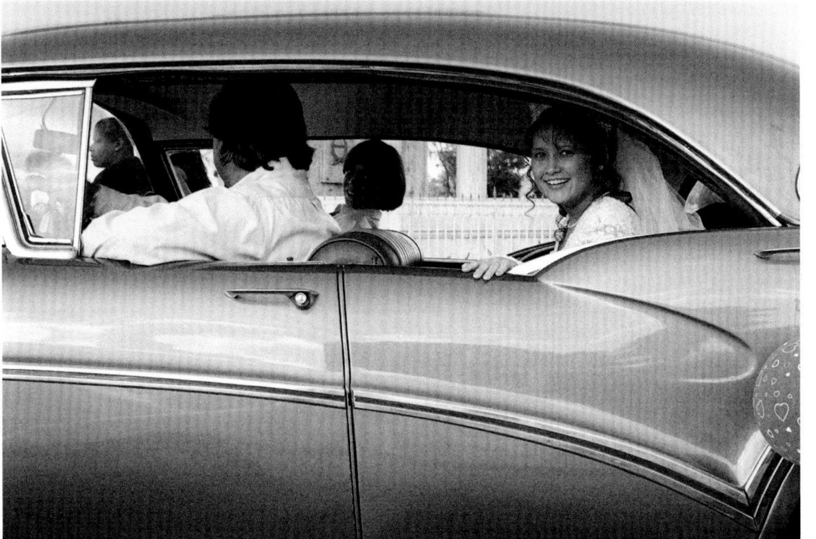

Malecón, February 2002

the shops stacked high with food and fashion… I don't even exhaust my fantasy before I know it's only the glamour I want, Ava Gardner in the pool at Finca Vigía, Sinatra at the Hotel Nacional, the surface of a time gone by and not its endemic inequalities, not the corruption, the *botellas* [8] and the injustice of a time when money's arm was longer than the law's and the mob ran the casinos.

7. *Among other things, the Platt Amendment gave the US the right to intervene for the preservation of Cuba's independence and to establish naval and coaling stations on the island, of which Guantanamo Bay is a lasting reminder.*

8. *Botella – A false payroll registration that enabled people to be paid for jobs they did not do.*

Y si América se detuvo de directamente anexarse a Cuba, la seudo independencia concedida por la constitución escrita en Washington incluyendo la notoria Enmienda Platt no fue como la verdadera independencia en la que tantos habían soñado y por cual tanta sangre fue derramada.

Nuestro taxi da un viraje brusco para evitar un bache. Aparcado a un lado de la calle reconozco un Ford Británico, el mismo modelo de seis cilindros que mi padre había tenido y en cual yo aprendí a conducir. Yo pensé que tales carros ya estaban extintos. Inconscientemente estoy cogido de un gancho alambrado al pasado, enrollado en un momento de deseo, un deseo de que las columnatas deterioradas a lo largo de la calle estén recién pintadas, el yeso perfecto y sin daño, la obra de hierro sobre las ventanas sin imperfecciones de oxidación. Yo quiero que los carros inmensos y bulbosos que traquetean y dan sacudidas y arrojan humo desde un motor ya gastado – yo quiero que deslicen suavemente, con pintura prístina y lustre, su extravagancia de cromo brillante, sus conductores prósperos y bien vestidos, las tiendas amontonadas de comida y moda… ni siquiera he agotado mi fantasia antes de saber que, solo es el glamour lo que yo quiero, Ava Gardner en la piscina de la Finca Vigía, Sinatra en el Hotel Nacional, la superficie de un tiempo que se fue y no su desigualdades endémicas, no la corrupción, las botellas y la injusticia de un tiempo cuando el brazo del dinero era más largo que el de la ley y la mafia dirigía los casinos.

Nos acercamos a los semáforos en el Malecón. A nuestro lado hay un carro en el cual está sentada una novia. Yo bajo la

We draw up at traffic lights on the Malecón. Next to us there is a car in which sits a bride. I wind the window to make a photograph, but before I can snap my picture a motorcyclist draws between us. The bride speaks to him urgently, and he rolls his machine back so that I have a clear view of her smiling from the car. The lights change, we move off. I will never see her again. I bring with me not only an image, but a sense of the generosity of a total stranger, of someone impetuously making me a present of their *now*.

I return to a street made unfamiliar by a mist of whitish vapour that smells like kerosene. A fumigation lorry disappears from view. In doorways and on balconies people cover their mouths and noses with any scrap of cloth that comes to hand. I take only shallow breaths. I remember having heard a report on Radio 4 about the campaign being waged against mosquitoes in Havana, about the fumigation teams going from house to house and spraying every room with some sort of insecticide. I've noticed the posters which publicise the campaign, and I've seen and heard the two-man teams at work, the buzz of their two-stroke blowers muted behind the closed doors and windows of apartments while the occupants, who cannot refuse entry, wait outside holding the family's pet. The operators, I notice, seem to wear only the most basic of masks.

One November Sunday, woken by the sound of heavy rain, I hesitate to get up, to go out. But the shower passes and the streets are made unfamiliar not only by the wet surfaces and a new vision of reflected colonnades, but by their deserted state.

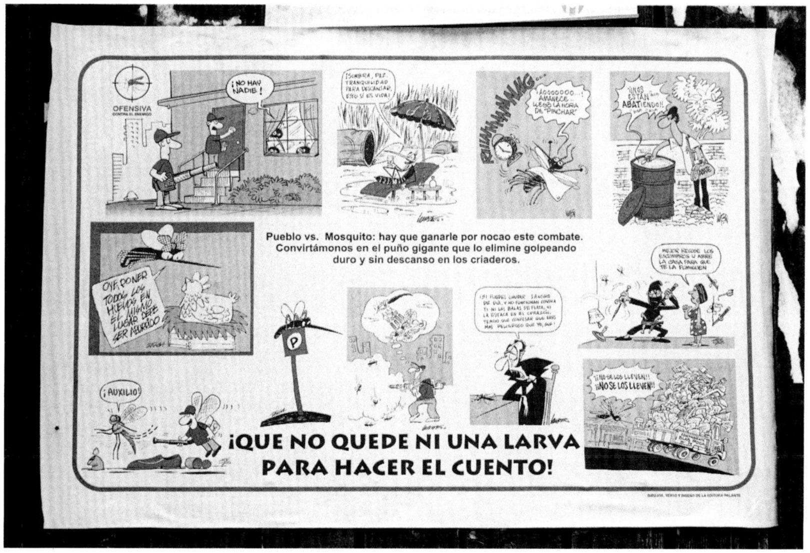

Fumigation notice, Calle San José, February 2002

ventanilla para fotografiarla, pero antes que pueda tomar la foto un motociclista se pone en medio. La novia le habla con urgencia, y él da marcha atrás para poder tener una buena vista de ella sonriendo desde el carro. Nunca más la volveré a ver. Yo traigo conmigo no solo una imagen, pero percibí la generosidad de una completa desconocida, de alguien que impetuosamente me hizo un regalo de su presente.

Yo regreso a una calle desconocida por una neblina de un vapor blanco que huele a queroseno. Un camión de fumigación desaparece de la vista. En los portales y en los balcones la gente se tapan sus bocas y narices con cualquier trapo que tienen a mano. Yo solo tomo un poco de aire. Me acuerdo de un reportaje que escuché en la radio BBC 4 sobre una compaña en contra de los mosquitos de La Habana, de los equipos de fumigación que van de casa en casa y rociando cada pieza con algún insecticida. Me he percatado de los carteles que publican la campaña, y he visto y escuchado los equipos de dos hombres, el zumbido de sus dos máquinas sopladoras calladas detrás de las puertas y ventanas cerradas mientras los ocupantes, que no pueden negar la entrada, esperan afuera cargando el animal doméstico familiar. Los operadores, yo noto, parecen solamente usar máscaras básicas.

Un domingo en noviembre, despertado por el sonido de una lluvia fuerte, yo vacilé al levantarme, salir. Pero el chubasco pasa y las calles vuelven a ser desconocidas no solo por las superficies mojadas y una nueva visión de columnatas reflejadas, pero por su estado de abandono.

De otras formas también el paisaje cambia. La construcción

In other ways too the landscape shifts. The construction of apartments on the corner of San José and Hospital is finished, the corrugated enclosure removed from the site, the blockwork has been rendered, painted. A few shrubs have appeared. At the bottom of Jovellar the new policlínico has risen opposite the pavement where late one afternoon a workman demanded I photograph him holding a baby in the cab of a digger. At Parque Trillo, the steel container that was a shooting gallery has been removed, the *agromercado* [9] sports a new sign and has been reorganised behind a chain link fence; among the stalls selling vegetables there is one selling vinegar in plastic bags and blocks of peanut paste. But it is not only the physical surroundings that have changed. They tell me Carlitos has died. A photograph has fixed one moment of an encounter with him. In the past, if he saw me pass his door, he would greet me, and I him. His portrait hangs in my darkroom, he is a presence in my memory, but with sadness and the acknowledgment that everything has changed.

Someone is selling flowers on a corner of San José. Although flower stalls abound, I have not seen this couple before, and on receiving a nod of consent I squeeze off a few shots. A young boy wearing a shiny black helmet stands poised with a single bloom hanging from finger and thumb. Today, it seems, almost all of the children in school uniforms are carrying flowers. Later I talk to a man who is refilling disposable cigarette lighters. He explains the boisterous cluster of schoolchildren passing: they are on their way to the Malecón where they will throw their flowers into the sea to honour the memory of the revolutionary hero Camilo Cienfuegos. It is October 28th, the anniversary of the day his aircraft disappeared without trace on a flight from Camagüey.

Sunlight spills into a room, illuminating an upturned engine block. The pattern of the tiled floor is that of a living room surely, and not a workshop. I watch the owner of a 1948 Ford as he packs out big-end shells with paper. In former times this

de apartamentos en la esquina de San José y Hospital está terminada, la cerca corrugada fue removida del sitio, el trabajo del bloque ha sido terminado, pintado. Unos pocos arbustos aparecen. Al fondo de Jovellar el nuevo policlínico ha avanzado en su construcción frente a la acera donde a media tarde un trabajador insistió en que yo le tomara una fotografía cargando un bebé en la cabina de una excavadora. En el Parque Trillo, el contenedor de hierro que fue una barraca de tiro al blanco ha sido trasladado, el agromercado tiene un nuevo rótulo y ha sido reorganizado detrás de una valla metálica, entre los puestos vendiendo vegetales hay uno vendiendo vinagre en bolsas plásticas y bloques de pasta de maní. Pero no es solo el entorno físico que ha cambiado. Me dicen Carlitos se ha muerto. Una fotografía ha fijado un momento de encuentro con él. En el pasado, si me veía pasar por su puerta, él me saludaba, y yo a él. Su retrato cuelga en mi cuarto oscuro, él es una presencia en mi memoria, pero con tristeza y el reconocimiento de que todo ha cambiado.

Alguien vende flores en la esquina de San José. Aunque puestos de flores hay en abundancia, yo no he visto esta pareja antes, y al recibir una señal de aprobación con la cabeza yo aproveché unos tiros. Un niño que lleva puesto un casco negro brillante esta parado en ristre con solo una flor colgando entre sus dedos índice y pulgar. Hoy, parece, que casi todos los niños en uniformes escolares llevan flores. Más tarde hablo con un hombre que esta rellenando encendedores desechables. El explica que el grupo de alumnos bulliciosos que pasan: "van en camino al Malecón donde tiran sus flores al mar en honor a la memoria del héroe revolucionario Camilo Cienfuegos". Es el 28 de Octubre, el aniversario del día en que su avión desapareció sin dejar rastro en un vuelo desde Camagüey.

El sol se derrama en la habitación, iluminando un bloque de motor vuelto hacia arriba. El diseño del piso embaldosado es seguramente para una sala, y no para un taller. Yo observo al dueño de un Ford de 1948 mientras este rellena con papel el cabezal mayor de una biela. Tiempo atrás este concienzudo ingenio solamente sería un recurso temporal. Ahora es una

---

9. Farmers' market.

painstaking ingenuity would only ever have been a temporary expedient. Now it is a solution to a lack of replacement parts. And I am suddenly angered by the memory of someone back home remarking, *I loved all those old cars*, because I'm not watching a fanatical enthusiast preserving an historical object for pleasure – I'm watching a man forced to make do, to repair his car as best he can, to make his piece of history work. It's a matter of necessity, of ingenuity, of obstinate persistence in the face of ongoing difficulty. It is an irony that the lumbering cars of the Truman, McCarthy and Eisenhower eras survive because their technology demands little more than basic electro-mechanical know-how, that the strength of obsolete technology resides in the fact that there are no microchips, no solid state management systems, almost nothing that cannot be coaxed to function with basic tools, experience and dogged deter-mination.

I have looked at maps but they have not prepared me for what I see when I visit *La Maqueta de la Habana* [10]. The ease with which my simple tourist map can be folded into my pocket has fooled me, belying both the spread and complexity of the city. On this scale model of Havana I seek out landmarks – Habana Libre, the Hotel Nacional, the Hermanos Ameijeiras hospital, and the church of Nuestra Señora del Carmen – in an attempt to locate the few blocks, the few streets where I have been photo-graphing. What a tiny area! But what strikes me most forcibly

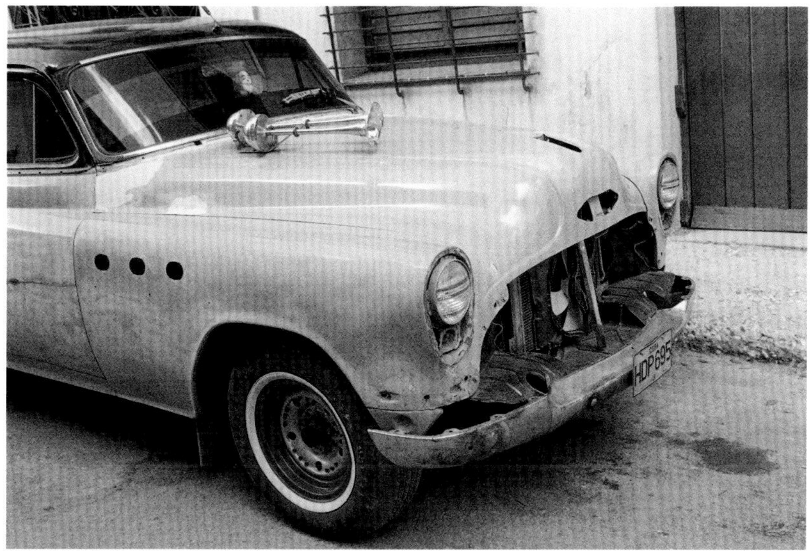

Buick, Calle Valle entre Hospital y Espada, October 2003

solución para la falta de repuestos. Y de repente me enojo con el recuerdo de alguien en Inglaterra, "Yo amo todos esos carros viejos," porque no estoy viendo a un entusiasta fanático preser-vando un objeto histórico por placer – estoy viendo a un hombre forzado, a reparar su carro de la mejor manera que él pueda, para hacer que su pedazo de historia funcione. Es cosa de necesidad, de ingenuidad, de persistencia obstinante frente a las dificultades en curso. Es una ironía que los carros viejos de las épocas de Truman, McCarthy y Eisenhower hayan sobre-vivido por que su tecnología exige un poco más que el básico conocimiento electro-mecánico, que la fuerza de la tecnología obsoleta reside en el hecho de que no hay microchips, ningún estado sólido de sistemas directivos, casi nada que no pueda ser engatusado ha de funcionar con las herramientas básicas, experiencia y determinación tenaz.

Yo he mirado mapas pero ellos no me preparan para lo que yo veo cuando visito La Maqueta de La Habana. La facilidad con la cual mi mapa turístico tan sencillamente puede ser doblado y puesto en mi bolsillo me ha engañado, socavando la extensión y la complejidad de la ciudad. En este modelo a escala de La Habana yo busco puntos de referencia – Habana Libre, el Hotel Nacional, el Hospital Hermanos Amejeiras, y la iglesia Nuestra Señora del Carmen – en un intento para localizar los pocos bloques, las pocas calles donde yo he tomado fotografías. ¡Que pequeñísima área! Pero lo que más me llama la atención es que la Maqueta sugiere más claro que cualquier mapa la naturaleza del ancladero descubierto en 1508 por Sebastián de Ocampo quien, al hacer vela alrededor de la costa,

10. *La Maqueta de la Habana, Scale model of Havana located at Calle 28 between 1st and 3rd Avenues.*

is that the *Maqueta* suggests more clearly than any map the nature of the anchorage discovered in 1508 by Sebastián de Ocampo who, by sailing around the coast, confirmed that contrary to Columbus' belief Cuba was in fact an island. Here is the natural harbour that grew in strategic importance as plundered treasure began to flow from the New World to Spain following Cortés' conquests in Mexico. This is where the Spanish treasure ships attracted buccaneers and pirates to such an extent that the Spanish Crown had finally no option but to order the defence of the harbour and to move the Governor's residence from Santiago de Cuba to the newly named city of San Cristóbal de La Habana. And although these fortifications [11] were only developed over a long period of time their underlying logic is so plainly revealed that I can almost hear the huge chain being drawn across the mouth of the harbour at nightfall to close its entrance to vessels.

I study the *Maqueta*, tracing the sweep of the Malecón westwards to the point where the road dives into a tunnel under the Almendares river which once supplied water to Old Havana. I wonder what route the old aqueduct, the *Zanja Real*, followed, and wonder whether Zanja, the street where I photographed in the monthly market and which now forms the boundary between the neighbourhoods of Cayo Hueso and Pueblo Nuevo, is a present day reminder of the former water supply. I let my eye follow the Malecón back again, then across to la Cabaña [12], the most

confirmó que al contrario de lo que creía Colón Cuba en realidad si era una isla. Aquí está el puerto natural que creció en importancia estratégica mientras tesoros robados desde el Nuevo Mundo empezaron a fluir hacia España siguiendo las conquistas de Cortés en Méjico. Aquí es donde los barcos Españoles con tesoros atrajeron bucaneros y piratas al extremo que la Corona Española al final no tuvo ninguna otra opción si no demandar la defensa del puerto y mudar la residencia del Gobernador desde Santiago de Cuba a la recién nombrada ciudad de San Cristóbal de La Habana. Y aunque estas fortificaciones solo fueron construidas en un período largo de tiempo su lógica subyacente está tan claramente revelada que puedo casi escuchar la inmensa cadena correr por la boca del puerto al anochecer para cerrar su entrada a los barcos.

Yo estudio la Maqueta, recorro el Malecón al oeste hasta el punto donde la calle entra a un túnel debajo del río Almendares que una vez suministró agua a La Habana Vieja. Yo me pregunto cual ruta el viejo acueducto, la Zanja Real, sigue y me pregunto si Zanja, la calle donde yo tomé una fotografía en el mercado mensual y que ahora forma la frontera entre los barrios de Cayo Hueso y Pueblo Nuevo, es un recuerdo de nuestros días del antiguo suministro de agua. Yo dejo que mis ojos sigan el Malecón de vuelta otra vez, y que sigan hacia La Cabaña, la más impresionante de todas las viejas fortificaciones. Otra colisión de culturas, de ambiciones territoriales, y parte de mi cultura histórica también. Porque La Cabaña fue construída solo después de la partida de los Británicos, quienes en 1762 bajo el liderazgo del Conde de Albemarle y de Admiral Sir George

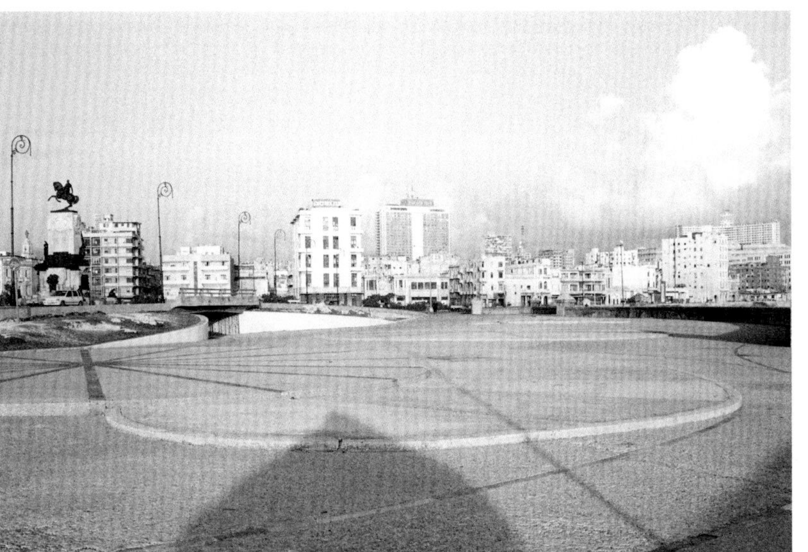

Malecón and Parque Maceo, July 2004

11. *The Castillo de la Real Fuerza, the Castillo de los Tres Santos Magos del Morro and the Castillo de San Salvador de la Punta.*

12. *Castillo de San Carlos de la Cabaña.*

impressive of the old fortifications. Another collision of cultures, of territorial ambitions, and part of my cultural history too. Because La Cabaña was built only after the departure of the British, who in 1762 under the leadership of the Earl of Albemarle and Admiral Sir George Pocock succeeded in breaching the walls of the Morro castle, reducing it to rubble and capturing Havana. Under British rule the island was opened up to free trade. And if that was the most important legacy of the eleven month occupation which ended when Cuba was exchanged for Florida, then the grimmest statistic might well be that as many as 10,000 slaves are said to have been imported from Africa during that same period.

The story is that the construction of La Cabaña cost so much that King Carlos III of Spain demanded his spyglass, saying that such an expensive building must surely be visible from Madrid. At the time of Batista's overthrow it was the second most important military establishment in Havana [13] and it was here that

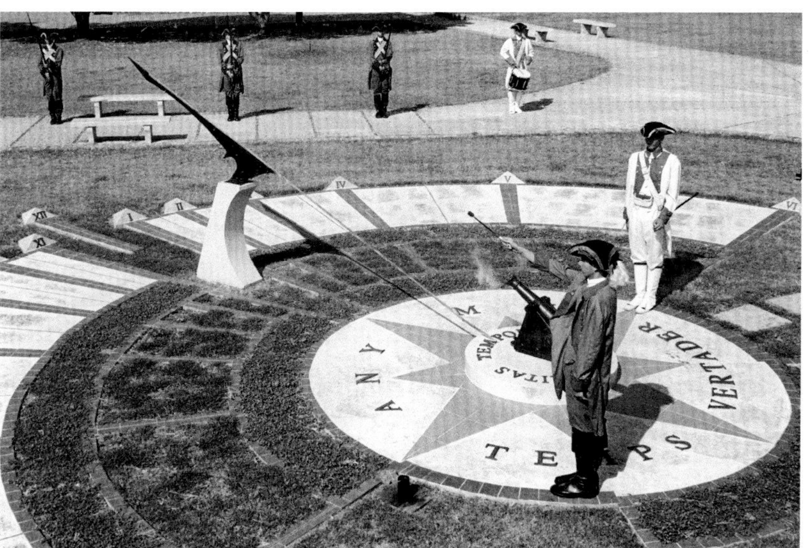

3pm Solar Time, Sundial, La Cabaña, April 2002

Che Guevara set up his headquarters on his entry into the capital. Within its ramparts we come across an impressive sundial inscribed with the legend *Veritas est tempora filia* [14] and watch a squad of soldiers dressed in uniforms of the Spanish colonial period fire a cannon at three p.m. solar time. Nearby on the curtain walls overlooking the harbour entrance they fire cannon at nine o'clock every evening in a re-enactment of the old signal that the city gates were about to be closed for the night.

13. *'History of Cuba', Professor José Cantón Navarro.*
14. *Truth is the daughter of Time.*

Pocock lograron con éxito abrir brecha en los muros del Castillo Morro, reduciéndolo a escombros y conquistando La Habana. Bajo reglas Británicas la isla fue abierta para el libre comercio. Y si ese fue el más importante legado del undécimo mes de la ocupación que terminó cuando Cuba fue cambiada por La Florida, entonces la estadística desalentadora puede ser que hasta 10,000 esclavos se dice que fueron importados de Africa en ese mismo período.

Se cuenta que la construcción de La Cabaña costó tanto que el rey Carlos III de España pidió su catalejo, diciendo que un edificio tan caro seguro tenía que ser visible desde Madrid. En el tiempo del derrocamiento de Batista fue el segundo más importante establecimiento militar en La Habana y fue aquí que Che Guevara estableció su cuartel general a su entrada en la capital. Dentro de su terraplén nos encontramos un reloj de sol impresionante inscrito con la leyenda *Veritas est tempora filia* y vemos un pelotón de soldados vestidos con uniformes del período de la Colonia Española disparando un cañón a las tres de la tarde hora solar. Cercano a las murallas de cortina que dan vista a la entrada del puerto ellos disparan el cañón a las nueve todas las noches representando la vieja señal que avisaba que las rejas de la ciudad iban a cerrar por la noche.

Yo no me siento atraído a visitar las barras favoritas de Hemmingway, la Bodeguita del Medio y El Floridita, ni el Hotel Ambos Mundos, pero mi fascinación por los autos viejos me lleva al Museo del Auto Antiguo y el Chevrolet usado una vez por Che Guevara. En la plaza afuera de la Catedral de San Cristóbal nosotros esquivamos las bellezas en vestuario colonial

I do not feel drawn to visit Hemingway's favourite bars, the Bodeguita del Medio and El Floridita, nor the Hotel Ambos Mundos, but my petrolhead curiosity takes me to the Museo del Auto Antiguo and the Chevrolet once used by Che Guevara. In the square outside the Catedral de San Cristóbal we avoid the beauties in colonial costume who, for a fee, will pose to be photographed with the gullible and generously plant a kiss from freshly rouged lips on pale and unsuspecting skin, visiting instead the museum of Africa with its graphic depictions of slavery. A time of the barracoons, the lash, the stocks, and the escalera. The purchase and sale of physical strength. And of runaways hunted down with dogs.

At the bookstore on Calle Obispo I indulge myself, buying not only Raúl Corrales' *Ernest Hemingway and Cojímar* but also copies of Fidel's *History Will Absolve Me*, Navarro's *History of Cuba*, and Martí's *Writings on the Americas*. I think of them as counterpoints to Martin Cruz Smith's *Havana Red* which helped me pass long hours on the plane and to Gutiérrez' *Dirty Havana Trilogy*. However it is among the bookstalls set out near the statue of Carlos Manuel de Céspedes in the Plaza des Armas that I have a real stroke of luck, finding a well-worn copy of a history of the area where I have been photographing.[15]

Walking back from old Havana to the *casa particular* [16] where I am staying in Cayo Hueso, I somewhere cross the line of the old city walls, though of the walls themselves there is no trace. Nearly a hundred years in the building, they were demolished in the mid 19th century as the city expanded beyond them and the old distinctions of *intramuros* and *extramuros* [17] fell into disuse. A map in the Museo Fragua Martiana shows not only the route taken by José Martí when, sentenced to hard labour in the San Lázaro stone quarries, he and other prisoners were marched in shackles to and from the prison near *la Punta*, but also the advance of the city into the undeveloped land to the west. I locate the site of the quarries and the old San Lázaro

15. *Barrio de Cayo Hueso — Colectivo de autores.*
16. *Casa Particular – A private house whose owner is licensed to rent rooms.*
17. *Literally, those who lived inside the city walls and those who lived outside.*

que, por un honorario, posan para ser fotografiadas con los crédulos y generosamente plantan un beso de labios recien pintados en una piel pálida y desprevenida, así es que visitamos el Museo de Africa con sus representaciones gráficas de la esclavitud. El tiempo de los barracones, del látigo, del cepo, y la escalera. La compra y venta de fuerza física. Y de los fugitivos cazados con perros.

En la librería de la calle Obispo yo me doy el gusto, comprando no solo obras de Raúl Corrales – *Ernest Hemingway y Cojímar*, y también de Fidel – *La Historia me Absolverá*, de Navarro – *Historia de Cuba*, y de Martí – *Writings on the Americas*. Yo pienso de ellos como contrapunto de Martin Cruz Smith – *Havana Red*, que me ayudó a pasar largas horas en el avión y de Gutiérrez – *Dirty Havana Trilogy*. Sin embargo es entre los puestos cerca de la estatua de Carlos Manuel de Céspedes en la Plaza de Armas que yo tengo un golpe de suerte, encontrando una copia, muy usada, de la historia del área donde yo he estado sacando fotografías.

Caminando de vuelta de La Habana Vieja a la casa particular donde me estoy quedando en Cayo Hueso, en alguna parte cruzo la línea de los muros de la vieja ciudad, pero de los propios muros no hay rastro. Casi cien años en su construcción, fueron demolidos en el siglo XIX mientras la ciudad se expandía más allá de ellos y la antigua distinción entre intramuros y extramuros entró en desuso. Un mapa en el Museo de la Fragua Martiana muestra no solo la ruta tomada por José Martí cuando, sentenciado a trabajos forzados en las canteras de San Lázaro, él y los otros prisioneros iban marchando con grilletes en la ida y el regreso de la prisión cerca de La Punta, pero también el avance de la ciudad al oeste a terrenos sin explotar. Yo localizo el sitio de las canteras y del antiguo Hospital San Lázaro y también, cerca de la orilla de la ciudad en expansión, la calle nombrada después como Don Vincente González, muerto en el asalto Británico al Castillo del Morro en 1762.

Siguiendo unas pocas palabras en el libro con páginas amarillentas que yo encontré en la Plaza de Armas, camino el

hospital and also, near the edge of the expanding city, the street named after Don Vincente González, killed in the British assault on the Morro castle in 1762.

Following a few words in the yellowing history that I found at Plaza des Armas, I walk the stretch of Neptuno between Marqués González and Lucena newly aware that *in November 1902, in those few metres, several workers were assassinated with no one brought to account, and that 150 others were injured by police repressing the popular protests which accompanied the combative support known as the Strike of the Apprentices.* I find no memorial, the place seems unremarkable enough. I make a photograph, a façade, an architectural texture at once formal and impenetrable. It marks not only my visit but also the inevitable divide between my personal history and that which surrounds me.

In Neptuno, opposite a barber's shop, musicians rehearse in a drab and shabby room. A cluster of people at the door. Performance moving towards perfection, a few phrases, then a whole piece. On the wall an iconic image of those lost heroes, Camilo and Che.

A huge dog gazes dolefully out towards the Plaza de los Mártires, its paws resting on the balustrade of a first floor balcony. Across the street an old man, his skin the living dark of the deepest penetrable shadow I can imagine, has established himself on a shaded area of pavement and is flattening scavenged cans with a heavy hammer. I'm told that the brutalist concrete sculpture that dominates the space bounded by San Lázaro, Infanta, San Francisco and Jovellar symbolises the

tramo de Neptuno entre Marqués González y Lucena y recién me entero *que en esos pocos metros fueron asesinados impunemente varios obreros y ciento cincuenta más resultaron heridos por las fuerzas policíacas, que reprimieron en noviembre de 1902 las protestas populares que acompañaron las combativas acciones de apoyo a la denominada Huelga de los Aprendices.* No encuentro nada que recuerde el hecho, el lugar parece ser bien ordinario. Yo saco una fotografía, una fachada, una textura arquitectónica e impenetrable a primera vista. Ella marca no solo mi visita sino también la división inevitable entre mi historia personal y lo que me rodea.

En Neptuno, frente a la barbería, músicos ensayan en un local gris y en mal estado. Un grupo de personas en la puerta. Su actuación va encaminada hacia la perfección, unas pocas frases, y después una pieza entera. En la pared una imagen icónica de los héroes perdidos, Camilo y Che.

Un perro enorme mira triste y fijamente hacia la Plaza de los Mártires, sus patas descansan en la balaustrada del balcón del primer piso. Al otro lado de la calle un viejo, su piel tan oscura que apenas puedo distinguir sus rasgos por la penumbra más impenetrable que puedo imaginar, se ha estacionado en la acera en la sombra y esta aplanando latas rebuscadas con un martillo pesado. Me han dicho que las esculturas de concreto con figuras amorfas que dominan el espacio rodeado por San Lázaro, Infanta, San Francisco y Jovellar simbolizan la lucha de todos los estudiantes, aunque la inscripción en uno de los elementos nombra solo ocho de los estudiantes de medicina que fueron fusilados por la Autoridad Española el 27 de

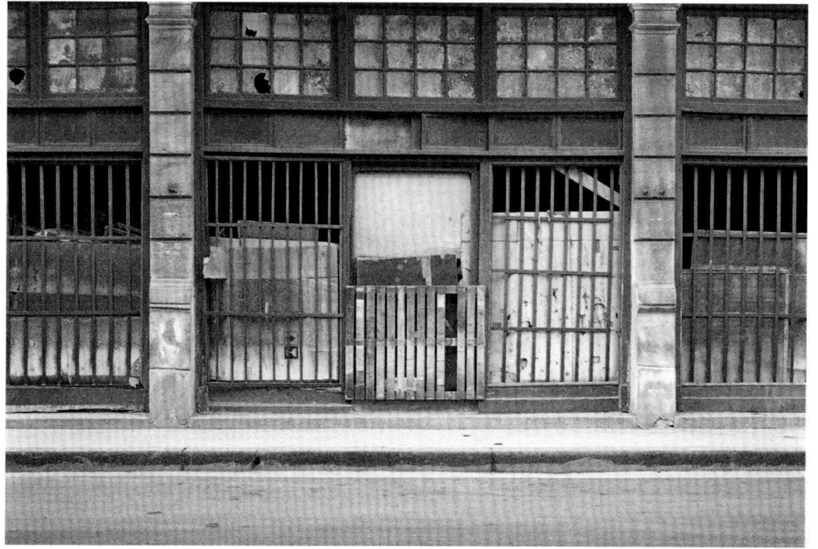

Calle Neptuno entre Lucena y Marqués González, February 2004

struggle of all students, though the inscription cast into one of the elements names only the eight medical students [18] who were shot by the Spanish authorities on 27th November 1871, three years after the beginning of the Ten Years War. I have since read that the eight unfortunates were chosen by raffle from some forty-five students, and that one of those executed was not even in Havana at the time of the alleged offence.

By the kerb, as if parked for a moment while its owner has called on a friend, stands a motorcycle. Only it is without its wheels, its engine stripped of cylinder heads and gearbox. A man wearing a Tommy Hilfiger tee-shirt stands in the doorway looking down the street.

Friends show us photographs of their wedding, in black and white, and their album of family pictures. Here is their son as a schoolboy standing proudly in front of a notice that declares *Seremos como el Che – We will become like Che*. Here, in bordered squares whose colours fade towards magenta, are their family holidays at Varadero, before the collapse of the Soviet Union and the declaration of *el período especial* – the special period – and before Varadero became the foreign tourist enclave it is today.

The driver of a battered blue water tanker makes several attempts to swing its recalcitrant delivery pump into life, and finally the canvas hose stiffens under pressure as it snakes across the pavement and disappears into the depths of a building. I indicate that I would like to make a photograph, receive a nod of consent. Bright drops of water spatter from the connection between hose and pump, the joint wrapped with a plastic bag to contain the spray. If some of my photographs are the spoils of a thief then this one, this one is a gift.

On Infanta I hesitate on the threshold of a church. [19] Morning mass, a small weekday congregation, the cooling fans

Noviembre 1871 tres años después de haber comenzado la Guerra de los Diez Años. Desde entonces yo he leído que los ocho desafortunados fueron elegidos por un sorteo de unos cuarenta y cinco estudiantes, y que uno de los ejecutados no estuvo siquiera en La Habana a la hora de la presunta ofensa.

En el borde de la acera, como si estuviera estacionada por un momento mientras su dueño llama un amigo, está parada una moto. Solo que está sin sus ruedas, su motor desmontado de las culatas del cilindro y la caja de cambios. Un hombre usando una camiseta Tommy Hilfiger está parado en la puerta mirando hacia la calle.

Amigos nos muestran fotografías de su boda, en blanco y negro, y su album de fotos de la familia. Aquí esta su hijo como un alumno orgulloso parado delante de un cartel que declara Seremos como el Che. Aquí, la foto con bordes descoloridos muestra la familia de vacaciones en Varadero, antes del colapso de la Unión Soviética y la declaración del Período Especial y antes que Varadero llegara a ser el enclave de turismo extranjero que es hoy.

El chofer de un abollado camión cisterna azul de agua intenta varias veces revivir su recalcitrante bomba, y finalmente la mangera de lona se endurece bajo la presión mientras se enculebra contra la acera y desaparece hacia el fondo del edificio. Yo solicito que me gustaría tomar una fotografía, recibo una inclinación de cabeza como consentimiento. Gotas brillantes de agua salpican desde la conexión entre la mangera y la bomba, la junta envuelta en una bolsa plástica para evitar la rociada. Si alguna de mis fotografías son los botines de un ladrón entonces ésta, ésta es un regalo.

En Infanta yo vacilo frente al umbral de la iglesia. Misa de la mañana, pocos feligreses en un día de semana, los refrescantes ventiladores parados en sus bases, la voz nasal del cura por los altoparlantes. No es la primera vez que yo me he parado aquí pero hoy estoy cogido precisamente entre la religión de los conquistadores y el gruñido profano de un camello, entre soplos azules de incienso y el causado por la dispersión oscura que viene de los vapores del diesel. Pasando por este lugar un

18. The inscription: 27 de noviembre de 1871 explanada de punta fusilados Alonso Alvarez de la Campa, Anacleto Bermúdez, Carlos Verdugo, José de Marcos Medina, Pascual Rodríguez, Angel Laborde, Eladio González, Carlos A. de la Torre.

19. La iglesia de Nuestra Señora del Carmen

idle on their stands, the priest's voice nasal over loudspeakers. It is not the first time I have stood here but today I am caught precisely between the religion of the conquistadores and the urgent secular growl of a *camello* [20], between bluish wafts of incense and the dark dispersing signature of diesel fumes. Passing this way one April Sunday I was aware of children being brought to baptism in white finery, of an iced cake carried through the doorway past the eyes of a blind man.

I turn from Infanta into Valle, my gaze swept up to pennants, bunting, flags stretched across the street between the buildings so that at first I don't notice *VIVE EL 26* painted on the roadway in huge letters of commemoration. On 26 July 1953, a group calling themselves the Centennial Youth after the centenary year of the birth of José Martí, and led by Fidel Castro, attacked strategic targets in Santiago de Cuba including the Moncada barracks. The assaults failed and sixty-one of the combatants [21] were either killed in the action or by their military captors soon afterwards. Fidel escaped but was later captured. At his trial in Santiago de Cuba he defended himself: his defence is famously identified by his last words *"La historia me absolverá"* – "History will absolve me". With other members of the group, he was sentenced to imprisonment on The Isle of Pines in the prison built by the Machado government in the 1930s. There he reconstructed his defence speech which became a fundamental manifesto of the revolutionary move-

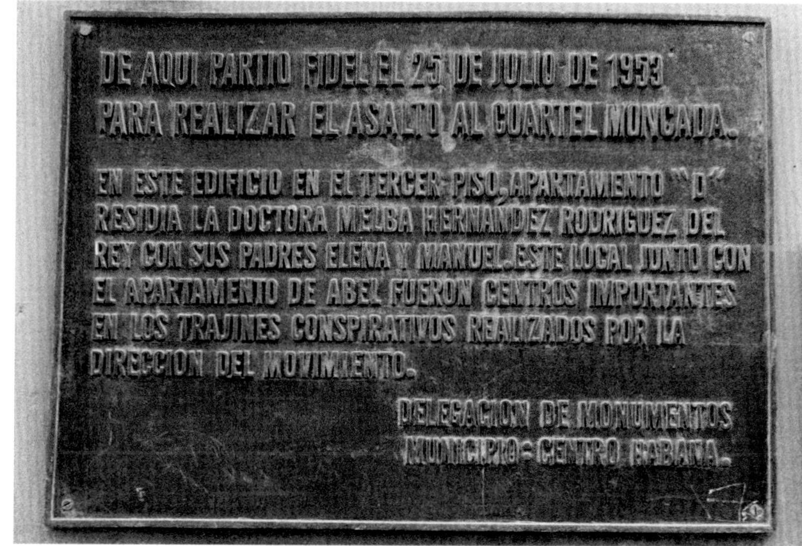

Plaque, Calle Jovellar [22]

domingo en abril me doy cuenta que llevan unos niños al bautismo elegantemente vestidos de blanco, de una torta glaseada que entran por la puerta pasando ante los ojos de un ciego.

Yo doblo por Infanta entrando a Valle, mi mirada va hacia banderines, banderas estiradas a través de la calle entre los edificios y a primera vista no observé el VIVA EL 26 pintado en la calzada en letras inmensas saludando la conmemoración. El 26 de Julio de 1953, un grupo conocido como Juventud del Centenario dirigidos por Fidel Castro un año posterior al centenario del nacimiento de José Martí atacaron puntos estratégicos en Santiago de Cuba incluyendo el Cuartel Moncada. Los asaltos fallaron y sesenta y uno de los combatientes fueron muertos en acción o asesinados por sus captores militares al poco tiempo. Fidel se escapó y fue capturado. Se autodefendió en el juicio celebrado en Santiago de Cuba, su discurso es famosamente identificado por sus últimas palabras: *"La historia me absolverá"*. Con otros miembros del grupo fue encarcelado en la prisión construída en la Isla de Pinos por el Gobierno de Machado en el año 1930. Allí fue donde el reconstruyó su discurso de defensa que llegó a ser un manifesto fundamental del movimiento revolucionario. Ahora, a unas cuadras en Jovellar, una placa de bronce señala el edificio donde Melba Hernández y su padre pasaron a máquina varios de los fragmentos de ese discurso que fueron sacados de forma oculta de la prisión. Un día en la misma calle yo recupero una pelota para un grupo de niños. Ellos tienen una pieza de madera redondeada para un bate, un deteriorado y deshilachado guante

20. *Camello – an articulated bus, peculiar to Havana*
21. *'The Fertile Prison', Mario Mencía*

ment. Now, a few blocks away in Jovellar, a bronze plaque [22] marks the building where Melba Hernández and her father typed up many of the fragments of that speech as they were smuggled from prison. One day in that same street I retrieve a ball for a gang of kids. They have a rounded length of wood for a bat, a frayed and dilapidated baseball glove, and their ball is a construction of folded cardboard, paper, tape. In a moment of recognition I recollect reading how just such a ball thrown from yard to yard was used to transfer messages between the imprisoned *moncadistas*.

In San Miguel three words on a piece of cardboard jammed into the grill over the door of the Ronera – rum shop: *NO HAY RON* – No rum.

In the monthly farmers' market in Zanja, I'm greeted by a man who reminds me that I had previously photographed him as he worked on a dismantled motorcycle engine. Then he is gone, into the bustle of garlic sellers, pork vendors or perhaps to buy tomato puree dispensed with a dipper into plastic bottles from a steel drum lined with a polythene sack. I'm reminded of an encounter with another motorcycle enthusiast, a voluble man who wanted to talk about the great British bikes – BSA, Ariel, Matchless, Norton, Vincent, Velocette. When I tell him that our roads are dominated by Japanese machines these days, that these famous marques have disappeared, he seems to suffer an almost physical anguish "Fue su patrimonio!" he protests. *"It was your heritage!"*

In Zanja, two signs. One, rusty at the edges, hanging from one screw, reads CDR, *Comité de Defensa de la Revolución, Zona 37* a reminder of the eyes and ears of the Revolution. The other, high on a wall, announces Carlos J. Finlay, the Cuban physician who identified the species of mosquito responsible for the transmission of yellow fever and whose work was fundamental in the eradication of the disease from the island.

22. *Fidel left here on the 25 July 1953 to carry out the assault on the Moncada Barracks. Doctor Melba Hernández Rodríguez del Rey lived with her parents Elena and Manuel in apartment D on the 3rd floor of this building. This place together with Abel's apartment were important centres in the conspiratorial comings and goings of the leadership of the movement. (see photo p.143)*

de béisbol, y su pelota es una construcción de cartón doblado, papel, y cinta adhesiva. En un momento de lucidez yo recuerdo un documento donde una pelota como ésta fue tirada de patio a patio para trasladar mensajes entre los moncadistas encarcelados.

En San Miguel tres palabras en un pedazo de cartón atascado en la reja sobre la puerta de la Ronera: NO HAY RON.

En el mercado mensual de los agricultores en Zanja, soy saludado por un hombre que me recuerda que yo le he sacado una fotografía anteriormente mientras él trabajaba en un motor desmontado de una moto. Y después se va, en un ajetreo de vendedores de ajo, vendedores de cerdo o a lo mejor para comprar puré de tomate dispensado con un cazo dentro de botellas plásticas de un tambor de hierro forrado con un saco de polietileno. Me recuerdo de un encuentro con otro entusiasta de las motocicletas, un hombre locuaz que quería hablar de las estupendas motos británicas – BSA, Ariel, Matchless, Norton, Vincent, Velocette. Cuando le cuento que nuestras calles son dominadas por máquinas japonesas en estos días, que estas marcas famosas han desaparecido, él como que casi sufre lo indecible "¡Fue su patrimonio!" él protesta.

En Zanja, dos placas. Una, oxidada en las orillas, colgando de un tornillo, dice CDR, Comité de Defensa de la Revolución, Zona 37 un recuerdo de los ojos y oídos de la Revolución. La otra, alta en una pared, anuncia Carlos J Finlay, el médico Cubano que identificó la especie de mosquito responsable de la transmisión de la fiebre amarilla y cuyo trabajo fue fundamental en la erradicación de la enfermedad en la isla.

Los rayos del sol de la mañana que entran inclinados al edificio lleva a mis ojos hacia un banco de medidores de electricidad que me recuerdan del corte de luz de anoche cuando la imagen del TV rápidamente colapsó hacia adentro, y aparentaba absorber toda la luz de la habitación. ¿Sería un pequeño indicio de amenaza el que yo sentí más tarde en la calle obscura nacida de la oscuridad o del silencio o del hecho que nuestro amigo cubano no nos dejó caminar seis cuadras de regreso a nuestra pieza sin su compañía? De cualquier manera, los fallos

Morning sunlight slanting into a building leads my eye to a bank of electricity meters which remind me of last night's power-cut when the TV picture suddenly collapsed inwards, and seemed to suck all the light out of the room. Was the slight edge of menace that I later felt in the darkened street born of the darkness or of the silence or of the fact that our Cuban friend wouldn't let us walk six blocks back to our room without his company? Either way, the frequent lapses in supply are a reminder that the electricity generators are largely powered by imported oil. Before I can consider the effects of the iniquitous American block- ade, I am distracted by a dog's bark. Three people sit in a doorway of a tenement, and one of them gestures cheerfully that I should take their photograph. They thank me and I wonder what it is that has led to their offering their image to a stranger unasked. Perhaps they are saying, "See us, see us and remember." Their dalmatian chases after me barking loud- ly, and with good-natured laughter they call it back. The photograph will hold them in a deceptive security. It will travel where they cannot.

We revisit the 16th century *Basilica Menor de San Francisco de Asis*. In this tranquil salvation from the heat a string ensem- ble rehearses in front of the amazing *trompe l'oeil* which is so skilfully executed that its deception is only revealed by the view from the gallery. We emerge into a courtyard where foliage is transformed into fans of luminosity and where the gentle splash- ing of a fountain merges with the sound of a solitary violinist rehearsing a few phrases. The light, the music, remind me of my mother and an earlier visit here. On that occasion an attendant,

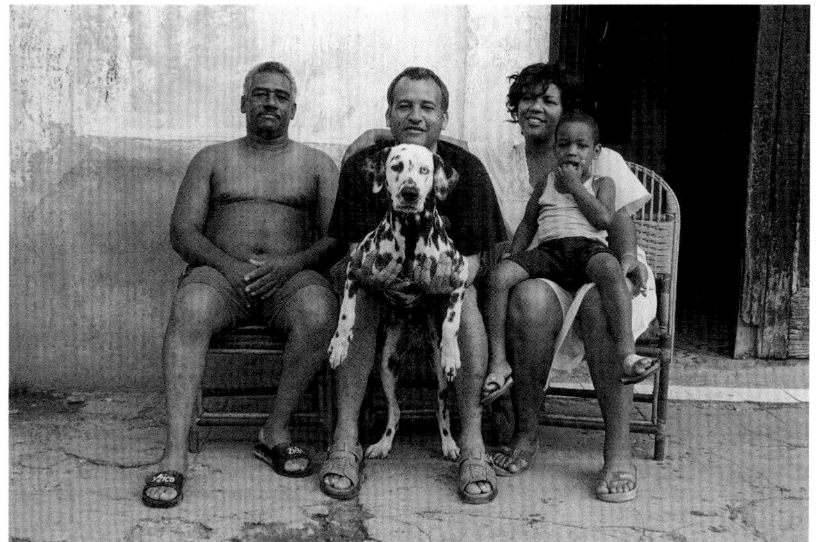

Calle Zanja, February 2004

frecuentes en el suministro recuerdan que los generadores de electricidad funcionan en gran parte con petróleo importado. Antes de considerar los efectos del injusto bloqueo Americano, estoy distraído por los ladridos de un perro. Tres personas están sentadas en la entrada de una vivienda, y uno de ellos alegremente me hace gestos de que yo debiera tomarles su fotografía. Ellos me dan las gracias y yo pienso que es lo que ha provocado la oferta de su imagen a un desconocido sin pedírsela. A lo mejor ellos están diciendo, "míranos, míranos y recuérdanos". Su perro dál- mata me persigue ladrando fuerte, y ellos con buen humor se ríen y lo llaman de vuelta. La fotografía los man- tendrá en una seguridad engañosa. Viajará donde ellos no pueden.

Revisitamos la Basílica Menor de San Francisco de Asis construída en el siglo XVI. En esta tranquila sal- vación del calor reinante un conjunto de cuerdas ensaya una pieza delante de una asombrosa *trompe l'oeil* la cual es tan hábilmente ejecu- tada que su engaño es solo revelado por la vista de la galería. Salimos a un patio donde el follaje está transformado en abani- cos de luminosidad y donde el gentil chapoteo de una fuente se une al sonido de un violionista solitario ensayando unas pocas frases. La luz, la música, me recuerdan a mi madre y a una visi- ta hecha aquí anteriormente. En esa ocasión una asistente conociendo que éramos de Inglaterra, preguntó la edad de mi mamá. Ella estuvo asombrada al escuchar que mí madre haya viajado tan lejos de su casa a la edad de 85; la palabra vino precedida de asistente a asistente dentro del edificio y cada uno saludaba a mi madre con respeto y felicitaciones de cortesía.

learning we were from England, asked my mother's age. She was amazed to hear that my mother had travelled so far from home at the age of eighty-five; word preceded us from attendant to attendant through the building and each greeted my mother with respectful and congratulatory courtesy. Only now after my mother's death does it occur to me that she was born in 1917, the year of the revolution in Russia that shaped so much of the 20th century including the destiny of Cuba.

On a street corner, camera in hand, a bag over my shoulder, I'm suddenly accosted by an elderly man gesticulating vigourously. He speaks rapidly, repeating the same words over and over. I do not understand exactly what he says, but his meaning is clear, adamant: "Be careful of your bag! Watch your camera!" He repeats himself again, and then again, pressing my arm tightly against my shoulder bag, prodding at my camera. Then he is gone.

I turn from Hospital into Callejón de Hamel where half a dozen kids occupy themselves, clambering on the chainlink fence and on the scrubby trees in the school compound. Opposite them the wall is overrun by a mural, primitive faces, full on or in profile, a cockerel's head in a swooping curve, emblematic eyes, and, dominated by these symbols, a figure crouching beneath the words *Puedo esperar más que tú porque soy el tiempo* – I can wait longer than you because I am time. Is that it? I stumble for the meaning knowing that I am once more walking within the creative intensity of Salvador's vision [23], that this is not a text

23. Salvador González Escalona, artist and inspiration behind the community project of Callejón de Hamel.

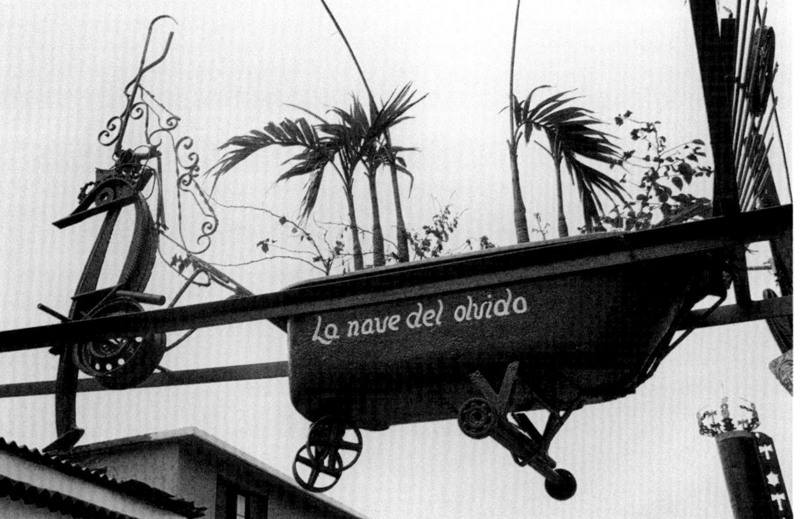

Callejón de Hamel, May 2005

Solo ahora después de su muerte se me ocurre que ella nació en 1917, el año de la revolución en Rusia que influyó tanto en el siglo XX incluyendo el destino de Cuba.

En una esquina de la calle, cámara en mano, un bolso sobre mi hombro, soy de repente abordado por un señor de edad gesticulando vigorosamente. El habla rápido, repitiendo las mismas palabras una y otra vez. Yo no entiendo lo que dice exactamente, pero su significado es muy claro, enérgico: "¡tenga cuidado con su bolso!, ¡vigile su cámara!" él se repite otra vez, y otra vez más, apretando bien mi brazo contra mi bolso de bandolera, dando empujoncitos a la cámara. Luego se va.

Yo doblo desde Hospital entrando al Callejon de Hamel donde media docena de niños se entretienen, subiendo a gatas la valla metálica y en los árboles cubiertos de maleza al recinto del colegio. Frente a ellos el muro está inundado por un mural, caras primitivas, de frente o de perfil, la cabeza de un gallo en una curva amplia, ojos emblemáticos, y, dominado por estos símbolos, una figura agachada bajo las palabras *"Puedo esperar más que tú porque soy el tiempo."* Tropiezo para hallar su significado sabiendo que yo una vez más estoy caminando dentro de la intensa creatividad de la visión de Salvador, que esto no es un texto para traducir literalmente tanto como las pinturas en los muros, las esculturas, no son una decoracion estática, si no un mapa que cambia de posición con imaginación y conexiones que celebran la cultura Afro Cubana. *"Si me ves hablando solo no te preocupes, Son cosas que me preguntan Y sencillamente doy respuestas."* Un domingo un grupo se reune, los altoparlantes están colocados, una

for literal translation just as the paintings on the walls, the sculptures, are not a static decoration, but a shifting map of imagination and connection that celebrates Afro-Cuban culture. *Si me ves hablando solo No te preocupes, Son cosas que me preguntan Y sencillamente doy respuestas. If you see me talking to myself don't worry. There are things that they ask me and I simply give answers.*

A Sunday crowd has gathered, loudspeakers are set up, a mixing desk, microphones, a row of tall drums. *La nave del olvido*, The ship of oblivion. Rumba! I'm beckoned forward to a seat inside the enclosure with the musicians. Among the waiting crowd I notice several novices of *Santería*, the Afro-Cuban religion rooted in Yoruba culture whose gods, the *Orishas*, came to Cuba with the slaves and were disguised beneath the cloaks of catholic saints so that their worship could continue hidden from both the Spanish masters and the church. A crackle from the sound system. There's a brief introduction, a welcome to Callejón de Hamel, the band is introduced, the *claves* strike the beat and everything takes off. In moments nobody is still. Everyone in the street is in some way feeling, riding the rhythm, the rhythm which leaves no-one alone. It's very loud, very hot, and in the tiny space in front of the drummers a couple begin to move, independent of each other yet tethered by the narrative of the dance, their bodies almost nested together by an intimacy of intent, the teasing of seduction and refusal. Overhead *La nave del olvido*, but what's happening here, the music, the activities that go on in this street day after day, week after week, are not about forgetting. What's happening here is about remembering, honouring, connecting. An elderly pianist in England once told me with humility how she could trace her understanding of Beethoven's piano sonatas back through a succession of musicians to Beethoven himself as if following an unbroken golden thread. And what I'm hearing now and seeing and feeling has its ancestry in dances and rhythms carried across an ocean, smuggled and preserved within the bodies of Africans shackled in the foetid stench of the slave ships. Carried across the sea and kept alive. Because no-one can lose all of his roots and live.

consola mezcladora de sonidos, micrófonos, una fila de tambores altos. Debajo de *La nave del olvido*, ¡rumba!. Me hacen señas para que me acercara a una silla dentro del recinto con los músicos. Esperando entre el grupo yo noto varios novicios de Santería, la religión Afro Cubana enraizada en la cultura Yoruba en la cual sus dioses, los Orishas, llegaron a Cuba con los esclavos y fueron disimulados bajo el manto de los santos Católicos para que les permitieran continuar haciendo sus adoraciones ocultas de los amos españoles y la iglesia. Una interferencia en el sistema de sonido. Hay una breve introducción, una bienvenida al Callejón de Hamel, la banda es anunciada, la clave marca el compás y todo empieza. En momentos nadie está quieto. Todos en la calle están de alguna manera sintiendo algo, llevando el ritmo, un ritmo que no deja a nadie solo. Está bien fuerte, bien caliente, y en el pequeño espacio frente a los tambores una pareja se empieza a mover, independientemente el uno del otro pero enredados por la narrativa del baile, sus cuerpos casi acurrucados por la intimidad del intento, la manera burlona de seducción y sus negativas. Por encima *La nave del olvido*, pero lo que está sucediendo aquí, la música, las actividades que pasan en esta calle día tras día, semana tras semana, no se tratan de olvidar. Lo que está sucediendo aquí se trata de recordar, honrando, conectando. Una anciana pianista en Inglaterra cierta vez me contó con humildad como ella pudo localizar su entendimiento de las sonatas de piano de Beethoven por una sucesión de músicos hasta el mismo Beethoven como siguiendo un hilo de oro intacto. Y lo que yo estoy oyendo ahora y viendo y sintiendo tiene su ascendencia en bailes y ritmos traídos a través del océano, preservado y en contrabando dentro los cuerpos de Africanos en grillos y en el hedor de heces de los barcos de esclavos. Llevados a través del mar y mantenidos vivos. Porque nadie puede perder todas sus raíces y vivir.

Yo miro hacia arriba al andamiaje de madera. Un trabajador me ve y con un movimiento de su sierra me saluda. Su pose de confianza en una barra alta sobre el sitio de construcción despierta un eco de la imagen famosa de Korda de un campesino

I look up at timber scaffolding. A workman sees me and waves his saw in salute. His confident poise on a crossbar high over the construction site awakens an echo of Korda's famous image of a *campesino* [23] perched on a lighting standard, aloft over crowds celebrating the Agrarian Law Reform in the first summer after the revolution.

At the counter of the *bodega* [24] a handful of people queue with their *libretas* [25] for staples of rice and beans. I jot down a text pinned up on one of the shelves: *"… en la tierra hacen falta personas / que trabajen más y critiquen menos / que construyan más y destruyan menos / que prometan menos y resuelvan más / que esperen recibir menos y dar más / que digan mejor ahora y no mañana … "* [25] "…Who demand better today and not tomorrow." It's a quotation from Che and I'll carry it with me for those times when people ask me what it's like in Cuba and expect a simple answer I don't know how to give.

I can show them my photographs, I can give them these impressions and maybe others too. But perhaps I'll just tell them my memory of walking in the street after dark the night of my first arrival, I'll tell them about the policemen standing in the shadows of (it seemed) every other corner. And I'll tell them about the music spilling into the street from open windows and the glimpse I had of a couple in an upstairs room, a couple backlit by a single naked bulb, just a glimpse of a couple in an upstairs room.

Dancing.

encaramado en un equipo de luces, por encima de la multitud celebrando la Ley de Reforma Agraria en el primer verano después del triunfo de la revolución.

En el mostrador de la bodega hay un grupo de gente que hace cola con sus libretas para alimentos de primera necesidad de arroz y frijoles. Yo tomo nota de un texto que esta clavado en una de las repisas *"…en la tierra hacen falta personas / que trabajen más y critiquen menos / que construyan más y destruyan menos / que prometan menos y resuelvan más que esperen recibir menos y dar más / que digan mejor ahora y no mañana"…* Es una cita de Che y yo la llevo conmigo para esos tiempos cuando la gente me pregunte como es en Cuba y esperan una respuesta simple que yo no se dar.

Yo les puedo mostrar mis fotografías, yo les puedo dar estas impresiones y a lo mejor otras también. Pero quizás yo solo les cuente de mi memoria de cuando estaba caminando por la calle en la oscuridad de la noche de mi primera llegada, yo les contaré de los policías que parecía estuvieran parados en las sombras de cada esquina. Y les contaré de la música derramándose a las calles desde las ventanas abiertas y del vislumbre que tuve de una pareja en una pieza de arriba, una pareja iluminada por detrás por un bombillo desnudo, solo un vislumbre de una pareja en una pieza de arriba.

Bailando.

23. Campesino – peasant, agricultural worker
24. Bodega – Local store.
25. Libreta – Ration book
26. …on Earth there is a need for people / who work more and criticise less / who build more and destroy less / who promise less and deliver more / who hope to receive less and to give more / who demand better today and not tomorrow – Che

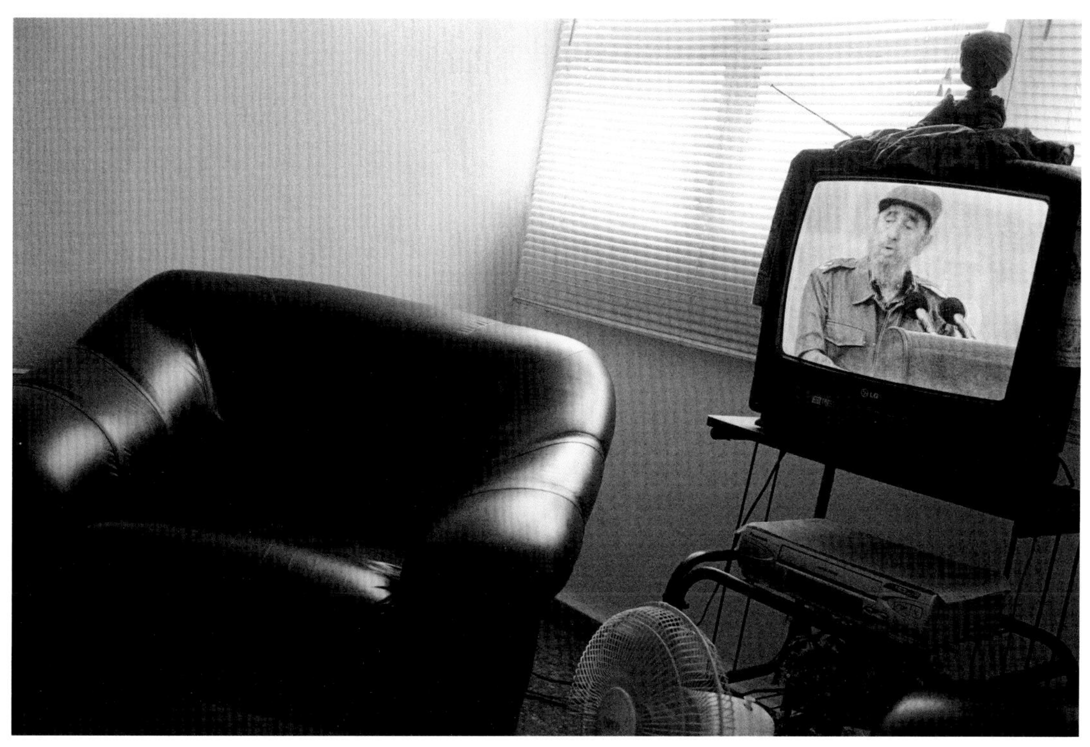

May Day, May 2003

Almost all these photographs from Havana were made in the neighbourhood of Cayo Hueso. Barrio Cayo Hueso is part of Centro Habana and its boundaries are the streets Belascoaín, Zanja, Calzada de Infanta and Malecón.

In giving the locations of the photographs I have followed the convention used when locating an address in the city by giving the name of the street followed by the names of those streets at either end of the block in question. For instance 'Calle San José entre Espada y San Francisco' would mean 'in that stretch of San José between Espada and San Francisco.' When written in this context entre is frequently abbreviated to e/. A junction or corner is typically located by giving the names of the two intersecting streets: for example 'Espada y San José' would mean 'in Espada at or near the junction with San José.'

Casi todas las fotografías de la Ciudad de La Habana están tomadas en el Barrio de Cayo Hueso. Cayo Hueso forma parte del Municipio Centro Habana y sus límites son las calles Belascoaín, Zanja, Infanta y Malecón.

Al dar la ubicación de los sitios donde he tomado fotografías, he seguido el convenio utilizado cuando deseamos localizar una dirección en la ciudad, mencionando el nombre de la calle seguido por los nombres de las calles que se encuentran en uno y otro extremo del bloque en cuestión. Por ejemplo 'Calle San José entre Espada y San Francisco' quiere decir 'el tramo de la calle San José, limitada por las calles Espada y San Francisco.' Cuando escribo en este contexto 'entre' lo abrevio frecuentemente como e/. La unión o ángulo que hacen dos calles en una esquina es típicamente localizada dando los nombres de las dos calles que se interceptan. Por ejemplo: 'Espada y San José', quiere decir 'en Espada cerca de la unión con San José.'

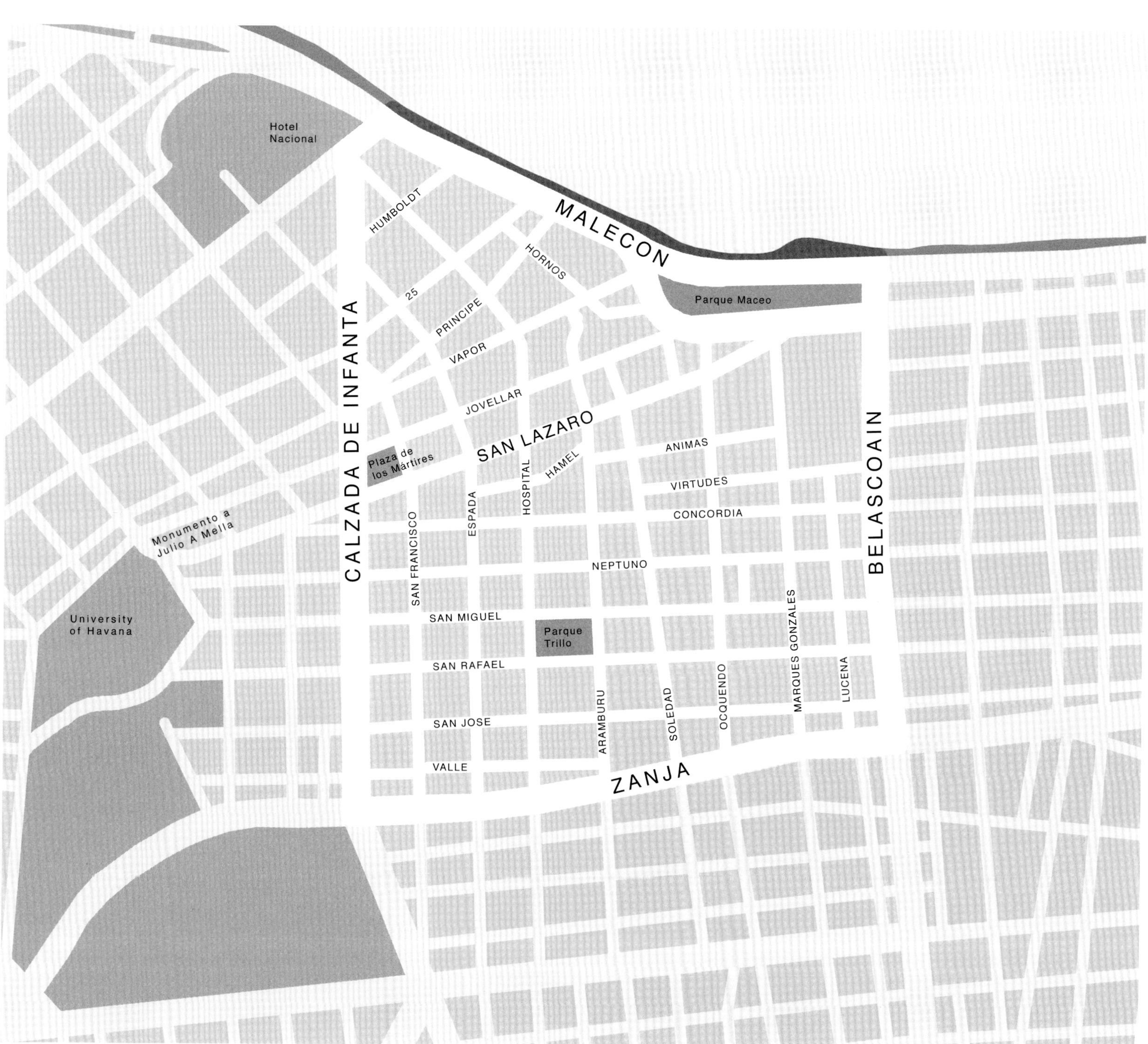

Hotel Nacional
HUMBOLDT
MALECON
HORNOS
25
PRINCIPE
Parque Maceo
VAPOR
JOVELLAR
CALZADA DE INFANTA
SAN LAZARO
ANIMAS
BELASCOAIN
Plaza de los Mártires
HAMEL
HOSPITAL
ESPADA
VIRTUDES
Monumento a Julio A Mella
CONCORDIA
SAN FRANCISCO
NEPTUNO
University of Havana
SAN MIGUEL
Parque Trillo
MARQUES GONZALES
SAN RAFAEL
LUCENA
SAN JOSE
ARAMBURU
SOLEDAD
OCQUENDO
VALLE
ZANJA

Page 99: San José, near Calzada de Infanta, February 2004

Las cinco batallas que integran la Batalla de Ideas. Batalla por la libertad de los héroes cubanos prisioneros en Estados Unidos por luchar contra el terrorismo. Batalla por todos los objetivos del Juramento de Baraguá Batalla contra las consecuencias de la crisis económica que azota a la humanidad. Batalla por la paz. Batalla por la educación y la cultura del pueblo de Cuba. El mundo será conquistado por las ideas y no por la fuerza.

The five battles that constitute the battle of ideas. The battle for the freedom of the Cuban heroes[*] imprisoned in the United States for the fight against terrorism. The battle for all the objectives of the Juramento de Baraguá. The battle against the consequences of the ecomomic crisis that afflicts humanity. The battle for peace. The battle for the education and the culture of the Cuban people. The world will be conquered by ideas and not by force.

[*] *(René González Sehwerert, Fernando González Llort, Ramón Labañino Salazar, Gerardo Fernández Nordelo and Antonio Guerrero Rodríguez.)*

Page 103: Sitial Moncada, Calle Marqués González 209, July 2004

El escrito que está sobre la puerta dice:
Este tipo de lucha nos de la oportunidad de convirtirnos en revolucionarios el escalón más alto de la especie humana, pero también nos permite graduarnos de hombres; los que no pueden alcanzar ninguno de estos dos estadíos deben decirlo y dejar la lucha

The inscription over the door reads:
This type of struggle gives us the opportunity to convert ourselves into revolutionaries, the highest step of the human species, but it also allows us to graduate as men; those who cannot reach either of these two stages must say so and leave the fight

¡LOS NIÑOS Y LA NIÑAS TENEMOS DERECHO A TENER DERECHOS! Hay que hacerlos cumplir, mis derechos son …

1. Derecho a la igualidad sin distinción de raza, credo o nacionalidad.
2. Derecho a la protección especial para su desarrollo físico, mental y social.
3. Derecho a un nombre y nacionalidad.
4. Derecho a una alimentación, vivienda y atención médica adecuada para la madre y el niño.
5. Derecho a una educación y cuidados especiales para el niño física o mentalmente disminuido.
6. Derecho a comprensión y amor por parte de los padres y la sociedad.
7. Derecho a recibir educación gratuita y a disfrutar de los juegos.
8. Derecho a ser el primero en recibir ayuda en caso de desastre.
9. Derecho a ser protegido contra el abandono y la explotación en el trabajo.
10. Derecho a formarse en espíritu de solidaridad comprensión, amistad y justicia entre los pueblos.

BOYS AND GIRLS HAVE THE RIGHT TO HAVE RIGHTS!
They must be fulfilled. My rights are:

1. The right to equality without distinction by race, creed or nationality
2. The right to the protection of their development physically, mentally and socially
3. The right to a name and nationality
4. The right to nourishment, a dwelling and medical attention for the mother and child
5. The right to education and special care for the physically or mentally disabled child
6. The right to love and understanding from parents and society
7. The right to free education and to enjoy social activities
8. The right to be the first to receive help in the event of a disaster
9. The right to be protected against desertion and exploitation in the workplace
10. The right to be spiritually formed in understanding solidarity, friendship and justice between the people

Un mundo mejor es posible

A better world is possible

Si me ves hablando solo no te preocupes, son cosas que me preguntan y sencillamente doy respuestas.

If you see me talking to myself don't worry, there are things that they ask me and I simply give answers

Salvador González Escalona

Pueblo vs. Mosquito: hay que ganarle por nocao este combate. Convirtámonos en el puño gigante que lo elimine golpeando duro y sin descanso en los criaderos.

¡Que no quede ni una larva para hacer el Cuento!

The People against The Mosquito: this fight must be won with a knock-out blow. We will become a giant fist punching hard without let-up in the breeding grounds.

So that there is not even one larva left to tell the tale!

BOOKS

Afrocuba, ed. Pedro Perez Sarduy & Jean Stubbs, Ocean Press, 1993

Autobiography of a Runaway Slave, The, Esteban Montejo, ed. Miguel Barnet, trans. Jocasta Innes, The Bodley Head, 1968

Barrio de Cayo Hueso, Colectivo de Autores, 1990

Buena Vista Social Club, Wim & Donata Wenders, Thames & Hudson, 2000

Che Guevara – A Revolutionary Life, John Lee Anderson, Bantam Books, 1997

Cuba Diaries, Isadora Tattlin, Macmillan Carribean, 2003

Cuba: A New History, Richard Gott, Yale University Press, 2004

Cuba: Moon Handbooks, Christopher P. Baker, Avalon Travel, 2004

Cuba In Focus, Emily Hatchwell & Simon Calder, Interlink Books, 1999

The Cuba Reader, Editors: Aviva Chomsky, Barry Carr, Pamela Maria Smorkaloff, Duke University Press, 2003

Cuba in the 1990s, Coordinator José Bell Lara, Editorial José Martí, 1999

Due South or Cuba Past and Present, Maturin M Ballou, Negro Universities Press, Houghton Mifflin and Company, New York, 1969 reprint, originally published 1885

Fertile Prison – Fidel Castro in Batista's Jails, The, Mario Mencía, Ocean Press, 1993

Fidel Castro, Volker Skierka, Polity Press, 2004

Che Guevara Reader, Writings on Politics and Revolution, Che Guevara, Ocean Press, 2003

Havana – A cultural and literary companion, Claudia Lightfoot, Macmillan Education, 2005

History will absolve me, Fidel Castro Ruz, Editorial José Martí, 1998

History of Cuba, Jose Cantón Navarro, Editorial SI-MAR SA, 2001

José Martí, Forger of Peoples, Ramón de Armas, Centro de Estudios
Martianos, 2000

José Marti Reader. Writings on the Americas, José Marti, Ocean
Press, 1999

Living in Cuba, Simon McBride & Alexandra Black, Scriptum
Editions, 1998

Lost Plantation, The Face of Cuba Today, The, Warren Miller,
Secker & Warburg, 1961

*Neighbours, Living the Revolution. An Oral History of Contemporary
Cuba*, Oscar Lewis, Ruth M Lewis, Susan M Rigdon, University
of Illinois Press, 1978

Short Account of the Destruction of the Indies, A, Bartolomé de las
Casas, Penguin Classics

Siege of Havana 1762, The, Francis Russell Hart, Houghton Mifflin
Company, George Allen and Unwin, 1931

Story of Cuba. Her struggles for Liberty, The, Murat Halstead,
The Werner Company, Akron, Ohio, 6th Edition, 1898

This is Cuba – An outlaw culture survives, Ben Corbett, Westview, 2004

FILMS

Fresa y Chocolate (Strawberry and Chocolate): directed by
Tomas Gutierrez Alea and Juan Carlos Tabio

Suite Habana: written and directed by Fernando Pérez

El Sabor del Solar: directed by Jane Thorburn

Habana Blues: directed by Benito Zambrano

Hasta Siempre directed by Ishmahil from Rice 'n' Peas

Buena Vista Social Club: directed by Wim Wenders,
produced by Ry Cooder

First published in the United Kingdom in 2006 by

Dewi Lewis Publishing
8 Broomfield Road
Heaton Moor
Stockport SK4 4ND
England

www.dewilewispublishing.com

ISBN 10: 1-904587-34-8
ISBN 13: 9781904587347

Translation: Isabel Muñoz Barrales, Carlos M.Hernández Cejas.
Design and production: Dewi Lewis Publishing
Print: EBS, Verona, Italy

The quotation on page 7 is taken from *Our Man in Havana* by Graham Greene,
published by Random House.

TWW/19